J. H. Campe

Reisebeschreibungen für die Jugend

Vierter Teil

J. H. Campe

Reisebeschreibungen für die Jugend
Vierter Teil

ISBN/EAN: 9783743635210

Hergestellt in Europa, USA, Kanada, Australien, Japan

Cover: Foto ©Andreas Hilbeck / pixelio.de

Weitere Bücher finden Sie auf **www.hansebooks.com**

Sammlung
interessanter
und
durchgängig zweckmäßig
abgefaßter
Reisebeschreibungen
für
die Jugend

von

J. H. Campe.

Vierter Theil.
Mit Churſächſiſcher Freiheit.

Braunſchweig,
In der Schulbuchhandlung
1788.

Vorrede.

Ich habe bei der Erscheinung dieses vierten Theils meiner kleinen Reisen nur kürzlich anzuzeigen, daß der Inhalt des ersten Stücks, nemlich der

Traurigen Schicksale der Madam Godin des Odonais,

aus einem Briefe des Gatten dieser merkwürdigen Frau, des Hrn. Godin, genommen ist; welchen Brief man in

dem

dem Schlözerschen Briefwechsel vom Jahr 1775 findet. Den Inhalt des zweiten Stücks, nemlich der

Reisen des Hrn. Carvers durch die innern Gegenden von Nord-amerika,

habe ich aus dem ersten Theile der beliebten Ebelingischen Sammlung von Reisebeschreibungen, Hamb. 1780. dergestalt entlehnt, daß ich ihn meinem Zwecke gemäß bearbeitete, und ihn, bald durch Auslassungen, bald durch Zusätze und durch moralische Anwendungen, demjenigen Alter anzupassen und nützlich zu machen suchte, für welches ich hier schrei-

schreibe. Statt einiger abergläubischen Aeusserungen, welche dem guten Hrn. Carver entwischt waren, habe ich kein Bedenken getragen, ihm grade das Gegentheil davon in den Mund zu legen; in der Geschichte selbst hingegen habe ich, wie billig, nichts verändert; sondern dieselbe da, wo es nöthig schien, nur durch Auslassungen und eine andere Einkleidung zweckmäßig zu machen gesucht. Die Zusätze sind theils aus der allgemeinen Historie der Reisen zu Wasser und zu Lande, theils aus Raynal's Histoire des Etablissements et du Commerce des Européens dans

les

les deux Indes genommen, und jedesmal gehörig ausgezeichnet worden.

Ich hoffe übrigens, daß man auch diesen Theil meiner Sammlung, den Titel derselben entsprechend, d. i. interessant und lehrreich finden werde.

Der fünfte Theil wird, so Gott will, zur nächsten Michaelismesse erscheinen.

Der Verfasser.

I.

Traurige Schickfale
der
Madam Godin des Odonais
auf einer Reiſe
von Riobamba ohnweit Quito in Peru
durch das Amazonenland.

Ich widme diese kleine Erzählung vornemlich euch, ihr jungen Leserinnen; weil das, was die Heldin dieser Geschichte that und litt, ein großes und ehrenreiches Beispiel gewährt, daß auch Personen eures zarteren Geschlechts einer Standhaftigkeit und eines Muthes fähig sind, welche unsere höchste Bewunderung verdienen. Mögte das Schicksal der Madam Godin euch recht nachdrücklich erinnern, daß auch Frauenzimmer in Lagen und in Umstände gerathen können, wo sie Entschlossenheit, Herz und körperliche Abhärtung nöthig haben; und mögte jede unter euch sich dadurch bewegen lassen, nach der Erwerbung dieser Eigenschaften zu streben, deren Besitz eben so rühmlich als zu einer glücklichen Vollendung der oft rauhen und dornigen Lebensbahn nicht selten unentbehrlich ist!

Denn auch ihr, meine jungen Freundinnen, werdet zuverläßig — weß Standes ihr auch seyn möget — einst in Umstände gerathen, wo ihr körperliches Ungemach und, was noch viel niederdrückender ist, innerlichen Gram und Kummer über Ungerechtigkeiten und Kränkungen werdet zu ertragen haben. Auch ihr könnt daher nicht zu sehr dahin streben, euren Körper durch eine simple, natürliche und arbeitsame Lebensart abzuhärten; euch an die Einwirkungen einer jeden Witterung zu gewöhnen, und vornemlich euren Geist durch frühe Uebungen in geduldiger Ertragung einer jeden Widerwärtigkeit mit Muth und Standhaftigkeit zu bewafnen. Mögte ich so glücklich seyn, den Vorsatz hierzu durch die nachfolgende Erzählung in euch zu erwecken, und mögte es jeder unter euch gelingen, eine so rühmliche und nöthige Entschließung von dem Tage an, da ihr dies lesen werdet, ununterbrochen zur Wirklichkeit zu bringen! Dann würde ich die Stunde, in welcher ich dieses schrieb, und ihr diejenige, in welcher ihr es laset, als eine der glücklichsten unsers Lebens zu seegnen Ursache haben. — Zur Sache!

Im Jahr 1735 wurden drei französische Gelehrte — Condamine, Godin und Bouguer — nach

nach Quito, einer südamerikanischen Statt in der Provinz Peru, gesandt, um in jener Weltgegend gewisse Ausmessungen vorzunehmen, wodurch die wahre Gestalt der Erde, die bis dahin zweifelhaft gewesen war, mit einiger Zuverlässigkeit bestimmt werden könnte. Wie sie das anfangen sollten, und worauf es dabei ankam, das werden meine jungen Leser entweder schon wissen, oder es dann erfahren, wann man sie die mathematische Erdbeschreibung lehren wird. Es hier aus einander zu setzen, würde nicht zweckmäßig seyn. — Eine zweite Gesellschaft von Gelehrten — Maupertuis, Clairaut, Camus, le Monnier und Outhier — wurde in gleicher Absicht nach dem schwedischen Lappland gesandt.

Beide Partheien hatten während dieses Geschäfts mit unbeschreiblich großen Ungemächlichkeiten und Beschwerlichkeiten zu kämpfen. Jene mußten ihre Ausmessungen auf den hohen peruanischen Gebirgen, den sogenannten Cordilleras, anstellen, welche mit ewigem Schnee und Eise bedeckt sind, wo sie also einer schneidenden Kälte und zugleich den heftigsten Winden ausgesetzt waren, welche oft die Gezelte, worunter sie die Nächte zubringen mußten, zusammt dem ganzen Vorrathe ihrer mathematischen Werkzeuge, das hinrissen und in den Abgrund schleuderten. Diese wanderten über Schnee und Eis, oft auch über Moräste und Sümpfe bis nach dem nördlichen Polarzirkel hin, wo die Kälte sa grimmig war, daß ihnen zuweilen das Glas an den Mund, der Maaßstab an die Hand fror, und daß der Speichel, den sie auswarfen, oft in Eis verwandelt wurde, bevor er auf die Erde fiel. Solchen Mühseligkeiten setzten diese edlen Männer sich aus, um ihren Durst nach Kenntnissen zu befriedigen und die Masse der menschlichen Wissenschaften mit Entdeckungen zu bereichern, welche auf einem bequemern Wege nicht gemacht werden konnten.

Einer der obgenannten Herrn, welche nach Peru gingen, Herr Godin nemlich, hatte seine Gattin dahin mitgenommen. Die Arbeit der Ausmessungen nahm mehrere Jahre hin; und als man endlich im Jahr 1742 glücklich damit zu Stande gekommen war: so wurde Herr Godin durch häusliche Umstände gehindert, seine Gefährten auf ihrer Rückreise nach Frankreich zu begleiten. Sein Aufenthalt in Peru verlängerte sich nachher von einem Jahre zum andern; bis er endlich im Jahr 1749 allein abreisete, um von der Insel Cayenne aus, wohin er ging, allerlei

Ans

Anstalten zu einer bequemern Reise für seine Gattin zu treffen.

Von Cayenne schrieb er nach Paris an den Minister des Seewesens, und bat ihn um Empfehlungsbriefe an den portugisischen Hof, um von diesem Pässe und ein Fahrzeug zu erhalten, womit er den Amazonenstrom hinaufschiffen, seine Frau aus Peru abholen und den nemlichen Strom herunter nach der Insel Cayenne führen könnte. — Aber ehe ich weiter erzähle, muß ich meine jungen Leser recht sehr bitten, erst die Charte von Südamerika aufzuschlagen, um zu sehen, wie der Amazonenstrom, einer der größten in der Welt, das sogenannte Amazonenland durchströmt und sich endlich in den atlantischen Ocean ergießt. Sie werden sich dann ohngefähr einen Begriff machen können, was es mit einer solchen Reise auf sich habe, wenn sie hinzudenken, daß die Länge dieses Stroms gegen 500 deutsche Meilen *) betrage, und daß das Land, welches er

*) In vielen geographischen Büchern wird die Länge dieses Stroms auf 1000 deutsche Meilen und darüber, angegeben. Das ist ein Irrthum, welcher daher entstanden zu seyn scheint, daß man französische Meilen (Lieues) für deutsche nahm.

er durchfließt, fast durchgängig eine noch nicht angebaute und nur von äusserst rohen Indianern bewohnte Wildniß sey.

Zufälle, deren Erzählung gar zu langweilig seyn würde, machten, daß nicht weniger als 15 Jahr verflossen, bevor der arme Hr. Godin seinen Wunsch erfüllt sahe. So lange blieb er also von seiner Frau getrennt; sie lebte in Peru, er in Cayenne.

Endlich hatte er die Freude, eine Galiotte *) ankommen zu sehn, die auf Befehl des Königs von Portugall ausgerüstet war und nach Cayenne kam, um ihn zu der längst gewünschten Reise abzuholen. Er schifte sich augenblicklich ein; aber ehe man die Mündung des Amazonenstroms erreichte, wurde er von einer so schweren und langwierigen Krankheit überfallen, daß er sich genöthiget sahe, zu Oyapok, einem Fort zwischen Cayenne und dem Ausflusse des Amazonenstroms, zurückzubleiben und einem gewissen Tristan, den er für seinen Freund hielt, den Auftrag zu geben,

statt

*) Eine kleine Art von Galeeren, welche auf jeder Seite 16 bis 20 Ruderbänke haben, und daher zu geschwinden Fahrten bequem sind.

statt seiner hinzureisen, um Mad. Godin abzuholen. Er gab diesem, ausser dem benöthigten Gelde, auch noch verschiedene Sachen mit, um sie für ihn zu verkaufen. Die Abrede aber, die er mit ihm nahm, war folgende.

Die Galiotte hatte Befehl, ihn ohngefähr die Hälfte des Amazonenstroms hinauf, bis nach Loreto, dem ersten spanischen Pflanzorte, zu bringen. Von da sollte er nach Laguna, einem nur ein Paar Meilen weiter hin gelegenen Pflanzorte der Spanier gehn, um Hrn. Godins Briefe an seine Frau einem dortigen Geistlichen zu übergeben, der sie dann bis zu dem Aufenthalte derselben befördern würde. Er selbst sollte hierauf der Ankunft der Mad. Godin zu Laguna warten.

Die Galiotte segelte ab, und kam glücklich nach Loreto. Allein der treulose Tristan begnügte sich, statt selbst nach Laguna zu gehn oder die Briefe dahin zu schicken, das Paket einem spanischen Jesuiten, der nach einer ganz andern Gegend reisete, zu gelegentlicher Bestellung anzuvertrauen. Er selbst trieb sich unterdeß an portugisischen Pflanzörtern herum, um Handlung zu treiben.

Auf diese Weise geriethen Hrn. Godins Briefe aus einer Hand in die andere, erreichten aber den Ort ihrer Bestimmung nie. Indeß verbreitete sich, ich weiß nicht wie, ein dunkles Gerücht von der Absicht des zu Loreto wartenden portugisischen Schiffes bis nach Peru, und kam endlich, wiewol ohne alle Zuverläßigkeit, bis zu den Ohren der Mad. Godin. Sie erfuhr durch eben dieses Gerücht, daß Briefe von ihrem Manne an sie unterwegens wären, allein alle Bemühungen, dieser Briefe habhaft zu werden, blieben fruchtlos.

Endlich entschloß sie sich, einen treuen Neger in Gesellschaft einiger Indianer den Amazonenstrom hinabzuschicken, um, wo möglich, sichere Nachrichten darüber einzuziehn. Dieser ehrliche Kerl drang durch alle Hindernisse und Schwierigkeiten, welche sich seiner Reise entgegensetzten, muthig hindurch, kam bis nach Loreto, sprach daselbst den Tristan, und kehrte mit der Nachricht zurück, daß es mit der Ausrüstung des portugisischen Schiffes seine vollkommene Richtigkeit habe.

Nunmehr entschloß sich Madam Godin, die höchstmühsame und gefährliche Reise dahin anzutreten. Sie wohnte damals zu Riobamba, ohngefähr

gefähr 20 deutsche Meilen südlich von Quito, wo
sie ein eigenes Haus, nebst Garten und Ländereien hatte. Diese, nebst allen andern Sachen, die
sie nicht mitnehmen konnte, suchte sie, so gut es
gehen wollte, zu verkaufen. Ihr Vater, Herr
von Grandmaison, nebst zweien Brüdern, welche
bisher auch in Peru gelebt hatten, waren bereit,
sie zu begleiten. Ersterer reisete vorauf, um alles
auf dem Wege seiner Tochter, bis zu einem Orte
jenseits der hohen Cordilleras, wo sie zu Schiffe
gehen sollte, anzuordnen.

Madam Godin erhielt um diese Zeit einen
Besuch von einem gewissen Herrn R., der sich für
einen französischen Arzt ausgab, und welcher sie
ersuchte, daß sie ihn mitnehmen mögte. Er versprach dabei, für ihre Gesundheit zu sorgen und
nach Vermögen dazu beizutragen, die Mühseligkeiten einer so langen und beschwerlichen Reise für
sie zu erleichtern. Sie antwortete ihm, daß sie
über das Fahrzeug, welches sie abholen sollte,
nicht zu befehlen habe, und daß sie daher nicht dafür stehen könne, daß er einen Platz darauf für sich
finden würde. Herr R. wandte sich hierauf an
die Brüder der Madam Godin; und diese, welche
es für sehr wichtig hielten, einen Arzt bei sich zu
haben, bewogen ihre Schwester, daß sie endlich
dar-

darein willigte, ihn in ihre Gesellschaft aufzunehmen.

So reisete sie also von Riobamba, ihrem bisherigen Wohnorte, den 1sten Oct. 1769, in Begleitung der obgenannten Personen, ihres Negers und dreier indianischen Mägde, ab — so viel Zeit war nemlich seit der Einfahrt der Galiotte in den Amazonenstrom bis dahin schon verflossen! Dreissig Indianer, welche ihr Gepäcke trugen, vergrösserten den Zug. O hätte die Unglückliche gewußt, welche Widerwärtigkeiten, Gefahren und Unglücksfälle auf sie warteten: sie würde davor zurückgebebt seyn, und selbst an der Möglichkeit, dieselben zu überleben und das gewünschte Ziel ihrer Reise zu erreichen, verzweifelt haben!

Der Zug ging nun zuvörderst durch das Gebirge nach Canelos, einem indianischen Dorfe, wo man sich auf einem kleinen Flusse, der sich in den Amazonenstrom ergießt, einzuschiffen gedachte. Der Weg dahin ist so rauh und ungebahnt, daß er nicht einmal für Maulthiere gangbar ist; er mußte also zu Fuß gemacht werden.

Herr von Grandmaison, der einen ganzen Monat früher abgereiset war, hatte sich zu Canelos

los nicht länger aufgehalten, als erfordert wurde, um für seine Tochter und ihre Reisegefährten die nöthigen Vorkehrungen zu treffen. Dann war er sogleich zu Schiffe gegangen, um ferner vorauszureisen, und an allen andern Orten, wo sie vorbei kommen sollten, das Nöthige anzuordnen. Allein kaum hatte er Canelos verlassen, als die Blattern — eine Krankheit, welche den Amerikanern noch schrecklicher als die Pest in Europa ist — daselbst ausbrachen, einen Theil der Einwohner in einigen Wochen dahinrafften und dadurch die übrigen dergestalt erschreckten, daß sie den Ort verließen und sich weit davon in die Wälder zerstreuten. Als daher Madam Godin mit ihrem Gefolge allda ankam, fand sie zu ihrem Schrecken nur noch zwei Indianer daselbst, welche die Wuth der Seuche verschont hatte, übrigens aber nicht die mindeste Anstalt, weder zu ihrer Aufnahme, noch zur Fortsetzung ihrer Reise. Das war die erste beträchtliche Widerwärtigkeit, welche sie erfuhr, und welche sie auf die grössern Leiden, denen sie nun entgegen ging, vorbereiten sollte.

Eine zweite folgte jener auf dem Fuße nach. Die dreissig Indianer nemlich, welche bis dahin das Gepäck getragen und ihre Bezahlung vor der

Ab=

Abreise schon empfangen hatten, machten sich plötzlich aus dem Staube; es sey nun, daß sie vor der Blatternseuche erschracken, oder daß sie besorgten, man werde sie, welche nie, als nur von weitem, einen Kanoe d. i. einen indianischen Kahn, gesehen hatten, zwingen, mit zu Wasser zu gehn. Da stand also nun die verlassene und getäuschte Gesellschaft niedergeschlagen da, und wußte nicht, wie sie sich rathen oder helfen sollte. Das sicherste wäre wol gewesen, die ganze Bagage im Stich zu lassen, und wieder umzukehren, wo sie hergekommen war. Allein die Sehnsucht der Madam Godin nach ihrem lieben Gatten, von dem sie nun schon zwanzig Jahr getrennt lebte, gab ihr Muth, allen Hindernissen, die ihr im Wege lagen, und beinahe der Unmöglichkeit selbst, Trotz zu bieten.

Sie suchte daher, die beiden oberwähnten Indianer zu bewegen, ihr einen Kanoe zu verfertigen, und durch Hülfe desselben sie und ihre Gesellschaft bis nach Andoas zu schaffen, einem Orte, welcher zwölf Tagereisen von da entfernt war. Diese ließen sich bereitwillig dazu finden; sie empfingen ihre Bezahlung zum voraus; der Kanoe wurde fertig, und alle reiseten, von den beiden Indianern geführt, darin ab.

Nach-

Nachdem man zwei Tagereisen glücklich zurückgelegt hatte, wurde angelegt, um die Nacht am Lande zuzubringen. Hier machten die treulosen Indianer sich den Schlaf der ermüdeten Gesellschaft zu Nutze, und als diese am andern Morgen erwachte, waren jene verschwunden. Ein neuer unvorhergesehener Unglücksfall, wodurch ihre Lage um einen guten Theil bedenklicher wurde!

Ohne Kenntniß des Stroms und der Gegend und ohne Führer, setzten sie sich nun wieder in das Fahrzeug und fuhren weiter. Der erste Tag verfloß ohne widrige Vorfälle. Am zweiten trafen sie einen Kanoe an, welcher neben einem Carbet *) am Ufer lag. Sie fanden daselbst auch einen Indianer, der eben genesen war, und bewogen ihn durch Geschenke, daß er sich mit ihnen einschifte, um das Ruder zu führen. Aber das Schicksal beneidete ihnen diesen Fund; denn als am folgenden Tage der Hut des Hrn. R. ins Wasser fiel, und der Indianer denselben wieder ergreifen wollte, stürzte er selbst hinein und — ertrank, weil er nicht Kräfte genug hatte, ans Ufer zu schwimmen.

Nun

---

*) So nennt man in den französischen Kolonien eine Hütte von Laub, welche den Wilden zur Wohnung und den Reisenden zum Einkehren dient.

Nun war das Schiff wieder ohne Steuermann, und wurde von Leuten regiert, deren keiner sich im mindesten darauf verstand. Es währte nicht lange, so wurde es leck; die unglückliche Gesellschaft sahe sich daher genöthiget, ans Land zu gehn und sich eine Hütte daselbst zu bauen.

Sie waren jetzt von Andoas, ihrem nächsten Bestimmungsort, noch fünf bis sechs Tagereisen entfernt. Hr. R. erbot sich nebst einem andern Franzosen, den er bei sich hatte, dahin zu gehn, und dafür zu sorgen, daß binnen 14 Tagen von dorther ein Kanoe kommen sollte, um sie dahin abzuholen. Sein Vorschlag wurde genehmiget. Mad. Godin gab ihm ihren treuen Neger mit; er selbst aber sorgte dafür, daß von seinen sämmtlichen Habseligkeiten nichts, zurückgelassen würde.

Vierzehn Tage waren jetzt verflossen, aber vergebens guckte man sich die Augen müde, um das Fahrzeug kommen zu sehn, welches Hr. R. zu schicken versprochen hatte. Sie warteten noch zwölf andere Tage: aber umsonst! Ihre Lage wurde immer grauenvoller.

Endlich, da sie alle Hofnung von dieser Seite verloren hatten, hieben sie Bäume um, befestigten

ten dieselben an einander, so gut sie konnten, und verfertigten auf diese Weise eine Flöße. Nachdem sie damit zu Stande gekommen waren, luden sie ihre Sachen darauf, setzten sich daneben, und überließen sich dem Strome. Allein auch dieses zerbrechliche Fahrzeug wollte einen der Schiffahrt kundigen Führer haben, und dieser fehlte ihnen. Es währte daher nicht lange, so stieß es gegen einen versenkten Ast, und schlug um; Menschen und Sachen versanken im Strome. So groß indeß die Gefahr auch war, so kam doch keiner darin um. Mad. Godin ging zwar zweimal zu Grunde, allein sie ward beidemale von ihren Brüdern glücklich gerettet.

Durch und durch naß, abgemattet und halbtodt von Schrecken kamen sie endlich alle ans Ufer. Aber nun stelle man sich ihre traurige, fast verzweiflungsvolle Lage vor! Alles war verloren, ein neues Flößholz zu machen unmöglich, sogar ihr Vorrath von Lebensmitteln dahin! — Und wo befanden sie sich unter diesen Umständen? In einer gräulichen Wildniß, welche so dicht verwachsen ist, daß man nicht anders, als mit Axt und Sichel in der Hand sich einen Weg dadurch bahnen kann; welche von der grimmigsten Art von Tigern und von einer der gefährlichsten Arten

C. Reisebeschr. 4ter Th.   B   von

von Schlangen, den sogenannten Klapperschlangen, allein bevölkert ist! Und dabei ohne irgend ein Werkzeug, ohne Waffen! Wen schaudert nicht bei dieser Vorstellung?

Die Unglücklichen hatten jetzt nur unter zweien gleich verzweiflungsvollen Entschließungen die Wahl; sie mußten entweder da, wo sie waren, das Ende ihres mühseligen Lebens, den Tod, erwarten, oder den fast unmöglichen Versuch wagen, sich längst dem Ufer des Flusses hin, durch den undurchbringlichen Dickicht durchzuarbeiten, um so endlich nach Andoas zu kommen. Sie entschlossen sich zu dem letztern; suchten aber vorher erst ihre verlassene Hütte wieder zu erreichen, um einige, daselbst zurückgelassene Lebensmittel mitzunehmen. Nachdem sie dies bewerkstelliget hatten, traten sie die eben so beschwerliche als gefahrvolle Reise an.

Sie merkten, da sie dem Ufer des Flusses nachgingen, daß die Krümmungen desselben ihren Weg gar sehr verlängerten. Um dieses zu vermeiden, suchten sie, ohne sich an den Lauf des Flusses zu kehren, sich in grader Richtung durchzuarbeiten. Darüber verloren sie sich in dem dichtverwachsenen Gehölze, und jede Bemühung, sich

sich wieder zurecht zu finden, blieb vergeblich. Ihre Kleider waren bald zerfetzt und fielen in Lappen vom Leibe; ihre Körper wurden von Dornen und Disteln jämmerlich zerritzt und zerstochen; und da der kleine Vorrath von Lebensmitteln bald verzehrt war: so blieb ihnen nichts mehr übrig, als ihr jammervolles Leben mit wilden Früchten, Saamenkörnern und Palmenkohl hinzuhalten.

Endlich erlagen sie unter der endlosen Mühseligkeit. Ermüdet von den Beschwerden einer solchen Wanderschaft, zerfetzt und blutrünstig an allen Theilen ihres Körpers, und erschöpft von Hunger, Schrecken und Bangigkeit, verloren sie den kleinen Ueberrest ihrer Kräfte und konnten nicht weiter. Sie setzten sich nieder, und es war ihnen unmöglich wieder aufzustehn. In drei bis vier Tagen starb einer nach dem andern auf der nemlichen Stelle hin. Mad. Godin lag zweimal 24 Stunden lang neben ihren schon erstarrten Brüdern und den übrigen Leichen sterbend da; sie fühlte sich betäubt, verwirrt und ohnmächtig, aber auch zugleich von einem brennenden Durste gequält. Endlich gab die Vorsehung, welche sie erhalten wollte, ihr den Muth und die Kraft, sich wieder aufzuraffen und die Errettung,

tung, die ihrer wartete, zu suchen, ohngeachtet sie nicht wußte, wo sie dieselbe finden würde.

Rund um sie her lagen die Leichen ihrer Brüder und ihrer übrigen Gefährten; ein Anblick der zu jeder andern Zeit ihr das Herz gebrochen haben würde! Sie selbst war beinahe nackt; zwei Mantillen und ein von Dornen zerrissenes Hemde machten ihre ganze noch übrige Bedeckung aus. Sie schnitt daher ihren todten Brüdern die Schuhe ab; band die Sohlen davon unter ihre eigenen Füße, und stürzte sich hierauf wieder in den Dickicht, um Wasser und Lebensmittel zur Stillung ihres brennenden Durstes und Hungers zu suchen. Der Schrecken, sich nun so ganz allein in einer so fürchterlichen Einöde und von aller Welt verlassen zu sehen, und die Furcht vor einem ihr beständig vor Augen schwebenden gräulichen Tode, machten einen solchen Eindruck auf sie, daß ihr Haar davon ganz weiß wurde.

Erst am zweiten Tage, nachdem sie wieder angefangen hatte herumzuirren, fand sie Wasser, und einige Zeit darnach auch einige wilde Früchte und Eier von Vögeln. Aber ihr Schlund war durch das lange Fasten schon so verengt, daß sie die letztern kaum mehr hinunterschlucken konnte.

Dies

Dies war indeß hinreichend, um ihr Gerippe zu erhalten.

Acht lange Tage irrte sie auf diese Weise hofnungslos herum, und suchte ihr klägliches Daseyn zu erhalten. Läse man etwas Aehnliches in einem Romane, so würde jedermann den Verfasser der Uebertreibung und der Unwahrscheinlichkeit beschuldigen. Hier redet die Geschichte, und so unglaublich auch ihre Aussage klingen mag: so ist sie doch der reinsten Wahrheit und allen den Umständen angemessen, welche man nachher aus dem Munde der Madam Godin selbst erfahren hat.

Am achten Tage ihres hofnungslosen Herumirrens erreichte die Unglückliche das Ufer des Bobonosa, eines Flusses, der sich in den Amazonenstrom ergießt. Beim Anbruch des Tages hörte sie in einer mäßigen Entfernung ein Geräusch, und wurde dadurch erschreckt. Sie wollte fliehen; aber gleich darauf bedachte sie, daß ihr etwas Schlimmeres, als ihr gegenwärtiger Zustand war, doch nun einmal nicht begegnen könnte. Sie faßte also Muth, und ging nach der Gegend hin, von wannen sie das Geräusch vernommen hatte. Und hier fand sie zwei Indianer,

B 3   wel-

welche eben beschäftiget waren, ihren Kanoe ins Wasser zu schieben.

Mad. Godin näherte sich ihnen und wurde freundlich von ihnen empfangen. Sie äusserte ihnen hierauf den Wunsch, nach Andoas gebracht zu werden, und die ehrlichen Wilden ließen sich bereitwillig finden, sie in ihrem Kanoe dahin zu führen. Es geschahe; und nun erfuhr sie an diesem Orte, daß die schändlichste und niederträchtigste Schurkerei des Hrn. R. die einzige Ursache ihres bis dahin überstandenen Elendes gewesen sey. Dieser elende Kerl hatte nemlich sein Versprechen, ihr einen Kahn zu schicken, aus fühlloser Unmenschlichkeit in den Wind geschlagen, und war von da mit seinen Sachen und seinem französischen Begleiter sofort nach Omaguas, einem spanischen Missionsorte, *) abgereiset, ohne sich um die Erfüllung seines gegebenen Worts und um die Rettung der Zurückgelassenen im mindesten zu bekümmern. Der treue Neger war indeß gewissenhafter, als er gewesen, ohngeachtet jener als ein Heide, dieser als ein Christ,

je-

*) Ein Ort, wo ein oder mehrere Geistliche sich aufhalten, um die christliche Religion unter den Eingebohrnen zu verbreiten.

jener als ein wilder Afrikaner, dieser als ein gesitteter und feiner Franzose aufgewachsen und erzogen war. Welch ein Contrast! —

Indeß nemlich der feine und gesittete Christ, gewissenlos davon ging und seine Wohlthäterin und ihre Begleiter im tiefsten Elende hinschmachten ließ: ruhete der schmutzige und schwarze Heide nicht eher, bis er ein Paar Indianer bewegt hatte, den Fluß mit ihm hinaufzufahren, um seine zurückgelassene Gebieterin mit ihren Begleitern abzuholen. Allein unglücklicher Weise konnte er die Hütte, wo er sie zurückgelassen hatte, nicht eher erreichen, als bis jene schon, wie wir oben gehört haben, die unglückliche Entschließung, diese Hütte zu verlassen und einen Weg durch die Wildniß zu suchen, in Erfüllung gebracht hatten. Er hatte also den Kummer, sie bei seiner Ankunft nicht mehr vorzufinden.

Allein auch damit glaubte die ehrliche Seele ihre Pflicht noch nicht erfüllt zu haben. Er ging vielmehr mit seinen indianischen Begleitern ihrer Spur so lange nach, bis er endlich an den Ort kam, wo die Leichen der Umgekommenen lagen, die schon so verweset waren, daß er sie nicht mehr von einander unterscheiden konnte. Dieser erbarmbärmliche Anblick überzeugte ihn, daß keiner von der Gesellschaft dem Tode entronnen wäre. Er ging daher nach der Hütte zurück, um einige daselbst zurückgelassene Sachen der Mad. Godin abzuholen, und fuhr hierauf, nicht bloß nach An=doas zurück, sondern auch — ein neuer rüh=render Beweis seiner Ehrlichkeit — von da nach Omaguas, um die mitgenommenen Sachen, welche zum Theil in Kostbarkeiten bestanden, in die Hände des schändlichen Hrn. R. zu liefern, um sie durch diesen dem vorausgereiseten Vater seiner beweinten Gebieterin zustellen zu lassen.

Und wie nahm der edle Hr. R. sich nunmehr, da er von dem kläglichen Tode derer, die er so gewissenlos dem Verderben Preis gegeben hatte, durch den Schwarzen benachrichtigt wurde? Ging er in sich? Erschrak er über die Größe und Schändlichkeit seines Bubenstücks? O nein! Als ein abgehärteter Bube häufte er Niederträch=tigkeit auf Schandthat; nahm die Sachen in Em=pfang, und schickte, um sich den Besitz dersel=ben zu sichern, den ehrlichen Neger nach Quito zurück.' Joachim — so hieß dieser liebe, rechtschaffene und edle schwarze Mann! — hatte unglücklicher Weise sich bereits auf den Weg dahin gemacht, als Mad. Godin zu Andoas ankam. Er war also auf immer für sie verloren;

und

und der Schmerz über den Verlust eines so geprüften Freundes bewies, daß die Größe ihres überstandenen Elendes sie noch nicht ganz unempfindlich gegen neue Widerwärtigkeiten gemacht hatte.

Zu Andoas traf sie einen christlichen Priester, einen spanischen Missionar an; und das Benehmen dieses unchristlichen Christen contrastirte gegen das Betragen der hülfreichen beiden Indianer grade eben so, wie der schurkische R. gegen den edlen Joachim. Da nemlich Mad. Godin in Verlegenheit war, wie sie den guten Indianern, die ihr das Leben gerettet hatten, ihre Dankbarkeit bezeigen sollte: erinnerte sie sich, daß sie, nach der Landesgewohnheit, ein Paar goldene Ketten, ohngefähr vier Unzen schwer, am Halse trüge. Diese machten jetzt ihren ganzen Reichthum aus; aber sie bedachte sich keinen Augenblick, sondern nahm dieselben ab, und schenkte jedem ihrer Wohlthäter eine davon. Diese glaubten vor Freude darüber den Himmel offen zu sehn; aber der habsüchtige und ungerechte Priester riß ihnen dieselben im Angesicht der Geberin wieder aus den Händen, und speisete sie dafür mit einigen Ellen eines schlechten baumwollenen Zeuges ab, welches man in dortiger Gegend

Tucuyo nennt. Und das war einer von denen, welche ausgesandt werden, um das Christenthum unter den Heiden zu verkündigen; also ein Mann, welcher die nemlichen Indianer, die er so ungerecht behandelte, lehren wollte: du sollst nicht begehren, was deines Nächsten ist!

Solche Beispiele verdienen, so sehr sie auch uns, die wir Christen heissen, zur Schande gereichen, angemerkt zu werden, wäre es auch nur dazu, um aus ihnen zu lernen, daß nicht das Glaubensbekenntniß, sondern die Gesinnungen und der Wandel eines Menschen seinen moralischen Werth bestimmen, und daß man ein sehr verworfener Bube, und doch zugleich, dem äusserlichen Bekenntnisse nach, ein sogenannter rechtgläubiger Christ seyn könne. Also auch dazu, um auf dieses äusserliche Bekenntniß der Menschen nie zu rechnen; nie um des angeblichen größern oder geringeren Glaubens willen jemanden zu lieben oder zu hassen, sondern uns einzig und allein an die durch Handlungen geäusserten Gesinnungen eines jeden zu halten, und darnach zu bestimmen, in welchem Grade er von uns geschätzt und geliebt zu werden verdiene. Oder können meine jungen Leser sich wol überreden, daß der christliche Hr. R., der ein Schurke war,

und

und der das Christenthum verbreitende Priester, welcher seine Hände nach fremdem Eigenthume ausstreckte, in den Augen des gerechten und heiligen Gottes bessere und wohlgefälligere Menschen waren, als der schwarze Joachim und die ungläubigen beiden Indianer, welche Gerechtigkeit, Treue und Menschenliebe übten? — Aber wieder zu unserer Geschichte!

Mad. Godin fühlte über diese vor ihren Augen begangene Unmenschlichkeit einen so tiefen Unwillen, daß sie, so sehr sie auch einer Erholung nach so vielen Leiden bedurfte, den Augenblick einen Kanoe verlangte, um der Gesellschaft dieses ungerechten Priesters zu entfliehn und nach Laguna, einem schon obengenannten spanischen Missionsorte, zu reisen. Eine menschenfreundliche Indianerin machte ihr vor ihrer Abreise ein Kamisol von baumwollenem Zeuge, ohngeachtet Mad. Godin ihr jetzt keine Vergeltung dafür geben konnte. Aber dieses Kamisol war ihr auch nachher ein Heiligthum, welches sie für keinen Preis veräussert haben würde; sie hob es nebst den Schuhsolen ihrer Brüder, von denen sie Pantoffeln gemacht hatte, sorgfältig auf, und konnte beides nachher nie ansehen, ohne eine wehmüthige Rührung dabei zu empfinden.

Zu

Zu Laguna hatte sie das Glück, einen Missionar von bessern Gesinnungen anzutreffen. Dieser nahm sie mitleidsvoll und menschenfreundlich auf, und bemühete sich, so sehr er konnte, ihre durch so viele Leiden erschütterte Gesundheit wiederherzustellen. Er schrieb auch ihrentwegen an den Gouverneur von Omaguas, um diesen zu bitten, ihr zur Fortsetzung ihrer Reise behülflich zu seyn. Hierdurch erfuhr denn auch der saubere Hr. R., daß sie noch am Leben wäre; und da sie ihm nunmehr wieder wichtig wurde, weil er durch sie einen Platz auf dem portugiesischen Schiffe zu erhalten höfte: so verabsäumte er nicht, sie zu Laguna zu besuchen. Er stellte ihr dabei einige von den Sachen wieder zu, welche Joachim ihm überliefert hatte; aber auf die Frage: wo denn die übrigen wären? wußte er keine andere Antwort zu geben, als die: sie wären verfault! Der Elende vergaß, indem er dieses sagte, daß goldene Brasselets, Tabaticren, Ohrengehänge von Smaragden und andere Kleinodien, worin diese Sachen bestanden, nicht verfaulen können.

Mad. Godin konnte sich nicht enthalten, ihm den wohlverdienten Vorwurf zu machen, daß er die einzige Ursache ihres ausgestandenen Elendes und Schuld an dem kläglichen Tode ihrer Brüder und ihrer übrigen Begleiter wäre. Sie verlangte

langte hierauf zu wissen: warum er ihren treuen Bedienten, den ehrlichen Joachim, fortgeschickt habe? und seine nichtswürdige Ausrede war: er habe besorgt, daß er ihn umbringen mögte! Auf die Frage: wie er einen so schnöden Verdacht gegen einen Menschen habe fassen können, dessen bewährte Rechtschaffenheit und treue Gesinnung ihm bekannt gewesen wären? wußte er nichts zu antworten. —

Der gute Missionar stellte der Mad. Godin, nachdem sie sich erst etwas wieder erholt hatte, die fürchterliche Länge, die Beschwerlichkeiten und Gefahren ihrer ferneren Reise vor, und suchte sie zu bewegen, ihren Entschluß zu ändern, und lieber nach Riobamba, ihrem ehemaligen Aufenthalte, zurückzukehren, als sich einer Reihe von neuen Widerwärtigkeiten und Gefahren auszusetzen. Er versprach auf diesen Fall, sie mit der größten Sicherheit wieder dahin bringen zu lassen. Allein die heldenmüthige Frau verwarf diesen Antrag mit unbeweglicher Festigkeit: "Gott, sagte sie, der sie bis hieher so wunderbar erhalten habe, würde sie auch ferner in seinen Schutz nehmen; sie hätte keinen andern Wunsch mehr, als den, mit ihrem Manne wieder vereiniget zu werden, und sie kennte keine so fürchterliche Gefahr, wo-

durch

sie bewogen werden könnte, diesen einzigen Wunsch ihres Herzens aufzugeben„,,

Der Missionar ließ hierauf ein Fahrzeug ausrüsten, welches Mad. Godin bis an das portugisische Schiff bringen sollte. Der Gouverneur von Omaguas schickte ihr einen Kanoe mit Erfrischungen entgegen; und als der Befehlshaber der schon so lange auf sie wartenden portugisischen Galiotte von ihrer Annäherung benachrichtiget wurde: so sandte er alsobald ein kleines Schiff mit Lebensmitteln und zweien Soldaten an Bord den Strom hinauf, und begab sich selbst mit der Galiotte nach Loreto, wo er so lange liegen blieb, bis sie daselbst endlich ankam.

Sie litt damals noch sehr an den Folgen der Verletzungen, die sie während ihres Herumirrens in der Wildniß erhalten hatte. Besonders war der Daumen ihrer einen Hand, worin eine Dornspitze steckte, die man nicht hatte herausbringen können, in sehr schlimmen Zustande. Der Knochen selbst war bereits angefressen, und sie mußte sich gefallen lassen, einige Splittern desselben herausnehmen zu lassen. Uebrigens genoß sie jetzt, durch die Aufmerksamkeit des portugisischen Befehlshabers, aller möglichen Bequemlichkeit, und sie erreichte die Mündung des Amazonenstroms ohne alle weitere Unglücksfälle.

Hr.

Hr. Godin, der sich noch immer zu Oyapock, demjenigen Orte, wo er Krankheitshalber hatte liegen bleiben müssen, aufhielt, war von der Ankunft seiner Gattin kaum benachrichtiget, als er zu Schiffe ging, und längst der Küste so lange hinkreuzte, bis er die Galiotte endlich erreichte. Die Freude des Wiedersehns, nach einer zwanzigjährigen Trennung und nach so vielen überstandenen Widerwärtigkeiten, war, wie man denken kann, von beiden Seiten unbeschreiblich groß. Ihre Wiedervereinigung glich einer Auferstehung von den Todten, weil beide auf das Glück, sich in diesem Leben jemals wiederzusehn, schon mehr als einmal Verzicht gethan hatten.

Der glückliche Gatte führte hierauf sein liebes Weib nach Oyapock und von da nach Cayenne; von wo sie, in Gesellschaft des alten Herrn von Grandmaison ihre Rückreise nach Frankreich antraten. Madam Godin blieb indeß, so viel Ursache sie auch jetzt zur Freude hatte, beständig traurig; und jede Bemühung, sie aufzuheitern, war fruchtlos. Einen so tiefen und unaustilgbaren Eindruck hatten die überstandenen großen Unglücksfälle auf ihr Gemüth gemacht! Sie redete ungern von dem, was sie gelitten hatte; und selbst ihr Mann konnte mit Mühe und nur erst nach und nach diejenigen Nachrichten von ihr er-

halten, die ich hier, nach einem eigenhändigen Aufsatze von ihm, mitgetheilt habe. Er glaubte das bei wahrzunehmen, daß sie, um seiner Empfindlichkeit zu schonen, ihm manchen schreckhaften Nebenumstand, den sie selbst zu vergessen wünschte, verschwiegen habe. Auch war ihr Gemüth durch das, was sie gelitten hatte, so sehr zum Mitleiden und zur Nachsicht gestimmt, daß ihre Schonung sich sogar über schlechte und ungerechte Menschen erstreckte, welche ihr das größte Unrecht angethan hatten. Sie wollte daher nicht zugeben, daß ihr Mann den ersten Urheber ihres Unglücks, den treulosen Tristan, der ihn um mehrere tausend Thaler an mitgenommenen Sachen gebracht hatte, gerichtlich verfolge; so wie sie auch sogar sich hatte erbitten lassen, den eben so niederträchtigen Hrn. N. von Omaguas aus zum zweitenmale zu ihrem Reisegefährten anzunehmen.

So wahr ist es, daß Widerwärtigkeiten und Leiden die menschliche Seele mild, sanft und duldsam zu machen pflegen!

II.

II.

Das Interessanteste

aus

Johann Carvers Reisen

durch die innern Gegenden von

Nordamerika.

II.

Das Unterschose

von

Jesum Christus Christi

[illegible]

—

Einleitung.

Herr Carver, ein Engländer, diente in dem, allen meinen jungen Lesern bekannten siebenjährigen Kriege, als englischer Officier in Nordamerika. Dieser merkwürdige Krieg wurde 1763 geendiget, und den Engländern wurden gar große Strecken Landes in jenem Welttheile, welche die Franzosen bisher in Besitz gehabt hatten, bei dem zu Fontainebleau in Frankreich geschlossenen Frieden, abgetreten.

Allein diese weitläuftigen Länder waren ihren neuen Herrn noch ziemlich unbekannt, weil die Franzosen aus politischen Gründen dafür gesorgt hatten, daß keine vollständige und richtige Beschreibungen und Karten davon veranstaltet wurden. Noch unbekannter waren die von wilden

Nationen bewohnten weiten Länder in dem Innern dieses Welttheils geblieben, weil beobachtende Europäer nur selten bis dahin gekommen waren.

Da entschloß sich nun Hr. Carver, um seinem Vaterlande einen wichtigen Dienst zu leisten, zugleich auch um unsere Kenntniß von jenen Ländern und ihren Bewohnern zu erweitern, sich den Mühseligkeiten einer langen und gefährlichen Reise, mitten durch das nördliche Amerika bis nach der Südsee hin, auszusetzen, sich und sein Leben den wilden Völkern anzuvertrauen, welche jene ungeheuern Landstrecken bewohnen, und weder Mühe noch Gefahr zu scheuen, um, wo möglich, den nützlichen Zweck seiner Reise zu erreichen. Dazu gehörte nun ein fester Körper und ungemeine Herzhaftigkeit. Beide besaß Hr. Carver in erforderlichem Grade; aber glauben meine jungen Leser, daß ihm beide zu Theil geworden wären, wenn er in seiner Jugend die entnervenden Bequemlichkeiten eines weichlichen Lebens genossen, und nicht im Gegentheil durch simple Nahrungsmittel, durch willige Ertragung eines jeden kleinen Ungemachs, durch Arbeitsamkeit und eine natürliche Lebensart seinen Geist und Körper auf gleiche Weise abzuhärten gesucht hätte? Gewiß nicht!

Um

Um den Erdstrich, den er durchwanderte, während der Erzählung immer im Gedächtniß zu haben, bitte ich meine Leser vorher erst die erste beste Karte von Nordamerika anzusehn. Es wird ihnen leicht seyn, die bekannte Stadt Boston auf der Küste von Neu-England aufzusuchen, die auf jeder Karte angegeben ist. Von hieraus reisete unser Mann landeinwärts grade gegen Westen.

Nach dieser Richtung hin erblicken meine jungen Leser einige erstaunlich große Landseen, welche sie erst recht ansehen und ihrer Lage nach merken müssen. Der erste, aus welchem der gewaltige Laurenzstrom abfließt, heißt Ontario, und der zweite, welcher unmittelbar damit zusammenhängt, der See Erie. Dieser letztere hängt wieder mit einem dritten zusammen, der den Nahmen Huron führt, und mit diesem steht der obere See (*Lacus superior*) weiter gegen Norden, und der See Mischigan weiter gegen Süden in unmittelbarem Zusammenhange.

Verfolgen wir nun auf der Karte den nemlichen Strich weiter gen Westen hin: so kommen wir zu dem großen Mississippistrome, welcher einer der längsten und größten auf unserm Erdball ist.

ist. An diesem reisete unser Carver bis zu einer gewissen Höhe hinauf, und machte nachher nur einen mäßigen Abstecher noch weiter gegen Westen, weil er durch Ursachen, die wir in der Folge hören werden, verhindert wurde, den ganzen Plan seiner Reise auszuführen.

Jetzt wollen mir ihn selbst reden lassen.

I.
Reise von Boston nach Mischillimackinac und von da bis an den sogenannten Trageplatz.

Ich reisete im Junius 1766 von Boston ab, und das nächste Ziel meiner Wanderschaft war Mischillimackinac, ein damals noch den Engländern gehöriges Fort, *) welches ihr äusserster Posten gegen Westen war. Es liegt auf der letzten Landspitze zwischen den beiden Seen Huron und Mischigan, nemlich grade da, wo dieselben zusammenhängen. Die Entfernung von Boston bis dahin macht etwa 1300 englische, also ohngefähr 260 deutsche Meilen aus. Von hieraus woll-

*) Nunmehr dem amerikanischen Freistaate gehörig.

wollte ich meine eigentliche Unternehmung anfangen. Ich übergehe daher meine Reise bis zu diesem Orte, welche durch lauter schon bekannte Gegenden ging, mit Stillschweigen.

Mischillimackinac — die jungen Leser werden sich in der Folge mehr dergleichen lange und schwerauszusprechende Nahmen gefallen lassen müssen, und sie werden wohl thun, das Lesen und Aussprechen derselben zu einer besondern Uebung zu machen — Mischillimackinac also ist ein kleiner nur mit einem Stackwerk *) befestigter Ort von nicht mehr als dreißig Häusern. Der schwerfällige Nahme desselben bedeutet eine Schildkröte, und er hat denselben von einer nicht weit davon belegenen Insel erhalten, welche ohngefähr die Gestalt des genannten Thieres hat. Außer einer Besatzung von hundert Mann wohnten einige Kaufleute da, weil die Lage des Orts zum Handel mit den benachbarten Völkerschaften vorzüglich bequem ist.

Um meinen Lesern gleich anfangs die irrige Meinung zu benehmen, als ob die wilden nordamerikanischen Völker, von denen in der Folge die

---

*) d. i. mit einer Reihe von Pallisaden.

die Rede seyn wird, in jedem Sinne wild, roh
und unverständig wären, theile ich folgende Anecdote von der listigen Art und Weise mit, wie ein
Trupp von ihnen im Jahr 1763 den Engländern
dieses Fort, ehe sie sich dessen versahen, abzuneh-
men wußte.

Sie näherten sich nemlich der kleinen Festung
unter beständigem Ballschlagen, welches ein ihnen
sehr gewöhnlicher Zeitvertreib ist. In der Hitze
des Spiels, wobei einige englische Officiere innerhalb des Forts ohne allen Verdacht zusahen, schlugen sie einigemal den Ball, wie von ohngefähr,
über die Pallisaden hin. Sie trieben dies so lange, bis sie merkten, daß sie der Schildwache am
nächsten Thore allen Verdacht benommen hatten.
Auf einmal sprang ein Theil von ihnen hinein;
die übrigen folgten nach, und die Besatzung mußte
sich ergeben. Da es indeß im folgenden Jahre
zwischen diesen Völkerschaften und den Engländern zum Frieden kam: so wurde den letztern auch
dies Fort wieder ausgeliefert.

Nachdem ich die nöthigen Anstalten zu meiner
Reise gemacht hatte: so trat ich dieselbe in Gesellschaft einiger Kaufleute an, die am Mississippistrome Handel treiben wollten. Der Commendant

dant des Forts hatte mir nicht nur bei diesen Kaufleuten Credit gemacht, sondern mir auch einen Vorrath solcher Waaren, als ich zu Geschenken für die indianischen Oberhäupter brauchen würde, nachzuschicken versprochen; eine Gefälligkeit, die mir für den Zweck meiner Reise ausserordentlich schätzbar und wichtig war.

Wir schiften uns also auf kleinen Kanoen oder indianischen Fahrzeugen ein, und fuhren quer über den See Mischigan nach einer auf der westlichen Seite desselben befindlichen Bucht, bei welcher man auf der Homannischen Karte das Wort *Renards* geschrieben findet. Man nennt sie die grüne Bucht, und zwar deswegen, weil zur Frühlingszeit, wenn zu Mischillimackinac die Bäume kaum erst anfangen Knospen zu treiben, hier schon alles im schönsten Grün zu stehn und zu blühen pflegt. Da, wo diese Bucht aus dem See Mischigan abläuft, liegt eine Kette von Inseln, deren einige bloße Felsen von erstaunlicher Höhe sind, die das Ansehn haben, als wenn sie von Künstlerhänden behauen wären. Auf der größten und besten von diesen Inseln steht ein Wohnort der Ottowaer, eines Stamms der Indianer, welcher die Ufer dieses Sees bewohnt.

Ich traf hier einen von den vornehmsten Oberhäuptern dieser Nation an, der mich mit allen bei ihnen gebräuchlichen Ehrenzeichen aufnahm, die aber, da ich die Bedeutung derselben noch nicht verstand, beinahe zu einem unangenehmen Mißverständnisse Anlaß gegeben hätten. Als wir uns nemlich dem Ufer näherten, fingen die daselbst versammelten Indianer an, ein Freudenfeuer zu machen, wobei sie ihre Gewehre mit Kugeln geladen hatten, die einige Ellen hoch über uns hinflogen. Sie liefen dabei jauchzend und schreiend hin und her, so daß die ganze Scene einem feindlichen Angriffe vollkommen ähnlich sahe. Ich, der ich sie dafür hielt, befahl schon meinen Leuten, gleichfalls Feuer auf sie zu geben: aber die Kaufleute belehrten mich geschwind eines bessern, indem sie mir sagten, daß dies die Art wäre, wie man hier die Haupter anderer Völkerschaften, die man ehren wollte, zu empfangen pflegte. Ich ließ mir daher diese sonderbare Ehrenbezeugung gefallen.

Wir stiegen aus, wurden freundschaftlich aufgenommen, und verweilten daselbst eine Nacht. Ich hatte den Oberhäuptern unter andern auch ein Geschenk von geistigen Getränken gemacht. Dies stimmte sie so sehr zur Freude, daß sie fast die ganze Nacht mit Tanzen feierten. Am andern Morgen

gen begleitete mich der Vornehmste unter ihnen bis ans Ufer, und fing, sobald wir uns eingeschift hatten, mit großer Feierlichkeit ein langes Gebet für mich an. Er bat den großen Geist — dies ist der Nahme, unter welchem sie das höchste Wesen ehren — "mir eine glückliche Reise, einen heitern Himmel und ruhiges Wasser zu verleihen; daß ich des Nachts auf einer Decke von Biberfellen ruhen, eines ununterbrochenen Schlafs und fröhlicher Träume genießen, und endlich überall Schutz unter der großen Pfeife des Friedens finden mögte." So fuhr er fort zu beten, bis ich ihn nicht weiter hören konnte.

Was es mit der Pfeife des Friedens für eine Bewandniß habe, werden wir in der Folge hören.

Man bewirthete mich hier mit einer Art von Brodt, welches die Indianer auf folgende Weise bereiten. Sie nehmen die Körner des Getraides, wenn es, wie sie es nennen, noch in seiner Milch steht, das heißt, wenn es eben reif werden will; zerstampfen und kneten sie in einen Teig, wozu sie keine andere Flüssigkeit, als den darin enthaltenen Saft gebrauchen; machen hierauf Kuchen daraus, die sie, in gewisse Baumblätter gewickelt, in glühende Asche legen. Hier werden sie in kur-

zer

zer Zeit gebacken. Ich muß gestehen, daß ich nie wohlschmeckenderes Brodt gegessen habe; die Indianer selbst hingegen machen sich wenig daraus.

Man sieht schon aus der gastfreien und höflichen Aufnahme, die ich unter diesen Leuten fand, daß die schrecklichen Begriffe, die man in Europa sich von ihrer rohen, grausamen und unmenschlichen Gemüthsart macht, gar sehr übertrieben sind. Ich muß zur Steuer der Wahrheit rühmen, daß ich bei jedem Stamme von ihnen in den innern Theilen des Landes, wo sie durch das Beispiel und die starken Getränke europäischer Nachbaren noch nicht verdorben sind, überall eine gastfreie und menschenfreundliche Begegnung fand. Gegen ihre Feinde sind sie freilich in hohem Grade unversöhnlich und grausam, aber auch nur gegen diese: und das ist ein ihnen angeerbter und durch eine undenkliche Gewohnheit schon so tief eingewurzelter Fehler, daß es ihnen gar nicht einfällt, etwas unrechtes darin zu ahnden.

Der See Mischigan ist ohngefähr 280 englische Meilen lang und etwa vierzig breit. Sein Umfang mag gegen 600 Meilen betragen. Das Wasser, sowol in diesem, als auch in den übrigen großen Seen, ist rein und gesund, und ihre Tiefe

ist

ist für die größten Schiffe hinreichend. Die Gegend umher ist, in Ansehung der Fruchtbarkeit, nur von mittelmäßiger Güte, ausgenommen da, wo sie von Bächen oder Flüssen durchschnitten wird, an deren Ufern das Erdreich ungemein fruchtbar ist. Außer einer Art von Kirschen, Sandkirschen genannt, welche in einem sandigen Boden auf kurzem Gesträuch wachsen, und besonders zum Einmachen ganz vortreflich sind, fand ich hier auch Stachelbeeren, schwarze Johannisbeeren, und viele Wacholderbeersträuche, welche eine Menge Beeren von der besten Art trugen.

Ausserdem wächst in diesen Gegenden eine Art Weide, welche die Franzosen *bois rouge*, Rothholz, nennen, weil ihre Rinde, wenn sie ein Jahr alt ist, die Scharlachfarbe annimmt, nachher aber rothgrau wird. Diese Rinde schaben die Indianer ab, trocknen und zerreiben sie, und vermischen sie hierauf mit ihrem Rauchtaback. Einen gleichen Gebrauch machen sie von den Blättern einiger andern Pflanzen; und so kann es ihnen denn nicht leicht an Vorrath für ihre Pfeiffen fehlen, ohngeachtet sie sehr starke Raucher sind.

Aus der grünen Bucht liefen wir in einen sich in dieselbe ergießenden Fluß ein, welcher der
Fuchs-

Fuchsfluß genannt wird. Auf der Homannischen Karte von Amerika ist derselbe durch eine kleine Linie angedeutet worden. Wir schiften denselben hinauf, bis wir an eine Ortschaft der Winnebager — eines andern Stammes der nordamerikanischen Wilden — kamen, die auf einer kleinen Insel bei der Einfahrt in einen See liegt, den der besagte Fluß in dieser Gegend macht. Auch dieser See ist auf der genannten Karte angegeben worden.

Hier empfing mich die Königin, die statt eines männlichen Oberhaupts diesen Stamm beherrschte, ungemein gütig, und bewies mir, während der vier Tage, die ich mich hier verweilte, sehr viel Achtung. Auf meine Bitte wurden die Häupter des Stamms zu einer Rathsversammlung zusammenberufen. Ich eröfnete in derselben mein Verlangen, in einer wichtigen Angelegenheit durch ihr Land gehen zu dürfen, und bat mir die Erlaubniß dazu von ihnen aus. Dies wurde, als ein großes Kompliment, welches ich ihnen machte, mit Vergnügen angehört und sofort bewilligt.

Die Königin hatte hierbei zwar den Vorsitz, aber sie that nur einige wenige Fragen und machte einige unbedeutende Verfügungen in Regierungsgeschäften: denn die Weiber dürfen bei ihnen nur

als-

alsdann, wann sie mit dem höchsten Ansehn bekleidet sind, im Rathe erscheinen, aber auch alsdann ist es ihnen nicht vergönnt, förmliche Reden
zu halten, wie die Häupter thun. Sie war übrigens eine schon sehr betagte Frau und klein von
Statur. In ihrer Kleidung unterschied sie sich
wenig von einigen jungen Frauenspersonen, die
ihr Gefolge ausmachten. Diese bezeigten jedesmal ihr Vergnügen, so oft ich ihrer alten
Königin irgend ein Merkmal von Hochachtung
gab, besonders wann ich sie küßte, welches ich oft
that, um mir ihre Gunst zu erwerben. Das
gute Mütterchen schien über dieses Zeichen meiner
Achtung nicht weniger vergnügt zu seyn.

Die Winnebager können ohngefähr zweihundert Krieger stellen. Ihre Ortschaft besteht aus
etwa funfzig Häusern, die mit Pallisaden befestiget
sind. Die Gegend um den See herum ist sehr
fruchtbar, und bringt eine Menge wildwachsender
Trauben, Pflaumen und anderer Früchte hervor.
Auch baut man hier viel indianisches Korn, Bohnen, Kürbisse, Wassermelonen und Taback.

Bei meiner Abreise machte ich der Königin
einige ihr angenehme Geschenke, und erhielt dafür
ihren Seegen. Unsere Reise ging nun immer
wei-

weiter den Fuchsfluß hinauf, bis wir diejenige
Stelle erreichten, wo man ihn verlassen muß, um
zu Lande bis an den Fluß Uisconsin zu gehn, auf
welchen man bis zum Mississippistrome schiffen
kann. Die Strecke Landes, welche jene beiden
Flüsse von einander trennt, wird der Trageplatz
genannt, weil man nemlich das Gepäck von dem
einen zu dem andern tragen muß.

Nie habe ich größere Schwärme von wilden
Vögeln, als in dieser Gegend gesehn. Die Sonne
wurde oft wirklich davon verdunkelt, so sehr war
die Luft damit erfüllt. Auch Bären und Wild,
besonders aber Biber, giebt es an den Ufern des
Fuchsflusses in großer Menge.

Diejenigen Stämme, welche auf die Winne-
bager folgen, sind die Sakier und Ottagamier.
Auch diese hatten vor einiger Zeit, der sonstigen
Gewohnheit dieser Völker zuwider, ein weibliches
Oberhaupt gehabt. Die Veranlassung dazu war,
wie mir ein Indianer erzählte, folgende gewesen.

Weil die französischen Missionarien und Handelsleute oft allerlei Beleidigungen von diesem
Volke erfahren hatten: so wollte man sich deswegen an ihnen rächen. Es wurde hierzu ein fran-
zö-

zösischer Hauptmann mit einer Parthei Franzosen und Indianer abgeschickt; und da dieser sie ganz unvermuthet überfiel: so ward es ihm leicht, sie zu überwinden und einen großen Theil von ihnen gefangen zu nehmen. Auf dem Rückmarsche stand einer der indianischen Bundesgenossen der Franzosen, der eine Menge von Gefangenen unter seiner Aufsicht hatte, still, um aus einem Bache zu trinken. Plötzlich überfiel ihn eine der gefangenen Weiber und erwürgte ihn, ehe er um Hülfe schreien konnte. Sie schnitt hierauf allen ihren Mitgefangenen, welche im Hinterzuge waren, die Bande los und entkam mit ihnen glücklich. Aus Dankbarkeit für diese Heldenthat wurde sie hierauf von ihrer Nation zur Aufführerin erwählt, und zwar mit dem sonst ungewöhnlichen Vorrechte, diese Ehre als eine Erbschaft ihren Nachkommen zu hinterlassen.

Der Trageplatz zwischen dem Fuchsflusse und dem Uisconsin ist nicht zwei volle englische Meilen breit. Es ist sehr merkwürdig, daß diese beiden Flüsse, die sich in ihren Nebenarmen beinahe berühren, gleichwol einen ganz entgegengesetzten Lauf nehmen, und in einer so ungeheuern Entfernung von einander ins Meer fallen. Denn der Fuchsfluß, der sich nach Nordwesten wendet, geht durch verschiedene große Seen und fällt endlich

lich nach einem Laufe von mehr als 2000 englischen Meilen in den Meerbusen von St. Lorenz, der Wisconsin hingegen, dessen Lauf nach Südwesten gerichtet ist, vereiniget sich mit dem Missisippi und ergießt sich, nach einem beinahe eben so weitem Laufe, in den Meerbusen von Mexico. Man wird auf dem großen festen Lande von Amerika kaum ein ähnliches Beispiel von zwei andern so nahe bei einander entspringenden Flüssen finden, die einen eben so entgegengesetzten Lauf nehmen.

In einer sumpfigen Gegend zwischen diesen beiden Flüssen trafen wir eine Menge Klapperschlangen an. Einer meiner Reisegefährten, Hr. Pinkisance, ein französischer Kaufmann, erzählte mir bei dieser Gelegenheit folgende Anecdote von der Gelehrigkeit dieser Thiere, wovon er selbst ein Augenzeuge gewesen seyn wollte.

Ein Indianer hatte eine solche Schlange gefangen und sie zahm zu machen gewußt. Er verehrte sie wie seinen Gott, nannte sie seinen großen Vater, und trug sie in einer Schachtel überall mit sich herum. Dies hatte er nun schon mehrere Sommer hindurch gethan, als Hr. Pinnisance ihn zufälliger Weise an dieser Stelle traf, da jener grade auf die Winterjagd gehen wollte. Da ihm nun
die

die Schlange hierbei hinderlich gewesen seyn würde, so setzte er die Schachtel nieder, machte den Deckel auf, und gab seinem Gotte die Freiheit zu gehn, wohin er wollte. Er befahl dabei dem Thiere, gegen den Maimonat, da er zurückkommen würde, sich hier wieder einzufinden. Es war damals erst October. Hr. Pinnisance lachte daher der Einfalt des Indianers, und sagte scherzend zu ihm: daß er künftigen Mai auf die Wiederkehr seines großen Vaters lange würde warten müssen. Allein der Indianer hegte eine so gute Meinung von der Folgsamkeit des Thiers, daß er sich über die bestimmte Wiederkehr desselben zu einer Wette von acht Quart Rum erbot. Die Wette ward angenommen, und die zweite Woche im nächstkommenden Maimonat zur Entscheidung festgesetzt. Beide kamen zur bestimmten Zeit hier wieder zusammen; der Indianer setzte seine Schachtel aus, und rief seinem großen Vater zu kommen. Allein der große Vater blieb aus, und da die Zeit der Wette vorbei war, gestand er zwar ein, daß er sie verloren hätte, erbot sich aber auch zugleich, sie doppelt zu bezahlen, wenn die Schlange nicht noch jetzt innerhalb zweier Tage zurückkäme. Auch dieses ward genehmiget. Und siehe da! den zweiten Tag um ein Uhr kam die Schlange unvermuthet zurück, und kroch von selbst in die Schachtel. Ich wür-

würde diese unglaublich klingende Geschichte kaum des Erzählens werth gefunden haben, wenn ich nicht von der ausserordentlichen Gelehrigkeit dieser Thiere viele andere, beinahe eben so unglaubliche Beispiele vernommen hätte. Daß die Schlange nicht auf das Wort des Indianers zurückgekehrt sey, ist wol für sich selbst klar. Aber vermuthlich hatte sie sich nicht weit von der Stelle, wo sie ausgesetzt worden war, entfernt; und da sie nun entweder die gewohnte Schachtel wieder witterte oder zufälliger Weise im Herumkriechen darauf stieß: so kroch sie, ihrer langen Gewohnheit nach, auch wiederum hinein. Ganz natürlich!

2.

Reise vom Trageplatze bis an den Mississippistrom und auf diesem hinauf bis zu dem Wasserfalle St. Anton.

Wir brachten unsere Kanoen über den beschriebenen Trageplatz auf den Fluß Uisconsin, schifften uns von neuem ein, und flossen stromabwärts. Auch dieser Fluß ist auf der Homannschen Karte von Amerika durch ein Strichelchen ausgedrückt worden.

Schon

Schon am folgenden Tage erreichten wir eine ansehnliche Ortschaft der Sakier, welche an dem Ufer des Flusses liegt. Einen größern und schönern indianischen Ort, als diesen, habe ich nie gesehen. Er enthält neunzig Häuser, alle geräumig genug, um mehr als einer Familie zum Aufenthalte zu dienen. Sie bestehen aus zugehauenen und sehr geschickt an einander gefügten Brettern, und sind so dicht mit Rinde belegt, daß kein Regen durchdringen kann. Jedes derselben hat vor der Thür ein Obdach, worunter die Einwohner, so oft Zeit und Witterung es erlauben, sich setzen und ihr Pfeifchen rauchen. Die Straßen sind regelmäßig und breit, so daß dieser Ort überhaupt mehr das Ansehen eines Aufenthalts gesitteter Menschen, als eines Wohnplatzes roher Wilden hat.

Das Land umher ist sehr gut und wohlangebaut. Ihre Aecker oder Gärten, die bei ihren Häusern liegen, sind ganz artig angelegt. Sie bauen darin eine Menge indianisches Korn, Bohnen, Melonen und andere Früchte. Reisende können sich daher hier leicht mit allerhand frischen Lebensmitteln versehn.

Die Sakier können ohngefähr dreihundert Krieger stellen. Diese thun gewöhnlich alle Sommer Einfälle in das Gebiet der Illinesen und

Panier, zweier indianischen Stämme, mit welchen sie in beständiger Feindschaft stehn. Von solchen Streifereien kehren sie oft mit einer großen Anzahl von Sklaven zurück. Allein ihre Feinde brauchen nicht selten das Recht der Wiedervergeltung; und da muß denn auch mancher Sakier mit seinem Leben oder mit seiner Freiheit büßen. Dies ist vermuthlich die Ursache, warum ihre Volksmenge so geringe bleibt.

Ich besuchte von hieraus die Gebirge, die etwa funfzehn englische Meilen gegen Süden liegen. Diese enthalten einen Ueberfluß an Bleierz. Ich bestieg einen der höchsten Berge, und hatte daselbst eine weite Aussicht. Viele Meilen weit erblickt man nichts als kleine kahle Berge, welche von fern gesehn, einer Sammlung von Heuschobern gleichen. Nur in einigen Thälern giebt es Wälder von Wallnußbäumen und alten Eichen. Von dem Reichthum dieser Gegend an Blei dient unter andern auch dies zum Beweise, daß ich in dem Orte der Sakier eine große Menge dieses Metalls, wie Steine, auf den Straßen liegen sah.

Wir fuhren fort, den Fluß hinabzuschiffen, und erreichten am folgenden Tage einen Wohnort
der

der Ottagamier, der ohngefähr funfzig Häuser enthält. Allein die meisten Wohnungen standen leer, weil die Wuth einer ansteckenden Krankheit über die Hälfte der Einwohner dahingerafft, und viele andere bewogen hatte, den Ort zu verlassen und in die Wälder zu fliehen.

Jetzt näherten wir uns dem großen Missisippistrome. Als wir noch ohngefähr fünf englische Meilen davon entfernt waren, bemerkte ich die Ruinen eines großen Orts, der eine vortrefliche Lage gehabt hatte. Ich forschte bei den benachbarten Indianern nach, warum man denselben verlassen habe, und erhielt folgende Antwort: "vor etwa dreißig Jahren hatte der große Geist sich auf der Spitze einer in der Nähe stehenden Felsenpyramide gezeigt und den Einwohnern befohlen, ihre Wohnungen zu verlassen, weil das Land, worauf sie gebaut wären, ihm gehöre und jetzt von ihm gebraucht werden müsse. Damit sie aber wüßten, daß er, der große Geist, es selber wäre, der ihnen dies geböte: so sollten sie auf diesem Felsen, den sie als völlig unfruchtbar kennten, nächstens Gras wachsen sehen. Die Indianer fanden nicht lange nachher die Wahrsagung erfüllt, und gehorchten. Sie zeigten mir die Stelle, und ich fand an dem Graswachsen hier gar nichts übernatürliches. Vermuthlich war die ganze Komödie eine List der Spanier oder Franzosen, die, aus einer mir unbekannten Ursache die Indianer von hier zu vertreiben wünschten. Wie leicht konnten diese etwas Erdreich auf den Felsen schaffen und Grassaamen darein streuen — und das Wunder war vollendet! Man sehe hier wiederum ein Beispiel, wie unaufgeklärte und abergläubische Leute allemal in der Hand eines jeden listigen Betrügers sind, der sie, aus irgend einer eigennützigen Absicht zu täuschen sucht! Daß dies unter Wilden geschieht, kann uns nicht befremden: aber, daß es mitten in Europa, mitten in Deutschland, sogar unter Leuten, die eine feine Erziehung gehabt haben, noch in unsern Tagen der abergläubischen Thoren so viele giebt, die sich von verschlagenen Betrügern — von angeblichen Geistersehern, Goldmachern, Magnetiseuren u. s. w. — durch allerlei Gauckeleien das Geld aus dem Beutel und den gesunden Menschenverstand aus dem Kopfe locken lassen: das, das ist auffallend! Das macht unserm gesitteten Europa, uns und unserm aufgeklärten Zeitalter Schande! Mögte doch wenigstens unsere jüngere Welt sich vor dieser verderblichen Thorheit warnen lassen, damit wenigstens sie vor den Fallstricken solcher Betrüger gesichert bliebe!

Die

Die von hier vertriebenen Indianer baueten sich einen neuen Ort, ohnweit der Mündung des Uisconsin, auf einer Stelle, welche die Franzosen *la prairie des chiens*, die Hundswiese, nannten. Dieser Ort ist jetzt groß, und enthält drei hundert Familien. Auch er ist nach indianischer Art sehr gut gebaut, und liegt auf einem fruchtbaren Boden, der alle Arten von Lebensmitteln in Ueberfluß hervorbringt. Man hat hier auch Pferde, und zwar von großem und gutem Gewächs. Hier versammlen sich alljährlich gegen das Ende des Maimonats alle benachbarte Stämme der Indianer, selbst diejenigen, welche an den entferntesten Armen des Missisippi wohnen, um ihr Pelzwerk an die Handelsleute zu verkaufen, die zu eben der Zeit sich hier gleichfalls einzufinden pflegen. So oft aber ein Kauf geschlossen werden soll, halten die Oberhäupter erst jedesmal einen Rath darüber, um zu bestimmen, ob das Gebot anzunehmen sey oder nicht. Im letztern Falle gehen sie mit ihrer Waare weiter, entweder nach Mischillimackinac oder nach einem andern Grenzorte der Europäer, um sie daselbst vortheilhafter abzusetzen. Im ersten Falle kehren sie wieder zu ihren Wohnplätzen zurück.

Als wir den Missisippistrom erreicht hatten, schlugen meine bisherigen Begleiter, die Handelsleute, ihre Winterwohnung auf, um bis zum nächsten Frühlingsmarkte hier zu bleiben. Ich aber kaufte mir einen Kanoe, und ging mit zwei Bedienten, einem französischen Kanadier, und einem Mohack *) den Strom hinauf. Und nunmehr wurde meine Reise etwas mislicher, als sie bisher gewesen war, weil ich mich mit vier Menschen unter die entferntesten wilden Völkerschaften wagte, und es darauf ankommen lassen mußte, wie sie uns empfangen und behandeln würden.

So oft es dunkel ward, legten wir mit unserm Kanoe an, und schlugen am Ufer ein Gezelt auf, um darin zu übernachten. Einst — ohngefähr zehn Tage, nachdem ich die Kaufleute verlassen hatte — stieg ich, dieser Gewohnheit gemäß, gegen Abend aus Land, und befahl meinen Leuten sich niederzulegen und zu schlafen. Ich selbst setzte mich unterdeß bei einem Lichte hin, um die Bemerkungen aufzuschreiben, die ich den Tag über gemacht hatte. Als ich damit fertig war, ging ich aus dem Gezelte, um zu sehen, wie das

Wet-

*) Die Mohaaks sind ein Theil der Jrokesen, und diese ein aus sieben freien Nationen wilder Nordamerikaner verbundenes Volk, welches größtentheils im nordwestlichen Theile von Neu-York bis an den See Ontario wohnt.

Wetter beschaffen wäre. Als ich meine Augen nach dem Strome hinrichtete, bemerkte ich beim hellen Sternenscheine etwas, welches einer Vieh: heerde glich. Aber plötzlich sprang einer davon auf, und ich konnte nun deutlich sehen, daß es Menschen waren.

Einen Augenblick darauf waren sie alle auf den Füßen, und ohngefähr zehn oder zwölf dersel: ben liefen auf mich zu. Ich sprang bei diesem An: blicke in mein Zelt zurück, weckte meine Leute, befahl ihnen ihr Gewehr zu nehmen und mir zu folgen; aber nicht eher zu feuern, bis ich ihnen zurufen würde. Da ich hauptsächlich für meinen Kanoe besorgt war, so lief ich schnell nach dem Orte, wo er lag, und fand daselbst eine Parthei Indianer, welche eben im Begriff waren, ihn zu plündern. Ich ging entschlossen auf sie los, bis dicht an die Spitzen ihrer Spieße, und fragte, in: dem ich meinen Hirschfänger schwang, mit rauher Stimme: was sie wollten? Diese meine Ent: schlossenheit erschreckte sie. Sie kehrten stillschwei: gend um, und liefen davon. Wir verfolgten sie bis an ein naheliegendes Gehölz, worin sie sich verbargen, ohne sich nachher wieder sehen zu lassen. Wir hielten indeß aus Vorsicht wechselsweise Wa: che, bis der Tag anbrach.

Mei:

Meine Bedienten waren durch diesen Vorfall in große Furcht gesetzt, und baten mich inständig, wieder zu den Kaufleuten, die wir vor kurzem verlassen hatten, zurückzukehren. Allein ich antwortete ihnen: "daß ein Engländer, wenn er einmal etwas unternommen hätte, sich nie zurückzöge. Ich wäre daher entschlossen, meine Reise fortzusetzen, und daß sie mir folgen müßten, wenn man sie nicht für alte Weiber halten sollte." Dieser Vorwurf, der schimpflichste, den man einem Indianer machen kann, ging ihnen zu Herzen. Sie stiegen daher wieder in den Kanoe; ich aber ging zu Fuß längst dem Ufer hin, um sie gegen Angriffe zu schützen.

Ich erfuhr in der Folge, daß das Gesindel, welches uns hatte überfallen wollen, eine Parthei indianischer Landstreicher gewesen sey, die man, verschiedener Verbrechen wegen, aus ihren Stämmen vertrieben hatte. Seit der Zeit streifen sie umher und leben vom Raube, wobei sie ihre eigenen Landsleute nicht verschonen. Auch sie zeigten, indem sie auf meine bloße Anrede flohen, daß Muth und Herzhaftigkeit selten der Antheil schlechter Menschen sey. —

Der Mississippistrom hat überall an beiden Seiten eine Reihe von Gebirgen, die an einigen

Stel=

Stellen seine Ufer ausmachen, an andern sich etwas von ihm entfernen. In den Thälern zwischen diesen Bergen weiden ganze Heerden von Wild, besonders von Elendthieren. An vielen Stellen steigen Felsenpyramiden empor, welche alten verfallenen Thürmen gleichen. Von den Bergen herab hat man die weiteste und schönste Aussicht über grüne Ebenen, fruchtbare Wiesen, Wälder von Obstbäumen und wildgewachsene, mit Trauben schwerbeladene Weinstöcke. Den allerschönsten Anblick aber gewährt der silberne Strom, welcher sanft vorbeifließt und erst in einer unabsehbaren Ferne dem Auge entzogen wird.

An einer Stelle des Stroms trafen wir grade in der Mitte seines Betts einen Berg an, der das Ansehn hat, als wenn er vom Ufer in den Strom hinabgeglitscht wäre. Er erhebt sich gleich von der Wasserfläche zu einer beträchtlichen Höhe, und wird der Berg im Flusse genant.

Eines Tages, da ich mich von meinen Leuten etwas entfernte, um eine Gegend in Augenschein zu nehmen, kam ich auf eine hübsche und ofne Ebene. Hier wurde ich in einiger Entfernung eine Erhöhung gewahr, die das Ansehn einer Verschanzung hatte. Ich ging darauf zu, und wurde

in

in der That überzeugt, daß sie wirklich vor einigen Jahrhunderten zu diesem Endzweck gedient haben müsse. Sie bestand nemlich aus einer vier Fuß hohen Brustwehr, die sich fast auf eine englische Meile erstreckte und Raum genug für fünf tausend Mann hatte. Ihre Figur war beinahe kreisförmig, und ihre Seiten (Flanken) erstreckten sich bis an den Fluß. Sie war zwar mit Gras bewachsen und hatte überhaupt durch die Länge der Zeit gelitten; aber man konnte doch noch jeden Winkel daran unterscheiden, und das ganze Werk schien durchaus regelmäßig und mit vieler Krieges, kenntniß aufgeworfen zu seyn. Der Graben war nicht mehr sichtbar, aber man konnte, bei genauer Untersuchung, doch noch sehn, daß ehemals einer da gewesen war. Auch seine Lage schien zu beweisen, daß es zur Festung gedient habe. Denn seine Vorderseite war gegen die Ebene gerichtet; seine Hinterseite stieß an den Fluß, und es gab rund umher keine Anhöhe, von welcher es bestrichen werden konnte.

Wie ein Werk von dieser Art in einem Lande entstehen konnte, welches, so viel wir wissen, bisher nur der Schauplatz unregelmäßiger Kriege zwischen unwissenden Indianern war, deren ganze Kriegeswissenschaft vor zwei hundert Jahren nur

im

im Bogenspannen bestand, und deren ganze Verschanzung noch jetzt ein dicker Busch ist, wage ich nicht zu bestimmen. Vielleicht veranlasset die Beschreibung, die ich davon gegeben habe, einmal eine genauere Untersuchung; und vielleicht bekommen wir dadurch einmal ganz andere Begriffe von dem ehemaligen Zustande dieser Länder, die wir bisher blos für eine Wohnung der Wilden von den ältesten Zeiten an gehalten haben.

Nach einer Reise von ohngefähr zwölf Tagen, kamen wir an den See Pepin, welcher eigentlich nur eine größere Ausdehnung des Mississippistroms, ohngefähr sechs englische Meilen breit und zwanzig lang ist. Der Strom selbst überhalb und unterhalb dieses Sees hat in seiner größten Breite nur ohngefähr eine Meile.. Das Wasser dieses Sees wimmelt von Fischen, und seine Oberfläche und die Ufer desselben von Schwänen, Gänsen, Enten und Störchen. In den Wäldern trift man häufig kalekutische Hüner und Rebhüner an, und auf den Ebenen sieht man die größten Büffelochsen von ganz Amerika. Ueberhalb des Sees ist der Strom voller Inseln und die Berge senken sich allmählich zu niedrigen Hügeln herab.

Nach einigen Tagereisen oberhalb des Sees Pepin kamen wir in eine Gegend, welche von drei Stämmen der Nadoweßier bewohnt wird.

Die-

Diese Nation, welche sich über einen großen Strich Landes jenseits des Missisippi gegen Westen hin verbreitet hat, bestand ehemals aus zwölf Stämmen: allein einer derselben hat sich vor etlichen Jahren gegen die übrigen empört und sich gänzlich davon getrennt. Diejenigen, welche ich hier traf, werden die Flußstämme genannt, weil sie größtentheils an den Ufern des Flusses wohnen, die übrigen acht Stämme heissen die Nadowessier von den Ebenen. Jeder Stamm hat wieder seinen besondern Nahmen, wie z. B. die Nehogatawonaher, die Matabantowaher, die Schahswintowaher u. s. w. Ich denke, daß die jungen Leser an diesen dreien zur Probe von dem Wohlklange der übrigen genug haben werden.

Kurz vorher, ehe ich bei den eigentlichen Wohnplätzen dieser drei Stämme ankam, stieß ich auf eine Parthei von Matabautowahern, die sich auf vierzig Krieger mit ihren Familien belief. Ich hielt mich einige Tage bei ihnen auf, und hatte das Glück, durch meine Gegenwart einem Blutbade vorzubeugen, welches sonst würde statt gefunden haben. Man sahe nemlich plötzlich fünf bis sechs von ihnen, die auf eine Streiferei ausgewesen waren, eiligst mit der Nachricht zurückkommen, daß

daß eine große Parthei von Tschipiwäern,*) nach ihrem Ausdrucke: "genug um sie alle zu verschlingen," ihnen auf dem Fuße nacheilten, und ihr kleines Lager alsobald angreifen würden. Ihre Häupter wandten sich hierauf an mich, und verlangten, daß ich mich an ihre Spitze stellen und sie gegen ihre Feinde anführen sollte.

Diese Bitte setzte mich in keine geringe Verlegenheit. Wollte ich mich weigern, sie zu erfüllen, so würde ich ihren Unwillen gegen mich erregt haben. Stand ich ihnen aber bei, so konnte ich auf den Haß der Tschipiwäer rechnen, die nicht ermangelt haben würden, mich irgend einmal ihre Rache fühlen zu lassen. Um beiden Unbequemlichkeiten auszuweichen, wählte ich folgenden Ausweg.

Ich stellte ihnen vor, ob es nicht besser wäre, einen Versuch zur Aussöhnung zwischen ihnen und ihren Feinden zu machen; und da ich endlich, wiewol mit Mühe, ihre Einwilligung dazu erhielt: so ging

*) Eine große Nation von Indianern, die unterhalb des obern Sees und zwischen den Seen Huron und Mischigan wohnen.

ging ich mit der Friedenspfeiffe, dem Zeichen meiner Absicht, in der Hand, den Tschipiwäern entgegen. Mein Franzose, der die Sprache dieser Leute reden konnte, begleitete mich; die Nadowessier aber blieben in einer gewissen Entfernung zurück.

Sobald die Gegenparthei mich zu Gesicht bekam, traten einige ihrer Anführer hervor, und ließen sich auf eine freundschaftliche Art in eine lange Unterredung mit mir ein. Es glückte mir endlich, sie zu überreden, ihr grausames Vorhaben aufzugeben, und zurückzukehren, ohngeachtet ihre Parthei sehr zahlreich war, und viele von ihnen mit Flinten versehen waren. Die Nadowessier überhäuften mich dafür mit Danksagungen; ich wurde in der Folge von ihren Landsleuten auf den Ebenen mit den größten Ehrenbezeugungen aufgenommen; und als ich viele Monate nachher zu einem Orte der Tschipiwäer kam, so fand ich, daß mein Ruhm sich auch bis dahin schon verbreitet hatte. Die Häupter derselben empfingen mich mit vieler Treuherzigkeit und dankten mir, daß ich so viel Unheil abgewandt hätte. Ich hörte von ihnen, daß der Krieg zwischen ihnen und den Nadowessiern bereits über vierzig Winter fortgedauert hätte. Sie hätten, sagten sie, zwar lange schon gewünscht, ihm ein Ende zu machen: allein die

jun-

jungen Krieger von beiden Völkerschaften, die ihre Hitze, wenn sie einander begegneten, nicht zu mäßigen wüßten, hätten es verhindert. Sie wünschten hierbei, daß ein Mann, wie ich, sich unter ihnen niederlassen mögte, um einen förmlichen Frieden, den sie sehnlich wünschten, durch sein Ansehn auf beiden Seiten zu Stande zu bringen; und ich bedauerte sehr, daß ich diesen Wunsch nicht erfüllen konnte.

Da ich meine Reise auf dem Mississippistrome fortsetzte, kam ich in eine Gegend wo man eine Höhle von erstaunlichem Umfange sieht. Die Indianer nennen sie Wakon-tibe d. i. die Wohnung des großen Geistes. Der Eingang ist ohngefähr zehn Fuß weit, und fünf Fuß hoch. Der Boden besteht aus einem feinen klaren Sande. Ohngefähr zwanzig Fuß vom Eingange fängt ein See an, dessen Wasser völlig durchsichtig ist, und der sich so weit erstreckt, daß man sein Ende nicht hat ausfindig machen können, weil die Dunkelheit der Höhle keine genaue Untersuchung verstattet. Ich warf aus allen Kräften einen Stein über denselben hin, der, als er endlich ins Wasser fiel, durch den von allen Seiten her erschallenden Wiederhall ein erstaunlich fürchterliches Geräusch machte. Ich fand in dieser Höhle viele indianische Hieroglyphen, *) die sehr alt zu seyn schienen; denn die Zeit hatte sie schon so sehr mit Mooß bedeckt, daß man ihnen kaum mehr nachspüren konnte. Sie waren auf eine rauhe Art an den innern Wänden eingegraben, die aus einer so weichen Steinart bestanden, daß man leicht mit einem Messer hineinstechen konnte. Man trift diese Steinart überall am Mississippi an.

Meine Absicht war, den Strom so weit hinauf zu schiffen, bis ich den berühmten Wasserfall desselben erreichte, der unter dem Nahmen von St. Anton in Europa schon bekannt ist. Allein es stellte sich, da wir schon mitten im November waren, so viel Eis ein, daß ich mich entschließen mußte, meinen Kanoe zu verlassen, und die Reise dahin zu Fuß zu machen.

Eben da ich diesen Entschluß ausführen wollte, traf ich einen jungen Prinzen von der Nation der Winnebagoer an, der als ein Gesandter zu den Nadowessischen Völkerschaften ging. Da dieser hörte, daß ich den Wasserfall besuchen wollte, so

er-

---

*) Sinnbildliche Zeichen, die eine gewisse Bedeutung haben.

erbot er sich mich dahin zu begleiten, weil seine eigene Neugierde durch das, was er davon gehört hatte, rege geworden war. Er ließ daher seine Familie — denn die Indianer reisen nie ohne ihre ganze Haushaltung — unter der Aufsicht meines Mohaak Indianers zurück, und wir machten uns hierauf, nur von meinem französischen Bedienten begleitet, auf den Weg nach dem berühmten Wasserfalle.

3.

Beschreibung des Wasserfalls von St. Anton. Fortgesetzte Reise bis zum Franciscusflusse; Rückreise von da nach dem Petersflusse. Aufenthalt bei den Nabowessiern, und Rückreise nach der großen Höhle.

Schon in einer Entfernung von funfzehn englischen Meilen konnten wir das Getöse des fallenden Wassers hören; und je näher wir diesem Wunderwerke der Natur kamen, destomehr wuchsen mein Vergnügen und Erstaunen. Als wir endlich die Spitze des Berges, von welchem der Strom sich hinabstürzt, erreicht hatten, gab der Indianische

Prinz, mein Begleiter, mir ein Schauspiel, welches die angenehmste Rührung bei mir hervorbrachte.

Er fing nemlich an, mit lauter Stimme zu dem großen Geiste zu beten, weil er glaubte, daß dies einer von seinen vorzüglichsten Wohnplätzen wäre. Er sagte ihm dabei vor, daß er einen weiten Weg gereist wäre, um ihn hier zu verehren, und daß er ihm jetzt das Beste und Liebste, was er besäße, zum Opfer bringen wollte. Indem er dies sagte, warf er zuerst seine Pfeiffe in den Strom; dann das Futteral, worin er seinen Taback aufbewahrte; hierauf folgten die Armbänder, die er am Oberarme und am Handgelenke trug, dann sein Halsband und zuletzt seine Ohrringe. Kurz, er schenkte seinem Gotte alles, was sich nur von einigem Werthe in seinem Anzuge fand. Während dieser Handlung schlug er sich oft auf die Brust, schleuderte die Arme umher, und schien überhaupt in einer heftigen Gemüthsbewegung zu seyn.

Er endigte sein Gebet damit, daß er den großen Geist um seinen Schutz auf unserer Reise, um eine glänzende Sonne, einen blauen Himmel und heiteres Wetter bat. Er ging hierauf nicht von
der

der Stelle weg, bis wir dem großen Geiste zu Eh‍ren eine Pfeiffe zusammen geraucht hatten.

Ich bewunderte die ungekünstelte und erhabe‍ne Andacht des jungen Mannes, indeß mein Be‍diente, der sich selbst für viel klüger hielt, heimlich darüber spottete. Der Einfältige! Gleichsam, als wenn der allgemeine Vater der Menschen auf den Nahmen, den wir ihm beilegen oder auf die Ceremonien, unter welchen wir zu ihm beten, und nicht auf das Herz und die Gesinnungen derer achtete, welche ihn anrufen! Und wie hätte der fromme indianische Jüngling einen aufrichtigern und zugleich rührendern Beweis seiner Verehrung gegen das höchste Wesen geben können, als dadurch, daß er aus Liebe und Ehrfurcht gegen ihn sich alles dessen beraubte, was ihm selbst das Liebste war? Wie viel sind der Christen, welche ihm das nach‍thun mögten?

Was aber meine Achtung gegen diesen jungen Indianer in eine wirkliche Liebe und Bewunderung verwandelte, das war die Bemerkung, daß er seine Religion nicht, wie so viele Christen zu thun pflegen, in Worte und eitle Ceremonien setzte, sondern vielmehr sie durch sein ganzes Betragen thätig zu beweisen suchte. Menschenliebe, Ge‍

rechtigkeit und uneigennützige Dienstfertigkeit leuchteten aus allen seinen Handlungen hervor. So lange wir bei einander waren, sorgte er nie für sich, sondern immer für mich, ohne dabei auch nur im mindesten irgend eine eigennützige Absicht blicken zu lassen; und er gab mir in dieser kurzen Zeit so viele Beweise einer edeln und großmüthigen Freundschaft, daß es mir nachher sauer wurde, mich von ihm zu trennen. —

Der erste Europäer, welcher diese Gegend besuchte und dem Wasserfalle von St. Anton den Nahmen gab, war ein französischer Missionär, Pater Hennepin. Seine Reise hierher fällt in das Jahr 1680.

Der Strom ist an der Stelle des Wasserfalls über sieben hundert und funfzig Fuß breit, und der senkrechte Sturz des Wassers beträgt über dreissig Fuß. Der Anblick, den er gewährt, hat etwas ungemein Prächtiges und Erhabenes. Uebrigens ist dieser Wasserfall von allen andern, die ich kenne, dadurch unterschieden, daß man ohne die geringste Hinderniß von Hügeln, Felsen oder Klüften anzutreffen, dicht an ihn hinankommen kann.

Die

Die Gegend rings umher ist über alle Beschreibung schön. Sie besteht nicht aus einer ununterbrochenen Ebene, wo das Auge keinen Ruhepunct findet, sondern aus vielen sanften Anhöhen, die mit dem schönsten Grün bedeckt sind. Kleine zerstreute Wälder wechseln damit ab; und der prächtige Wasserfall giebt dem Ganzen so viel Leben und so viel Anziehendes, daß man Mühe hat, die Augen wieder davon abzulenken.

In einer kleinen Entfernung unterhalb des Wasserfalls liegt mitten in dem wirbelnden Strome eine kleine, mit Eichbäumen bewachsene Insel, welche eine ungeheure Menge von Adlern ganz in Besitz genommen hat. Jeder Zweig, der nur stark genug ist, das Gewicht zu tragen, ist mit Nestern besetzt. Sehr klüglich haben diese Vögel ihren Wohnsitz allda aufgeschlagen, weil sie durch die vielen Wirbel, durch welche sich kein Indianer wagt, hier gegen alle Angriffe von Menschen und Thieren vollkommen geschützt werden. Auch finden sie hier an den Fischen und Thieren, die vom Wasserfall zerschmettert und ans Ufer geworfen werden, ihre hinreichende Nahrung.

Nachdem wir unsere Augen an dem Wasserfalle und an den Schönheiten der Gegend genug geweidet hatten: so gingen wir noch sechzig englische Meilen weit den Strom hinan, bis wir den Fluß St. Franciscus erreichten, der in dieser Entfernung vom Wasserfalle in den Missisippi fällt. Bis hierhin war der obenerwähnte Pater Hennepin gekommen; bis hierhin konnte auch ich den Lauf des Missisippistromes nur verfolgen; weil der eingetretene Winter es mir unmöglich machte, weiter vorzudringen. Wir kehrten also von hieraus wieder zu meinem Kanoe zurück; und hier war es, wo ich mich von meinem jungen indianischen Freunde trennen mußte, welches von beiden Seiten mit den Empfindungen einer herzlichen Ergebenheit geschahe.

An dem Orte, wo diese Trennung vor sich ging, fällt ein von Südwesten kommender ansehnlicher Fluß, der Petersfluß genannt, in den Missisippistrom. Da ich diesen, seines südlichern Laufes wegen, vom Eise frei fand, so beschloß ich in demselben hinaufzuschiffen.

Dieses Vorhaben wurde denn auch sogleich ins Werk gerichtet. Ich schifte den Fluß ohngefähr zweihundert englische Meilen hinauf, und erreichte auf diese Weise das Land der Nadowessier

von

von der Ebene. Bei diesen fand ich abermals eine gastfreie und liebreiche Aufnahme.

Als ich zuerst den Ort erreichte, wo ein Theil dieser Völkerschaft ihr Lager hatte, bemerkte ich zwei bis drei Kanoen, die den Fluß herunterkamen. Allein kaum hatten die darin befindlichen Indianer uns zu Gesicht bekommen: so sahe man sie eiligst nach dem Ufer rudern und in großer Bestürzung ans Land springen. Ihre Fahrzeuge überließen sie dem Strome.

Ich glaubte hierauf, etwas behutsam zu Werke gehn zu müssen, und hielt mich daher dicht am Ufer auf der entgegengesetzten Seite des Flusses: Meine Fahrt setzte ich indessen ununterbrochen fort, weil ich hoffte, daß die vorn an meinem Kanoe befestigte Friedenspfeiffe und die englische Flagge, welche auf dem Hintertheile wehete, mich gegen feindliche Aufälle schützen würden.

Als ich noch etwas weiter fortgerudert war und um eine Landspitze herumkam, so erblickte ich plötzlich eine große Menge von Zelten und über tausend Indianer, die in einer kleinen Entfernung vom Ufer standen. Ich befahl meinen Leuten, grade auf sie zu zurudern, um durch diesen zu-

ver-

versichtlichen Schritt zu zeigen, daß ich nichts
Böses im Schilde führte und daß ich Vertrauen
in sie setzte.

So wie ich aus Land stieg, reichten zwei von
ihren Häuptern mir die Hände, und führten mich
mitten durch die angaffende Menge, von der die
meisten nie einen weissen Menschen gesehen hatten,
nach einem Gezelte. Hier fingen wir an, nach
dem allgemeinen Gebrauche aller nordamerikanischen Indianer, die Friedenspfeiffe mit einander
zu rauchen. Allein das Gedränge des Volks war
so groß, daß wir unter dem Zelte erdrückt zu werden besorgen mußten. Wir gingen daher hinaus,
um den Leuten Gelegenheit zu verschaffen, ihre
Neugierde mit größerer Bequemlichkeit zu befriedigen. Man staunte mich hierauf noch eine Zeitlang an; machte sich nach und nach mit mir bekannt, und begegnete mir nachher immer mit
vieler Achtung.

Von den Oberhäuptern wurde ich auf die
freundschaftlichste und gastfreieste Art empfangen.
Dies bewog mich, den ganzen Winter bei ihnen
zuzubringen. Um aber diesen langen Aufenthalt
so nützlich als möglich für mich zu machen, fing
ich damit an, ihre Sprache zu lernen. Da ich

oh=

ohnehin schon einige Kenntniß von den indiani=
schen Mundarten besaß, so kam ich bald so weit
darin, daß ich mich vollkommen verständlich aus=
drücken konnte.

Ich brachte hierauf meine Zeit sehr angenehm
bei ihnen zu. Bald ging ich mit ihnen auf die
Jagd, bald gab ich einen Zuschauer bei ihren
Belustigungen und Spielen ab, die ich wei=
ter unten beschreiben werde. Oft saß ich unter
den Oberhäuptern und rauchte eine freundschaft=
liche Pfeiffe mit ihnen. Dann wurde geplaudert,
bald von diesem, bald von jenem. Sie erzählten
mir von ihren Kriegeszügen, von ihren Sitten
und Gebräuchen: ich aber beschrieb ihnen zur Ver=
geltung verschiedene Begebenheiten meines Lebens
und besonders die Schlachten, die zwischen den
Engländern und Franzosen in Amerika vorgefallen
waren, und an denen ich meistentheils Antheil ge=
nommen hatte. Sie merkten hierbei auf jeden kleinen
Umstand, und thaten oft sehr gescheute Fragen
über die europäische Art Krieg zu führen.

Es war mir besonders wichtig, Nachrichten
von den weiter gegen Westen hin gelegenen Län=
dern von ihnen zu erhalten: und meine Nachfor=
schungen darüber blieben keinesweges fruchtlos.
Sie

Sie entwarfen mir ordentliche Landcharten davon, indem sie mit einer Kohle auf die innere Rinde einer Birke zeichneten, die so glatt ist, als Papier. Dergleichen Zeichnungen fielen zwar nur grob aus; allein sie waren doch hinlänglich, mir einen ziemlich genauen Begriff von der Lage und der Beschaffenheit dieser Länder zu geben.

Ich verließ die Wohnungen dieser gastfreien Wilden gegen das Ende des Aprils 1767. Beinahe drei hundert von ihnen, unter welchen viele von ihren Oberhäuptern waren, begleiteten mich nach dem Ausflusse des Petersflusses. Dies war nemlich die Zeit, um welche die Nadowessier alljährlich nach der vorhin beschriebenen großen Höhle zu gehen pflegen, um daselbst mit den übrigen Stämmen einen großen Rath zu halten, worin sie ihre Unternehmungen für das folgende Jahr beschließen. Sie nehmen zugleich ihre in Büffelhäute genähten Todten mit dahin, um sie daselbst zu begraben. Außer denen, welche mich begleiteten, waren einige schon vorausgegangen, und die übrigen sollten nachfolgen.

Nie bin ich in einer aufgeräumtern und lustigern Gesellschaft gereiset. Aber eines Tages wurde ihre Fröhlichkeit durch einen fürchterlichen Na-
tur-

turauftritt unterbrochen, der sie in das größte
Schrecken versetzte. Es war Abend, und wir
stiegen eben aus, um unsere Zelte zum Nachtla:
ger aufzuschlagen, als ein schwarzes Gewölk den
ganzen Himmel überzog und in ein so fürchterli:
ches Donnerwetter ausbrach, als ich noch nie er:
lebt hatte. Die erschrockenen Indianer suchten
überall Schutz, wo sie ihn nur finden konnten;
ich hingegen that grade das Gegentheil. Ich ent:
fernte mich nemlich von jedem Gegenstande, wel:
cher die electrische Materie an sich ziehen konnte,
weil ich mich lieber der Wuth des herabstürzenden
Regens, als einem tödtlichen Strale aussetzen
wollte. Dieses mein Betragen, welches sie bloß
meiner Unerschrockenheit zuschrieben, vermehrte
die hohe Meinung, die sie schon vorher von mei:
nem Muthe hegten. Ich muß indeß gestehen,
daß ich ganz und gar nicht gleichgültig dabei war,
weil der Auftritt in der That so schrecklich war,
als man sich ihn nur immer denken kann. Der
Donner brüllte fürchterlich; die Erde erbebte; der
Regen stürzte sich, wie ein Strom herab, und
der Blitz fuhr über den Boden wie ein glühender
Schwefelstrom hin. Selbst die Oberhäupter
der Indianer, die in ihren Kriegen gemeiniglich
einen unerschütterlichen Muth beweisen, konnten
ihre Bangigkeit nicht verbergen. Als endlich das

Wet:

Wetter vorüber war, verſammelten ſich die In:
dianer um mich her, und meldeten mir, daß das
eine Wirkung des Zorns der böſen Geiſter geweſen
wäre, die ſie wahrſcheinlicher Weiſe durch irgend
etwas ſehr beleidiget haben müßten.

Der St. Petersfluß, der durch das Gebiet der
Nadoweſſier läuft, fließt durch ſehr reizende Ge:
genden, die an allem, was die Natur freiwillig
hervorbringt, einen Ueberfluß haben. Wilder
Reis wächst hier in großer Menge, und überall
ſieht man Bäume, welche ſich unter einer ſchönen
Laſt von Früchten beugen, worunter Pflaumen,
Trauben und Aepfel die vornehmſten ſind. Auf
den Wieſen findet man häufig Hopfen und andere
nützliche Kräuter, und das Erdreich iſt mit aller:
hand eßbaren Wurzeln, beſonders mit Erdnüſſen,
angefüllt, die hier ſo groß, wie ein Hühnerei
ſind. In einer mäßigen Entfernung von den
Ufern des Fluſſes giebt es Anhöhen, von denen
man die ſchönſten Ausſichten hat, und zwiſchen
dieſen Hügeln trift man anmuthige Wälder an,
in denen eine ſolche Menge von Zuckerahornbäumen
wächst, daß ſie die Bewohner dieſes Landes
weit und breit mit Zucker verſehen könnten.

Unweit der Mündung dieſes Fluſſes in den Miſ:
ſiſippi, erhebt ſich an der Nordſeite deſſelben ein
Hü:

Hügel, welcher ganz aus einem Steine besteht, der so weich ist, als diejenige Art, die ich oben beschrieben habe. Das merkwürdigste dabei ist seine schneeweiße Farbe. Vielleicht könnte dieser Stein durch eine gehörige Behandlung abgehärtet werden und dann zu einer großen Zierde in der Baukunst gereichen.

Als wir bei der großen Höhle angekommen waren, begruben die Indianer zuvörderst ihre Todten. Ich wünschte dabei zugegen zu seyn, um die Gebräuche anzusehn, welche sie dabei zu beobachten pflegen: allein da ich zu bemerken glaubte, daß meine Gegenwart sie ein wenig verlegen machte, so hielt ich es der Bescheidenheit gemäß, mich zu entfernen. Ich kann also auch nicht sagen, was für Begräbnißfeierlichkeiten sie eigentlich vornahmen.

Nach vollendeter Beerdigung nahm sogleich die große Rathsversammlung ihren Anfang. Bei dieser wurde ich nicht bloß zugelassen, sondern man erzeigte mir sogar die Ehre, mich zum Anführer ihrer Stämme zu ernennen. Ich hielt bei dieser Gelegenheit eine Rede an die Versammlung, die ich hier mittheile, um meinen Lesern eine Probe zu geben, wie man sich nach den Be-

C. Reisebeschr. 4ter Th.   F   griffen

griffen und Vorstellungsarten der Indianer auszudrücken suchen muß.

"Meine Brüder, Häupter der zahlreichen
und mächtigen Nadowessier! Ich freue mich, daß
mein langer Aufenthalt bei euch mich in den Stand
gesetzt hat, mit euch, wiewol auf eine unvoll-
kommene Art, in eurer eigenen Sprache, wie
eins von euren eigenen Kindern zu reden. Ich
freue mich ferner, daß ich Gelegenheit gehabt habe, euch die Macht und den Ruhm des großen
Königs, der über die Engländer und andere Völker herrscht, bekannt zu machen; eines Königes,
der von einem uralten Geschlechte von Regenten
abstammt, so alt als die Erde und die Gewässer
sind; dessen Füsse auf zwei Inseln stehn, die größer sind, als ihr sie je gesehen habt und mitten
in dem größten Wasser in der Welt liegen; dessen
Haupt bis an die Sonne reicht, und dessen Arme
die ganze Erde umfassen; dessen Krieger so zahlreich sind, wie die Bäume in den Thälern, die
Reisstengel in jenen Morästen, oder die Gras-
halme auf euren großen Ebenen; der Hunderte
von eigenen Kanoen hat, von solcher erstaunlichen Größe, daß alles Wasser in eurem Lande
nicht hinreichend seyn würde, nur einen einzigen
davon zu tragen; von welchen jeder Feuerröhre

hat,

hat, welche nicht so klein sind, als das, welches ich jetzt vor mir habe, sondern von einer solchen Größe, daß hundert von euren stärksten jungen Männern kaum im Stande seyn würden, nur eins davon zu heben. Und wunderbar ist es, die Wirkungen zu sehn, die sie gegen des großen Königes Feinde in der Schlacht thun! Der Schrekken, den sie verbreiten, kann in eurer Sprache durch keine Worte ausgedrückt werden. Ihr erinnert euch der schwarzen Wolken, des Sturms, des Feuers, des fürchterlichen Geräusches, des schrecklichen Krachens und des Erdbebens, welches euch erschreckte, als wir uns bei dem Wadapamenesoter gelagert hatten, und die euch vermuthen ließen, daß eure Götter über euch erzürnt wären. Diesen sind die Kriegswerkzeuge der Engländer ähnlich, wenn sie die Schlachten ihres großen Königes liefern.„

„Verschiedene von euren Oberhäuptern haben mir vor Zeiten, als ich in euren Zelten wohnte, oft gesagt, daß sie wünschten, mit zu den Kindern und Bundesgenossen des großen Königes, meines Herrn, gerechnet zu werden. Auch habt ihr mich oft gebeten, wenn ich nach meinem eigenen Lande zurückkehrte, dem großen Könige eure Neigung für ihn und seine Unterthanen und zu-

gleich den Wunsch bekannt zu machen, daß engli:
sche Handelsleute zu euch kommen mögten. Da
ich nun jetzt im Begriff bin, euch zu verlassen und
nach meinem eigenen Lande zurückzukehren, das
weit gegen die aufgehende Sonne entfernt liegt:
so frage ich euch noch einmal, ob ihr noch eben so
denkt, als vorigen Winter, da ich mit euch im
Rathe sprach; und da jetzt verschiedene von euren
Häuptern hier versammlet sind, die von den gro:
ßen Ebenen gegen die untergehende Sonne her:
kamen, mit denen ich vorher nie im Rathe gespro:
chen habe: so bitte ich euch, mich wissen zu lassen,
ob ihr alle willig seyd, euch für Kinder meines
großen Herrn, des Königs der Engländer und
anderer Völker zu erkennen; da ich denn die erste
Gelegenheit wahrnehmen werde, ihn von eurem
Verlangen und von euren guten Gesinnungen zu
benachrichtigen.„

„Hütet euch übrigens, böse Nachrichten zu
glauben; denn ich weiß, es gibt boshafte Vögel,
die unter den benachbarten Völkern herumfliegen,
und welche böse Sachen gegen die Engländer euch
in die Ohren raunen können. Diesen müßt ihr
nicht glauben, denn ich habe euch die Wahrheit
gesagt.„

„Was

"Was endlich die Häupter betrift, die nach Mischillimackinac gehen wollen, so werde ich Sorge tragen, für sie und ihr Gefolge einen graden Weg, ruhiges Wasser und einen hellen Himmel zu machen; damit sie dort hingehen können, die Friedenspfeife zu rauchen, und sicher auf einer Biberdecke in dem Schatten des großen Baums des Friedens zu liegen. Lebt wohl!"

Auf diese Rede erhielt ich folgende Antwort aus dem Munde ihres vernehmsten Oberhaupts.

"Guter Bruder! Ich bin jetzt im Begriff, im Nahmen dieser meiner Brüder, der Oberhäupter der acht Stämme des mächtigen Volkes der Nadowessier mit dir zu reden. Wir glauben und sind überzeugt von der Wahrheit alles dessen, was du uns von deinem großen Volke und dem großen Könige, unserm größten Vater, gesagt hast; für den wir diese Biberdecke hinlegen, damit sein väterlicher Schutz immer sicher und sanft unter uns, seinen Kindern, ruhen möge. Deine Fahnen und deine Waffen kommen mit den Beschreibungen überein, die du uns von deinem großen Volke gemacht hast. Wir wünschen, daß du bei deiner Rückkehr dem großen Könige sagen wollest, wie sehr wir uns sehnen, unter seine guten Kinder gerechnet zu wer-

werden. Du kannst glauben, daß wir unsere Ohren keinem öfnen werden, der es wagen würde, übel von unserm großen Vater, dem Könige der Engländer und anderer Völker, zu sprechen.„

„Wir danken dir für das, was du gethan hast, Frieden zwischen den Nadowessiern und Tschipiwäern zu stiften, und hoffen, daß du, wenn du zu uns zurückkommst, dies gute Werk vollenden und ganz die Wolken vertreiben werdest, die noch über uns schweben, um den blauen Himmel des Friedens zu öfnen, und die blutige Axt tief unter die Wurzeln des großen Baums des Friedens zu begraben.„

„Wir wünschen, daß du dich erinnern mögest, unserm großen Vater vorzustellen, wie sehr wir verlangen, daß Handelsleute gesandt werden mögen, sich unter uns aufzuhalten mit solchen Sachen, als wir brauchen, damit die Herzen unserer jungen Männer, unserer Weiber und unserer Kinder fröhlich gemacht werden. Und möge der Friede dauern zwischen uns so lange, als die Sonne, der Mond, die Erde und die Gewässer währen. Lebe wohl!„

Meine Warnung, daß sie sich hüten mögten, bösen Nachreden Gehör zu geben, rührte daher, weil

weil ich an verschiedenen Orten erfuhr, daß die Franzosen noch jetzt Abgeschickte unterhielten, welche die mit den Engländern verbundenen Völkerschaften gegen sie aufhetzen sollten. Diese theilten unter die Indianer kleine Geschenke aus, und in den Reden, welche sie dabei hielten, sagten sie ihnen: "daß die Engländer, ein armseliges Volk, dies Land ihrem großen Vater, dem Könige von Frankreich, gestohlen hätten, als er schlief; allein daß er bald erwachen und sie wieder unter seinen Schutz nehmen würde." Diese Nachrichten suchte ich durch meine Warnung unkräftig zu machen.

4.

Rückreise nach der Hundewiese. Bedenkliche Lage zwischen einem Trupp von Indianern. Reise von der Hundewiese nach dem Obern See.

Ich hatte mit dem Commendanten von Mischillimackinac verabredet, daß er mir allerhand Waaren nach dem Mississipristrome nachschicken sollte, um etwas zu haben, wodurch ich mir bei den

den entferntesten Indianern bis nach der Südsee hin, eine gute Aufnahme verschaffen könnte. Jetzt hätten diese Waaren, der genommenen Abrede gemäß, da seyn müssen: allein alle meine Erkundigungen darnach waren umsonst. Dies zwang mich wider meinen Willen, die Fortsetzung meiner Reise nach Nordwesten, vor der Hand wenigstens, aufzugeben, und erst nach der Hundewiese zurückzukehren, um von den Handelsleuten, die ich daselbst zurückgelassen hatte, so viel Waaren einzukaufen, als sie würden entbehren können.

Verschiedene Oberhäupter der Nadowessier nebst fünf und zwanzig andern aus dem Volke hatten auf meinen Rath beschlossen, gleichfalls nach der Hundewiese und von da nach Mischillimackinac zu reisen, um einen Handel mit den dortigen Engländern zu eröfnen; allein da sie besorgen mußten, von ihren immerwährenden Feinden, den Tschipiwäern, überfallen zu werden: so hielten sie es für rathsamer bei Nacht, als mit mir bei Tage zu reisen. Ich nahm daher von diesen Leuten, die mir unzählige Höflichkeiten erzeigt hatten, den freundschaftlichsten Abschied, und setzte meine Reise fort.

Ich erreichte noch an eben dem Tage und zwar gegen Abend die Ostseite des Sees Pepin, wo

wo ich, wie gewöhnlich, ans Land ging und mein
Zelt zum Nachtlager aufschlug. Als ich am folgenden Morgen einige Meilen weiter gegangen
war, sahe ich in einiger Entfernung Rauch auf-
steigen, ein Zeichen, daß Indianer da waren.
Nun konnte ich nicht wissen, ob das nicht vielleicht
eben die Rotte von herumstreifenden Räubern seyn
mögte, die ich bei meiner ersten Reise durch diese
Gegend angetroffen hatte; und es entstand daher
die Frage: was ich thun sollte? Meine Leute
waren sehr der Meinung, daß wir hart an dem
entgegengesetzten Ufer des Stromes hinrudern und
so vorbei zu kommen suchen müßten: mich hingegen hatte meine bisherige Erfahrung gelehrt, daß
man sich am leichtesten dadurch eine gute Aufnahme
bei den Indianern verschaffen kann, wenn man ihnen
zuversichtlich und ohne alle Furcht entgegen geht.
Ich beschloß daher, dieser Erfahrung auch diesmal
gemäß zu handeln; blieb also auch mitten auf dem
Strome, und ging, da ich die Stelle erreicht
hatte, wo sie waren und wo der größte Theil
von ihnen am Ufer stand, mitten unter ihnen
ans Land.

Es waren Tschipiwäer. Sie empfingen mich
freundlich und drückten mir, zum Zeichen ihres
Wohlwollens, die Hand. Nicht weit von ihnen

erblickte ich einen ihrer Anführer, einen sehr grossen und wohlgebildeten, dabei aber so finster aussehenden Mann, daß selbst der herzhafteste Mensch ihn nicht ohne alle Furcht ansehen konnte. Er schien übrigens einen hohen Rang unter ihnen zu haben, weil er auf eine ganz eigene Weise punctirt und bemahlt war.

Ich ging auf eine höfliche Art zu ihm hin, und erwartete auf eine ähnliche Weise von ihm empfangen zu werden. Aber darin hatte ich mich geirrt. Er warf vielmehr, indem ich ihm die Hand bot, einen finstern Blick auf mich, zog seine eigene Hand zurück und sagte: "*Câin nischischin sâgânosch*, die Engländer taugen nichts!„ Ich erstaunte und erwartete, da er eben seine Streitart in der Hand hatte, daß er diese kurze Begrüssung mit einem Schlage begleiten würde. Ich zog daher, um dies zu verhindern, eine Pistole aus meinem Gürtel, und ging mit ruhiger Miene dicht bei ihm vorüber. Meine Unerschrockenheit mogte einigen Eindruck auf ihn machen.

Ich erfuhr von den übrigen Indianern, daß es ein mir schon bekannter Anführer wäre, den die Franzosen *le grand Sauteur* — den großen Springer — nannten, so wie sie die Nation
der

der Tschipiwäer überhaupt *les Sauteurs* zu nennen
pflegen. Sie versicherten mich, daß er noch im=
mer ein standhafter Freund der Franzosen wäre,
und geschworen hätte, als sie Mischillimackinac
und den Rest von Kanada an die Engländer über=
geben mußten, daß er ein ewiger Feind dieser
neuen Besitzer bleiben würde.

Ich beschloß hierauf, zwar auf meiner Hut
zu seyn, aber auch zugleich, um ihm zu zeigen,
daß ich mich nicht vor ihm fürchtete, mein Nacht=
lager an dieser nemlichen Stelle aufzuschlagen.
Ich wählte hierzu einen Ort, der von den india=
nischen Hütten ein wenig ablag, und begab mich,
als alles fertig war, zur Ruhe.

Allein kaum war ich eingeschlafen, als ich
von meinem französischen Bedienten wieder ge=
weckt wurde. Dieser war durch das Getöse einer
indianischen Musik in Furcht gesetzt, und als er
aus dem Zelte ging, um zu sehen, was es gäbe,
erblickte er einen Trupp junger Wilden, deren
jeder eine Fackel auf einer langen Stange trug,
und welche auf eine sonderbare Weise auf uns zu=
tanzten. Ich selbst gerieth durch diese Nachricht
in eine nicht geringe Unruhe; sprang von meinem
Lager auf, und trat vor das Zelt.

Hier

Hier erblickte ich ohngefähr zwanzig nackte junge Indianer, wovon die meisten so schön gewachsen waren, als ich sie je gesehn hatte, und welche nach der Musik der Trommeln auf mich zutanzten. Alle zehn oder zwölf Schritte blieben sie stehn und machten ein fürchterliches Geheul. Ich gestehe, daß mir nicht wohl dabei zu Muthe ward.

Sie erreichten jetzt mein Gezelt, und ich ersuchte sie, hineinzutreten; welches sie auch thaten, aber ohne mich einer Antwort zu würdigen. Ich bemerkte, daß sie sich roth und schwarz bemahlt hatten, welches sie ordentlicher Weise nur alsdann zu thun pflegen, wann sie ihren Feinden entgegen gehn. Dies nebst einigen Theilen ihres gewöhnlichen Kriegestanzes, die sie mit untermischten, überzeugte mich noch mehr, daß der große Springer, der meinen Gruß so rauh erwiedert hatte, sie abgeschickt habe, um mir das Garaus zu machen. Ich nahm mir indeß vor, mein Leben so theuer als möglich zu verkaufen; ergriff daher meine Flinte und Pistolen, setzte mich auf meinen Koffer nieder, und befahl meinen Leuten, auf ihrer Hut zu seyn.

Nunmehr setzten die Indianer ihren Tanz innerhalb des Gezeltes abwechselnd fort, und besansangen dabei ihre eigenen Heldenthaten und die Vorzüge ihres Stamms. Bei jedem Absatze schlugen sie, um ihren schon an sich starken und rauhen Ausdrücken noch mehr Gewicht zu geben, gegen die Pfähle meines Zelts mit solcher Heftigkeit, daß ich jedesmal vermuthete, es würde über uns zusammenfallen. So wie sie in der Runde bei mir vorbeitanzten, hielten sie jedesmal ihre rechte Hand über die Augen, und sahen mir starr ins Gesicht, welches ich gleichfalls eben für kein Freundschaftszeichen halten konnte. Meine Leute schätzten sich für verloren; und ich selbst muß gestehn, daß ich nie eine lebhaftere Anwandlung von Furcht empfunden habe.

Als ihr Tanz zu Ende war, bot ich ihnen die Friedenspfeife an; allein sie wurde verschmäht. Ich nahm hierauf meine letzte Zuflucht zu Geschenken, und suchte etliche Bänder und andere Kleinigkeiten hervor, die ich ihnen anbot. Dies schien sie in ihrem Entschlusse wankend zu machen und ihren Zorn zu besänftigen. Sie berathschlagten sich einen Augenblick, und setzten sich hierauf, jedoch ohne die Geschenke anzunehmen, auf die Erde nieder.

Ich schöpfte Hofnung; reichte ihnen noch einmal die Friedenspfeife, und hatte diesmal das

Ver-

Vergnügen, sie angenommen zu sehen. Sie zündeten sie an; gaben sie mir dann zuerst, und rauchten nachher selbst daraus. Nunmehr nahmen sie auch die Geschenke an, die ihnen sehr angenehm zu seyn schienen, ohngeachtet sie dieselben vorher nicht einmal anzusehn gewürdiget hatten. Nach einer Weile verließen sie mich als die besten Freunde.

Ich muß gestehn, daß ich nie froher war, als jetzt, da ich diese furchtbaren Gäste vom Halse hatte. Die eigentliche Absicht ihres sonderbaren Besuchs habe ich mit Gewißheit nie erfahren können. Es war zwar auf der einen Seite aus ihrem ganzen Benehmen mehr als wahrscheinlich, daß sie etwas Feindseliges im Schilde führten; allein der Ausgang ließ auf der andern Seite wiederum vermuthen, daß sie mir vielleicht nur eine große Ehre erzeigen wollten, die den Anführern fremder Völkerschaften, wenn sie zu ihnen kommen, gewöhnlich widerfährt. War dieses, so sollte das Kriegerische und Drohende in ihrem Betragen vermuthlich nur darauf abzielen, mir eine hohe Meinung von ihrer Größe und Tapferkeit einzuflößen. Vielleicht gehört dieses auch mit zu der bei ihnen gewöhnlichen Ehrenbezeugung. Ich lasse die Entscheidung hierüber dahin gestellt seyn.

Ich

Ich blieb übrigens die ganze Nacht hindurch unangefochten, und setzte am folgenden Morgen meine Reise fort. Noch vor Abend hatte ich das Vergnügen, bei der Hundewiese wohlbehalten anzukommen; und nicht lange darnach stellten sich auch meine Freunde, die Nadowessier, daselbst ein.

Auf diesem Platze, dem allgemeinen Markte der Indianer, hören, nach einer gemeinschaftlichen Verabredung, alle Feindseligkeiten selbst zwischen denen auf, welche in offenbarem Kriege begriffen sind. Es kommen hier daher Freunde und Feinde zusammen, und gehen, so lange sie hier sind, friedlich mit einander um. Eben diese Verabredung gilt auch von dem sogenannten rothen Berge, einem Orte, woher die Indianer diejenigen Steine holen, aus denen sie ihre Pfeifen machen. Da dies eine Waare ist, deren keiner unter ihnen entbehren kann: so hat man auch den Ort, woher sie genommen wird, für neutral zu erklären, sich genöthiget gesehen.

Bald nach meiner Ankunft auf der Hundewiese stellte sich auch der große Springer daselbst ein. Auch hier äusserte sich sein Haß gegen die Engländer und seine Vorliebe für die Franzosen auf eine Weise, die mir ärgerlich war. Er berechtete dete nemlich zehn Oberhäupter der Nadowessier, daß sie mich verliessen, und nicht nach Mischillimackinac, sondern nach Louisiana, einer französischen Kolonie, gingen, um Waaren daselbst einzutauschen.

Die übrigen folgten meinem Rathe, reiseten nach Mischillimackinac, und kehrten, wie ich nachher erfuhr, vergnügt über die gute Aufnahme zurück, die man ihnen hatte widerfahren lassen. Von denen hingegen, welche nach Louisiana gingen, war über die Hälfte, wegen der großen Verschiedenheit des ihnen fremden südlichen Klima's an Krankheiten gestorben. Erst nach meiner Zurückkunft in England erfuhr ich, daß der große Springer sich bei den Engländern durch seine eingewurzelte Feindschaft immer mehr und mehr verhaßt gemacht habe, und endlich in seinem Zelte bei Mischillimackinac von einem Kaufmanne, dem ich die obige Geschichte erzählt hatte, ermordet worden sey.

Die Handelsleute auf der Hundewiese versahen mich zwar mit einigen Waaren: allein da diese nicht hinreichend waren, um mich in den Stand zu setzen, mein erstes Vorhaben zu verfolgen: so entschloß ich mich, durch das Land

der

der Tschipiwäer nach dem Obern See zu reisen. Hier hofte ich diejenigen Kaufleute zu finden, die alle Jahr von Mischillimackinac nordwestwärts gehn, und von denen ich gar nicht zweifelte, so viele Waaren erhalten zu können, als ich zu meinem Entzwecke brauchte. Dann wollte ich von dort aus die nördlichen Gegenden bis an die Meerenge von Anian durchreisen, die, wie meinen Lesern bekannt seyn wird, die nördlichen Theile von Asien und Amerika von einander scheidet.

Als ich mit Einkaufen fertig war, so ging ich abermals auf dem Missisippi bis an den See Pepin hinauf, allwo unterhalb des Sees der Fluß Tschipiwä mündet, welcher von Norden herab fließt. Hier miethete ich mir einen indianischen Steuermann, und befahl ihm, mich diesen Fluß hinauf bis zu dem Ursprunge desselben zu führen. Das war ohngefähr der halbe Weg von hier bis nach dem Obern See.

Die Gegend, welche der genannte Fluß durchströmt, ist bis auf sechzig englische Meilen weit sehr eben. Längst den Ufern desselben hin liegen schöne Wiesen, auf denen ich größere Heerden von Büffeln und Elendthieren weiden sah, als

C. Reisebeschr. 4ter Th. G   ich

ich sonst irgendwo auf meinen Reisen angetroffen hatte.

Beinahe in der Mitte seines Laufs hat dieser Fluß drei Wasserfälle, und hier wird die Gegend rauh und uneben. Sie ist daselbst fast durchgängig mit Fichten, Büchen, Ahornbäumen und Birken bewachsen. Hier stellte sich mir ein merkwürdiges und wunderbares Schauspiel dar. In einem Walde nemlich, der ohngefähr drei englische Meilen lang war, bemerkte ich, daß alle Bäume, so weit mein Auge reichen konnte, Stamm bei Stamm mit den Wurzeln ausgerissen waren und auf dem Boden lagen. Vermuthlich das Werk eines heftigen Orkans, der vor einigen Tagen hier gewüthet haben mußte. Aus der Wirkung, die derselbe hatte, kann man sich einen Begriff von seiner allgewaltigen Stärke machen.

Nahe bei der Quelle des Flusses fand ich eine Ortschaft der Tschipiwäer, wovon er seinen Nahmen hat. Sie besteht aus ohngefähr vierzig Häusern oder Hütten, nach indianischer Bauart, und kann etwa hundert Krieger aufbringen. Diese Leute schienen mir das schmutzigste Volk zu seyn, welches ich je gesehen hatte. Ich bemerkte, daß die Weiber und Kinder sich eine Gewohnheit erlaublaubten, die zwar gewissermaaßen bei allen indianischen Völkern herrscht, aber nach unsern Begriffen äußerst ekelhaft und widrig ist, nemlich die, sich einander die Haare zu durchsuchen und das darin erhaschte Wildpret — zu verzehren.

Von hieraus mußte ich meinen Kanoe von Zeit zu Zeit von einem kleinen Landsee bis zum andern tragen lassen, bis ich wieder einen Fluß erreichte, auf den wir weiter schiffen konnten. Ich entdeckte in diesen Gegenden verschiedene Adern von gediegenem Kupfer, welches so rein war, als man es sonst nirgends antrift. Endlich glitt ich auf einem kleinen Flusse, der nach und nach zu einem reissenden Strome wurde, bis in den westlichsten Busen des Obern Sees hinab.

Die ganze Wildniß zwischen dem Mississippi und dem Obern See wird von den Indianern das Mückenland genannt; und ich denke mit Recht: denn nie sah und fühlte ich so viele von diesen Insecten, als hier.

5.

Aufenthalt am nördlichen Ufer des Obern Sees. Künste eines indianischen Theologen.

Ich ruderte längst dem westlichen Ufer des Obern Sees bis nach einer Stelle an der nördlichen Seite desselben hin, wo die Handelsleute, auf ihrer nordwestlichen Reise, ihre Kanoen und ihr Gepäck bis zum nächsten Landsee tragen lassen, und wo ich also hoffen durfte, mit ihnen zusammenzutreffen. Ich fand daselbst einen großen Haufen von Killistinoern und Assinipoilen, zweien nordwärts wohnenden Stämmen von Indianern, die ihre beiderseitigen Könige und ihre Familien bei sich hatten.

Meine Bekanntschaft mit diesen Leuten war bald gemacht; und ich lebte nun unter ihnen, als unter alten Bekannten, mit völliger Sicherheit. Allein da die Kaufleute diesmal ungewöhnlich lange ausblieben, und unsere Gesellschaft sich auf dreihundert belief: so gingen die Lebensmittel, die wir mitgebracht hatten, zu Ende und wir erwarteten daher ihre Ankunft mit Ungeduld.

Eines Tages, da wir auf einer Anhöhe saßen, und voll Sehnsucht nach ihnen aussahen, sagte uns der Oberpriester der Killistinoer, daß er versuchen wollte, eine Unterredung mit dem großen Geiste zu haben, um von ihm zu erfahren, wann die Kaufleute ankommen würden. Mir war dies Anerbieten sehr gleichgültig, weil ich voraussahe, daß der geistliche Gauckler uns mit einem Taschenspielerstückchen bewirthen würde. Allein der König dieses Stammes versicherte mich, daß es dem Manne vornemlich darum zu thun wäre, meine eigene Besorgniß zu vertreiben und mich zugleich von dem Ansehn zu überzeugen, worin er bei dem großen Geiste stünde. Es war daher der Höflichkeit gemäß, meine Gedanken darüber zu verbergen, und mich zu der Komödie einzufinden.

Der nächste Abend war dazu festgesetzt. Nachdem die nöthigen Vorbereitungen gemacht waren, kam der König und führte mich in ein geräumiges Zelt, dessen Gehänge aufgezogen waren, damit die Aussenstehenden alles, was vorging, beobachten könnten. Für uns waren Felle auf dem Boden ausgebreitet, auf welche wir uns niederließen.

In der Mitte des Gezelts waren Stangen in die Erde geschlagen, doch so, daß ein Zwischenraum

raum offen blieb, welcher groß genug war, einen menschlichen Körper zu fassen. Das Zelt wurde übrigens von einer großen Menge Fackeln erleuchtet, die aus Splittern von Tannenholze gemacht waren und von Indianern gehalten wurden.

Nach einigen Minuten erschienen Se. Hochwürden selbst. Es ward eine sehr große Elendshaut grade zu meinen Füßen ausgebreitet; und auf diese legte sich der Priester nieder, nachdem er vorher alle Kleidungsstücke abgelegt hatte, nur das einzige ausgenommen, welches er um die Mitte des Leibes trug.

Er lag jetzt gestreckt auf den Rücken und bedeckte sich mit den beiden Seiten der Haut, so daß er nur mit dem Kopfe aus derselben hervorragte. Hierauf nahmen zwei junge Leute, welche bei ihm standen, ohngefähr sechzig Ellen von einem starken Seile, das gleichfalls aus einer Elendshaut gemacht war, und banden es ihm fest um den Leib, so daß er in der Haut, wie ein Kind in seinen Windeln, lag. So ward er von den beiden jungen Leuten, indem der eine ihm beim Kopfe, der andere bei den Füßen ergriff, über die Stangen in den innern Raum gehoben und daselbst niedergelegt. Die Stangen hinderten
mich

mich nicht, ihn genau zu beobachten, und man kann denken, daß ich meine Augen brauchte, um zu sehen, wohin es mit dieser Gauckelei am Ende kommen würde.

Kaum hatte der Priester in dieser Stellung einige Secunden gelegen, als er anfing, etwas herzumurmeln. Allmählig ward das Gemurmel lauter und lauter, bis es sich endlich in ordentliches Sprechen verwandelte. Allein die Sprache, die der heilige Mann redete, war ein solches Gemisch aus den verschiedenen Mundarten der Tschipiwäer, der Ottowaer und Killistinoer, daß ich nur sehr wenig davon verstehen konnte. Er fuhr damit eine gute Zeitlang fort; und erhob endlich, bald betend, bald rasend, seine Stimme bis zum lautesten Geschrei, und gerieth dabei in so heftige Bewegungen, daß der Schaum ihm vor dem Munde stand.

Nachdem er dreiviertel Stunden so gelegen, geschrien und sich zerarbeitet hatte, schien er endlich ganz erschöpft zu seyn, und ward völlig sprachlos. Allein plötzlich sprang er auf, ohngeachtet es unmöglich schien, daß er, eingeschnürt wie er war, Arme und Beine bewegen könnte, und warf seine Decke so behende ab, als wenn die Seile, die darum gebunden waren, verbrannt gewesen wären. Hierauf redete er die Umstehenden mit einer gesetzten und vernehmlichen Stimme folgendermaaßen an:

„Meine Brüder, der große Geist hat sich herabgelassen, eine Unterredung mit seinem Knechte auf mein ernstliches Bitten zu halten. Er hat mir zwar nicht gesagt, wenn die Kaufleute, die wir erwarten, ankommen werden, allein Morgen, wann die Sonne den höchsten Gipfel am Himmel erreicht haben wird, werden wir einen Kanoe ankommen sehen, und die Leute darin werden uns Nachricht geben, wann wir auf die Ankunft der Kaufleute sicher rechnen können."

Als er dies gesagt hatte, trat er aus der Einfassung heraus, zog seine Kleider an, und ließ die Versammlung aus einander gehn.

Am folgenden Tage hatten wir hellen Sonnenschein, und schon lange vor Mittage versammelten sich die sämmtlichen Indianer auf der Anhöhe, von welcher man den See übersehen kann. Der alte König fragte mich, ob ich der Prophezeihung des Priesters wol so vielen Glauben beimäße, daß ich mit ihm zu seinen Leuten auf den Hügel gehn

und

und auf ihre Erfüllung warten könnte? Ich antwortete: daß ich zwar noch nicht wüßte, was ich davon denken sollte; allein ich würde ihn gern begleiten. Wir gingen also dahin.

Aller Augen waren bald auf mich, bald auf den See geheftet. Endlich, als die Sonne ihren höchsten Stand erreicht hatte, so geschahe, was der Priester vorhergesagt hatte. Es kam nemlich wirklich ein Kanoe um eine Landspitze herum, die ohngefähr eine Seemeile von uns lag. Die Indianer erhoben bei diesem Anblick ein allgemeines lautes Freudengeschrei, und schienen auf das Ansehn, worin ihr Priester bei dem großen Geiste stand, nicht wenig stolz zu seyn.

Der Kanoe kam endlich heran, und man ging hin, um die darin befindlichen Leute zu begrüßen. Noch that indeß keiner eine Frage an sie. Wir gingen vielmehr zusammen mit ihnen nach des Königes Zelte, wo wir, ihrer beständigen Gewohnheit gemäß, erst anfingen zu rauchen, ohne ein Wort dabei zu reden, so groß auch bei allen die Begierde war, zu hören, was sie uns von den Handelsleuten sagen würden. Ueberhaupt muß ich bei dieser Gelegenheit anmerken, daß die Indianer sehr gesetzte Leute sind.

Nach einiger Zeit erst fragte der König: ob sie nichts von den Handelsleuten gesehn hätten? und ihre Antwort war: sie hätten dieselben vor einigen Tagen erst verlassen, und übermorgen würden sie hier seyn. Dies geschahe denn auch wirklich, und die Indianer triumphirten nicht wenig, daß die Weissagung ihres Priesters so vollkommen in Erfüllung gegangen war.

Und nun, was wollen wir zu dieser Geschichte sagen? Sie auf Treue und Glauben annehmen und es uns gefallen lassen, daß der erhabene Schöpfer und Regierer der Welt einem elenden geistlichen Comödianten, auf dessen Verlangen und um einiger abgeschmackten Ceremonien willen, die Zukunft eröffne? Aber ich traue dem jungen Leser schon zu viel Beurtheilungskraft zu, als daß er dieses nur möglich, geschweige denn gar wahrscheinlich finden könnte. — Aber wie ging es denn zu? Wie machte es denn der Priester, um sich auf einmal seine Banden abzustreifen, und wie fing er es an, um voraussagen zu können, daß der Kanoe zu einer bestimmten Stunde ankommen und Nachricht von den Kaufleuten bringen würde? Die Wahrheit zu sagen, das weiß ich nicht; wenigstens nicht genau und nicht mit Gewißheit. Aber kann ich denn von andern, oft noch viel wun-

wunderbareren Gaukeleien, welche die Taschenspieler vornehmen, etwan auch immer die Art und Weise angeben, wie sie bewerkstelliget werden? Nein! Und doch bin ich, und doch sind alle andere vernünftige Leute völlig überzeugt, daß es natürlich damit zugehe.

Etwas muthmaßen kann ich indeß. Vielleicht, daß die Art, wie die ledernen Riemen dem geistlichen Gaukler um den Leib gewunden waren, es ihm möglich machte, sie durch die heftigen Bewegungen, die er vornahm, nach und nach so zu lösen oder zu erweitern, daß sie, da er aufsprang, von selbst abfallen mußten. Vielleicht, daß die Leute in dem Kahne, deren Ankunft er prophezeihete, von ihm selbst den Kaufleuten entgegen geschickt, und von ihm beordert waren, an dem bestimmten Tage zu bestimmter Stunde zurückzukehren. Dies oder etwas Aehnliches vorausgesetzt, ist der wunderbar scheinende Erfolg seiner Gaukelei kein Wunder mehr, sondern sehr begreiflich.

Die Menschen sind von jeher sehr begierig gewesen, etwas Wunderbares, welches von dem Gewöhnlichen und Natürlichen abweicht, zu sehen und zu hören. Es haben sich daher auch von jeher Betrüger gefunden, welche sich dieser Neigung zum Wunderbaren bedienten, um ihre Mitmenschen zu täuschen, sich selbst das Ansehn von Männern Gottes und Wunderthätern zu geben, und als solche auf Kosten der Betrogenen wohl zu leben. Der unaufgeklärte Pöbel unter Vornehmen und Geringen läuft dergleichen Betrügern nach, hängt an ihrem Munde und läßt sich von ihnen bestricken: der Weise hingegen, welcher würdigere Begriffe von Gott hat, vom bloßen Scheine sich nicht täuschen läßt und so viel ähnliche Gaukeleien, welche die Geschichte aller Völker und aller Länder erzählt, mit der Fackel der Vernunft beleuchtet hat, läßt sich bei jeder neuen Täuscherei dieser Art, auch wenn er die Art und Weise, wie sie bewerkstelliget werden, nicht anzugeben vermag, dadurch keinesweges irre machen. Er untersucht die Beschaffenheit des Betruges, so oft er kann, um seine Mitmenschen davon zu belehren und davor zu warnen: aber wenn er dieses auch nicht kann, so ist er schon zum voraus versichert, daß Gott um elender kleiner Zwecke willen die Ordnung der Natur nicht stören, und um nichts und wieder nichts die von ihm herrührenden natürlichen Einrichtungen der Dinge keinesweges unterbrechen werde. Und so müssen wir, wenn wir verständig seyn und uns vor Schaden hüten wollen, es gleichfalls machen. —

Die

Die Kaufleute waren nunmehr angekommen; allein die Hofnung, daß ich diejenigen Waaren, die ich zu meiner bevorstehenden großen Reise nöthig hatte, von ihnen würde erhalten können, schlug mir abermals fehl. Mein ganzer Reiseplan wurde dadurch vereitelt; und ich sahe mich nun genöthigt, wieder nach dem Orte, von wannen ich ausgegangen war, zurückzukehren. Ich nahm daher von dem Könige der Killistinoer, der ein alter, freundlicher, artiger und höflicher Mann war, Abschied, und fuhr längst der nördlichen und östlichen Küste des Sees bis nach der südöstlichen Ecke desselben hin, allwo er einen Theil seines Gewässers durch einen schmalen Kanal, der einen Wasserfall hat, in den See Huron ergießt. Dieser Wasserfall wird der Fall von St. Maria genannt; und ohnweit demselben liegt das Fort Candat, welches ehemals den Franzosen, nachher den Engländern gehörte, jetzt aber unter der Bothmäßigkeit der Nordamerikanischen Freistaaten steht. Aber bevor ich weiter etwas von meiner Reise erzähle, muß ich erst eine kleine Beschreibung von dem großen und merkwürdigen Landsee einschieben, dessen westliche, nördliche und östliche Küste ich bisher selbst in Augenschein genommen hatte, und den ich mei-

nen

nen Lesern nun schon mehrmals unter dem Nahmen des obern Sees genannt habe.

6.
Beschreibung des obern Sees und des Sees Huron. Rückreise nach Mischillimackinak.

Man kann diesen See mit Recht das Caspische Meer von Amerika nennen, weil er diesem asiatischen Landsee an Größe, wo nicht ganz, doch beinahe gleich kommt, und also einer der größten Landseen auf der ganzen Erdkugel ist. Nach den französischen Charten beträgt sein Umkreis etwa 1500 englische Meilen; allein ich glaube, man könne ihn zuversichtlich auf zwei tausend und darüber, und also auf mehr als 400 deutsche Meilen rechnen.

Fast die ganze Strecke der Küste, die ich selbst befuhr, und welche ohngefähr 1200 englische Meilen betrug, bestand aus Felsen und Anhöhen. Auch der Grund schien überall ein Felsenbette zu seyn. Bei ruhigem Wetter und hellem Sonnenscheine konnte ich, in meinem Kanoe sitzend, durch das klare Wasser hindurch, in einer Tiefe von

mehr

mehr als sechs Klaftern, auf dem Grunde deutlich
große Pfeiler von Stein unterscheiden, deren einige ordentlich das Ansehn hatten, als wenn sie
durch Menschenhände behauen wären. Zu einer
solchen Zeit war das Wasser so rein und durchsichtig, als Luft; mein Kanoe schien nicht davon getragen zu werden, sondern nur darin zu schweben.
Es war nicht wol möglich, länger als einige Minuten durch diesen klaren Zwischenraum nach den
Felsenpfeilern hinzublicken, ohne schwindlicht und
dadurch gezwungen zu werden, seine Augen von
dieser glänzenden Scene wegzuwenden.

Eine andere Eigenschaft des Wassers in diesem
See, die ich durch einen Zufall entdeckte, war
folgende. Da ich die Reise über denselben hin mitten im Sommer machte: so fand ich zwar das
Wasser der Oberfläche in einem beträchtlichen
Grade erwärmt; allein wenn man etwas davon
bloß in der Tiefe eines Klafters schöpfte: so hatte
dieses eine solche Kälte, daß es mir im Munde
wie Eis vorkam.

Es giebt auf diesem See viele, zum Theil beträchtliche Inseln, wovon besonders zwei sehr groß
sind, die vielleicht ungemein bequem wären,
Pflanzstädte darauf anzulegen. Die eine davon,
wel-

welche den Nahmen Königsinsel führt, muß wenigstens hundert englische Meilen lang und an vielen Stellen vierzig Meilen breit seyn. Die benachbarten Indianer glauben, daß der große Geist auf dieser Insel wohne, und sie tragen sich mit allerlei Mährchen von Bezauberungen und Hexereien herum, die denen von ihnen widerfahren seyn sollen, die etwa durch Sturm und Ungewitter gezwungen wurden, auf dieser Insel Schutz zu suchen.

Von einer andern Insel, Maurepas genannt, die auf der Nordostseite des Sees liegt, erzählte man mir folgendes erbauliche Ammenmährchen.

Als einst einige Tschipiwäer an die Küste dieser Insel verschlagen waren, fanden sie auf derselben große Haufen von einem schweren glänzenden gelben Sande, der, ihrer Beschreibung nach, Goldsand gewesen seyn mußte. Der Glanz desselben bewog sie am folgenden Morgen, da sie wieder zurückfahren wollten, etwas davon mitzunehmen. Aber siehe! da erschien der Bewohner dieser Insel, ein Geist, der über sechzig Fuß hoch war, schritt ihnen nach ins Wasser, und befahl ihnen, alles, was sie davon mitgenommen hatten,

so-

sogleich wieder zurückzugeben. Die erschrockenen Indianer gehorchten, und der Geist ließ sie hierauf ruhig davon rudern. Diese und ähnliche Mährchen, welche sich von Mund zu Mund auf die Nachkommenschaft fortpflanzen, sind hinreichend, die abergläubischen Indianer auf immer abzuschrecken, sich diesen Inseln zu nähern.

Wer erkennt hier nicht abermals den Character kindischer Menschen, deren Vernunft durch das wohlthätige Licht, welches Philosophie und Naturlehre verbreiten, noch nicht erleuchtet worden ist! Meine jungen Leser werden immer mehr und mehr die Bemerkung gegründet finden, daß die Menschen in eben dem Grade geneigt zu allerlei Arten von Aberglauben und Alfanzereien sind, in welchem ihr Verstand noch kindisch, ungebildet und ununterrichtet ist; und sie werden es daher mit Recht für eine Art von Beschimpfung halten, wenn ein Betrüger oder ein Betrogener ihnen dergleichen Fratzen als wahr und glaubwürdig aufdringen sollte.

Die nördliche und östliche Küste dieses großen Sees ist ungemein gebirgicht und zugleich sehr unfruchtbar, vermuthlich wegen der großen Kälte, die hier im Winter, und der geringen Wärme, welche hier im Sommer herrscht. Alle Pflanzen und Gewächse sind daher nur klein und kümmerlich. Indeß wachsen auf einigen dieser Berge Heidelbeeren von ausserordentlicher Größe und sehr lieblichem Geschmacke in erstaunlichem Ueberflusse. Von den hier wachsenden schwarzen Johannisbeeren und Stachelbeeren gilt das nemliche.

Allein die vorzüglichste unter allen Früchten dieser Gegenden ist eine Beere, die an Gestalt und Farbe unsern Himbeeren gleicht, nur daß sie grösser und von Geschmack noch ungleich lieblicher ist, als diese. Sie wächst auf einer Staude, die einer Weinrebe gleicht, auch eben solche Blätter hat. Verpflanzte man dieses Gewächs in eine wärmere und mildere Gegend, so würde man vermuthlich eine der schätzbarsten und schmackhaftesten Früchte gewinnen.

Unter den vielen Flüssen, welche sich in diesen See ergießen, und deren Zahl sich beinahe auf vierzig beläuft, ist einer, der grade, ehe er in den See fällt, senkrecht von dem Gipfel eines Berges mehr als sechs hundert Fuß hoch herabstürzt. Da derselbe nur schmal ist, so erscheint er in der Ferne wie ein weisses Band, das in der Luft schwebt.

Man

Man hat die Frage aufgeworfen: wo doch immer die erstaunliche Menge Wassers bleiben möge, welche von so vielen Flüssen in jedem Augenblicke diesem Landsee zugeführt wird, da sein Ausfluß in den See Huron durch den Kanal St. Maria kaum den zehnten Theil davon wieder abzuführen scheint? Man geräth zunächst auf die Vermuthung, daß er irgend einen unterirdischen Abfluß haben müsse. Allein da dieser auf der Oberfläche des Sees durch einen Zug des Wassers nach dem Orte des unterirdischen Kanals hin spürbar seyn müßte, ein solcher Zug aber bisher nirgends bemerkt worden ist: so bleibt wol nichts weiter übrig, als anzunehmen, daß neun Zehntel desjenigen Wassers, welches die Flüsse in diesen See ergießen, durch die beständige Ausdünstung desselben wieder verloren gehe. *)

*) Ich warf einst beim geographischen Unterrichte meinen Zöglingen die nemliche Frage in Ansehung des Caspischen Meeres auf. Einer von ihnen, damals ein Knabe von zehn Jahren, dessen junger Geist auch in solchen Dingen, wovon er fast noch gar keine Kenntniß hatte, die Wahrheit auf den ersten oder zweiten Wurf gleichsam blindlings zu treffen pflegte, antwortete zunächst: dieses Landmeer hätte vielleicht einen auf der Charte nicht angegebenen Ausfluß in das schwarze Meer oder in den persischen Meerbusen. Ich versicherte

An den Ufern eines der Flüsse, welche sich in diesen See ergießen, findet man eine Menge von gediegenem Kupfer, welches an seinen Ufern herum liegt. Auch bemerkte ich, daß viele von den kleinen Inseln, vornemlich an der östlichen Küste, mit Kupfererz bedeckt waren. Ich vermu-

cherte ihn, daß ein solcher Abfluß nirgends gefunden würde. „Ja, erwiederte er, es ist vielleicht ein unterirdischer, den man nicht sehen kann!„ Dann, versetzte ich, müßte doch das Wasser im See einen merklichen Zug nach der Gegend hin haben, wo dieser unterirdische Kanal seinen Anfang nähme. Nun ist aber auf Befehl der russischen Regierung der ganze See umschifft worden, um hierüber zur Gewißheit zu gelangen; und man hat damals einen solchen Zug des Wassers nirgends wahrgenommen. „Nun dann, antwortete mein Johannes — die jungen Leser kennen ihn vielleicht aus dem Robinson und aus der Entdeckung von Amerika — so weiß ich keinen andern Rath, als den, daß das viele Wasser, welches die Wolga und andere Ströme in diesen See schütten, durch die tägliche Ausdünstung desselben wieder verloren gehe!„ Man merke, daß Johannes damals noch nie gehört hatte, wie stark der Abgang sey, den ein stehendes Wasser durch die Ausdünstung zu leiden pflegt.

D. Herausgeber.

muthe, daß dies Gelegenheit zu einem sehr vortheilhaften Handel geben könnte, weil dieses Metall sich, ohne viele Kosten und Mühe, fast ganz zu Wasser von hier bis nach Quebek, oder wohin man sonst wollte, bringen ließe.

Unter den vielen Fischen, welche den Obernsee beleben, zeichnet sich besonders der Forell und der Stör aus, die man fast zu jeder Jahrszeit im größten Ueberflusse fangen kann. Die Forellen sind gemeiniglich zwölf Pfund, zuweilen über funfzig schwer. Zu den vielen kleinern Fischen, die dieser See hervorbringt, gehört auch einer, der einem Heringe gleicht, und den man zum Köder braucht, um die Forellen damit zu fangen. Auch findet man hier eine kleine Art Taschenkrebse oder Seespinnen, die nicht größer, als ein Gulden, sind.

Die Wellen, welche das Gewässer dieses Sees bei starken Stürmen, denen er sehr unterworfen ist, zu werfen pflegt, steigen eben so hoch, als die auf dem atlantischen Weltmeere. Der Kanal, welcher aus ihm abläuft, um ihn mit dem See Huron zu verbinden, ist ohngefähr vierzig englische Meilen lang. Die Breite desselben ist verschieden.

Der See Huron ist, nach dem Obernsee, der größte. Sein Umkreis beträgt tausend englische Meilen, und seine Figur ist dreieckig. Auch auf ihm findet man eine große Insel, die, wenn wir den Indianern glauben wollen, gleichfalls eine Wohnung der Geister ist. Sie nennen sie daher Manatalin, d. i. Geisterort, und sie ist ihnen eben so heilig und unzugänglich, als die oberwähnten Inseln im Obersee.

Einem Busen an dem nordwestlichen Winkel dieses Sees hat man den Nahmen Donnerbusen (*Thunderbay*) gegeben, weil, so oft man in diese Gegend kommt, fast immer Donnerwetter daselbst zu herrschen pflegen. Als ich selbst über diesen Busen fuhr, wozu ich fast vier und zwanzig Stunden brauchte, donnerte und blitzte es gleichfalls fast unaufhörlich. Eine sonderbare Naturerscheinung, die um desto schwerer zu erklären ist, da die Gegenden rings umher Gewittern nicht sehr unterworfen sind. Vielleicht, daß die Berge, von welchen dieser Busen eingeschlossen wird, entweder eine große Menge von schwefelartiger Materie oder von irgend einem andern Mineral enthalten, wodurch die electrischen Theilchen, womit die vorüberziehenden Wolken beladen sind, stark angezogen werden, so daß sie sich hier anhäufen und

und in Gewitter ausbrechen müssen. Doch diese Vermuthung nur beiläufig.

Die Fische im See Huron sind fast die nemlichen, wie im Obersee: aber das Land umher ist fruchtbarer, als um jenen. Daß übrigens derselbe auch mit dem See Erie, so wie mit dem Obernsee, zusammenhänge, ist schon oben erinnert worden.

Von dem Wasserfalle St. Maria ging ich nun gemächlich nach Mischillimackinak zurück, und kam daselbst im Anfange des Novembers 1767 wohlbehalten wieder an; nachdem ich auf meiner, von da aus angestellten Reise, die sich beinahe auf viertausend englische Meilen erstreckte, vierzehn Monate zugebracht hatte. Der einfallende Winter nöthigte mich, hier bis zum nächsten Frühjahr still zu liegen.

Ich nützte indeß diese Zeit zu Besuchen bei zwölf verschiedenen indianischen Völkerschaften, die gegen Westen und Norden von Mischillimackinak wohnen, und fand überall eine gute Aufnahme. Auch zu Mischillimackinak selbst hatte ich eine umgängliche Gesellschaft, und ich brachte daher diesen Monat ganz angenehm und ohne Langeweile zu.

Den

Den meisten Zeitvertreib verschafte mir der Forellenfang. Es wurden zu diesem Behufe Löcher ins Eis gehauen. Durch diese ließen wir zwei und zwanzig Ellen lange und starke Linien hinab, an denen drei bis vier Angel mit kleinen Fischen befestiget waren. Und auf diese Weise fingen wir oft zwei Forellen zugleich, deren jeder zehn, zwanzig bis vierzig Pfund wog. Ihr Geschmack ist vortreflich. Man pflegt sie, so lange der Winter währt, in der Luft zu trocknen. Da frieren sie denn in einer einzigen Nacht so hart, daß sie sich völlig eben so gut halten, als wenn sie eingesalzen wären.

7.

Reise von Mischillimackinak nach Detroit. Etwas von der Geschichte dieser Stadt. Reise über die Seen Erie und Ontario nach Boston.

Als der Winter vorüber war, schifte ich mich wieder ein und fuhr über den See Huron bis nach dem südlichen Winkel desselben hin, allwo er einen Strom in einen kleinern See, St. Clara genannt, ergießt. Aus diesem letztern fließt ein

ein Fluß, welcher Detroit heißt, in den See Erie, so daß dieser dadurch mit dem See Huron zusammenhängt.

An dem Ufer des Flusses Detroit liegt eine Stadt gleiches Nahmens, welche damals noch den Engländern gehörte, jetzt aber auch den nordamerikanischen Freistaaten abgetreten worden ist. Diese war mein nächstes Ziel; und ich langte daselbst glücklich an.

Die Stadt Detroit enthält nicht viel über hundert Häuser; und ihre Einwohner sind größtentheils Franzosen, weil sie, wie auch schon ihr Nahme besagt, ursprünglich ein französischer Pflanzort war. Die Straßen sind ziemlich regelmäßig, und an der Südseite liegt eine Reihe von schönen und bequemen Baracken; *) nebst einem geräumigen Waffenplatze. Die Befestigung des Orts besteht blos in Pallisaden und etlichen Bollwerken, auf welchen einige kleine Kanonen stehn. Die Besatzung, welche aus zweihundert Mann bestand, wurde von einem Staabsofficier befehliget, wel-

---

*) Kleine Häuser an den Wällen zur Wohnung für gemeine Soldaten.

welcher zugleich der Statthalter dieses Orts und
der ganzen Gegend war.

Man erzählte mir hier eine merkwürdige Na-
turbegebenheit, die sich sechs Jahre vor meiner
Ankunft an diesem Orte zugetragen haben soll.
Es regnete nemlich, sowol in der Stadt, als auch
in der umliegenden Gegend, ein schweflichtes Wasser herab, welches so schwarz und dick wie Dinte
war. Man sammelte etwas davon ein, und als
man damit zu schreiben versuchte, so fand man,
daß es völlig die Dienste der Dinte leistete. Bald
nachher brach der siebenjährige Krieg aus, der,
wie bekannt, nicht bloß in Europa, sondern auch
in andern Welttheilen, vornemlich in Amerika
geführt wurde; und es fehlte, wie gewöhnlich,
nicht an scharfsichtigen Leuten, welche zwischen
diesen beiden Begebenheiten einen genauen Zu-
sammenhang wahrzunehmen glaubten, und welche behaupteten, daß die erste eine Vorbedeutung
von der andern gewesen sey. *) Denn, dachten
diese

*) Der gute Hr. Carver scheint selbst nicht ganz ab-
geneigt gewesen zu seyn, diesen hellsehenden Leuten
beizupflichten. Denn er setzt in der Urschrift, von
welcher die gegenwärtige Erzählung, die Einkleidung
ab-

diese erleuchteten Seelen, die eine ging ja vorher, und die andere folgte: also mußte jene eine Vorbedeutung von dieser seyn! Ferner war der Regen schwarz, und der Pulverdampf des Krieges ist ja auch schwarz: also mußte jener eine Vorbedeutung von diesem seyn! Endlich ist ja auch

abgerechnet, ein Auszug ist, ausdrücklich hinzu: „er wolle zwar eben nicht behaupten, daß dieser Zufall wirklich eine Vorbedeutung gewesen sey, indeß habe man doch fast aus jedem Zeitalter glaubwürdige Schriftsteller, die ähnliche Beispiele von ausserordentlichen Erscheinungen vor ausserordentlichen Begebenheiten anführten. Solche Schriftsteller hat man nun freilich wol; aber auch glaubwürdige? Glaubwürdige in diesem Stück? Oder findet Glaubwürdigkeit überhaupt noch statt, sobald nicht mehr von Begebenheiten, sondern von Meinungen die Rede ist? Die Begebenheit, daß schwarzer Regen gefallen und daß nicht lange nachher Krieg entstanden sey, kann man auf das Wort eines glaubwürdigen Mannes für wahr annehmen; aber die Meinung, daß jener eine Vorbedeutung von diesem gewesen sey, darf man, ohne der Glaubwürdigkeit des Mannes zu nahe zu treten, dreist in Zweifel ziehn.

D. Herausgeber.

auch die schwarze Farbe, die der Regen hatte, die Farbe der Trauer, und der Krieg ist bekanntlich Schuld, daß viele Menschen trauern müssen: also mußte jene eine Vorbedeutung von diesem seyn! Meine jungen Leser werden die Bündigkeit dieser Schlüsse wol ohne Fingerzeig von selbst bemerken.

Ungläubige Herzen könnten hier freilich die Frage aufwerfen: wozu dieses schwarze Wunder denn nun eigentlich habe dienen sollen? Etwa dazu, den Krieg, bevor er ausgebrochen war, abzuwenden? Aber das stand ja nicht bei den Einwohnern des kleinen Städtchens Detroit, als welche nicht befragt wurden, ob sie Krieg oder Frieden haben wollten. Oder etwa dazu, diese guten Leute zu benachrichtigen, daß sie sich und ihre Habseligkeiten in Sicherheit brächten? Aber sie konnten ja nicht eher wissen, daß der schwarze Regen Krieg bedeute, bis der Krieg erst wirklich ausgegangen war; und als das Kriegesfeuer wirklich brannte, da bedurfte es keiner Vorbedeutung mehr, die ihnen kund that, daß es brennen würde. — Das scheint nun freilich ein ganz treffender Einwurf gegen den Zweck und den Nutzen dieses neuen Wunders und also auch gegen die Aechtheit desselben zu seyn, weil es sich doch unmöglich denken läßt,

läßt, daß der weise Gott irgend ein Wunder, es sey klein oder groß, ohne irgend eine begreifliche Absicht geschehen lasse: aber glaubwillige Seelen stoßen sich an dergleichen Schwierigkeiten nicht, weil sie ein vor allemal der festen Meinung sind, daß in Dingen, welche man mit oder ohne Grund auf irgend eine Weise zur Religion rechnet, die Vernunft ganz und gar nicht mitzureden habe, und daß das Verdienst des Glaubens um so viel größer sey, je unglaublicher und vernunftwidriger die geglaubte Sache wäre. Ob diese Meinung selbst vernünftig oder unvernünftig, für das Wohl der Menschheit nützlich oder schädlich sey, das überlasse ich der eigenen Beurtheilung meiner jungen Leser; und fahre in meiner Erzählung fort.

In dem Laufe des siebenjährigen Krieges suchte der unternehmende indianische Anführer Pontiak, dessen ich schon oben erwähnt habe, den Engländern auch die Stadt Detroit zu entreissen. Es lagen damals ohngefähr dreihundert Mann in der Stadt, und ein tapfrer Officier, Major Gladwyn, war ihr Commendant. Diesen mit offenbarer Gewalt anzugreifen, hielt Pontiak für bedenklich. Er beschloß daher auch hier, wie bei der Ueberrumpelung von Mischillimackinak, sich lieber einer List zu bedienen.

Der

Der Krieg schien damals eben sein Ende erreicht zu haben, und die Indianer standen schon seit einiger Zeit mit den Engländern wieder auf einen recht guten Fuß. Pontiak konnte daher hoffen, daß sein Anschlag, weil man sich jetzt nichts Böses mehr von ihm versahe, gelingen würde.

In dieser Hoffnung näherte er sich mit denjenigen Indianern, deren Anführer er war, der Stadt; schlug in einer kleinen Entfernung von derselben sein Lager auf, und ließ dem Commendanten sagen: daß er gekommen wäre, um Handel zu treiben; und da er wünsche, daß die Kette des Friedens zwischen den Engländern und seiner Nation recht glänzend werden möge, so bäte er den Commendanten, mit ihm und den übrigen Häuptern seiner Nation eine Rathsversammlung anzustellen. Major Gladwyn, welcher nicht den geringsten Argwohn in die Aufrichtigkeit des Indianers setzte, nahm seinen Antrag an, und bestimmte den folgenden Morgen zur Haltung der Rathsversammlung.

Noch den nemlichen Abend brachte eine Indianerin, die für den Major Gladwyn ein Paar indianische Schuh aus einer vorzüglich guten
Elends-

Elendshaut gemacht hatte, sie nach seinem Hause. Er probierte sie an, sie gefielen ihm, und er befahl der Frau, ihm aus dem Reste der Haut noch ein zweites Paar zu machen. Er bezahlte ihr hierauf das erste Paar, und ließ sie gehn.

Die Frau ging bis an die Hausthür, aber da blieb sie stehn, als wenn sie noch nicht alles ausgerichtet hätte, was sie ausrichten wollte. Ein Bedienter, der sie stehen sah, fragte: warum sie noch da wäre? Allein sie ließ seine Frage unbeantwortet. Nach einer Weile fiel sie dem Major selbst in die Augen; er fragte den Bedienten, was die Frau noch wollte? und da dieser es ihm nicht sagen konnte, so ließ er sie selbst wieder vor sich kommen.

"Warum seyd ihr noch nicht gegangen, gute Frau?„ fragte er sie, da sie wieder vor ihm stand. "Wißt ihr nicht, daß das Thor jetzt gleich geschlossen wird, und daß ihr werdet in der Stadt bleiben müssen, wenn ihr nicht bald macht, daß ihr hinaus kommt?„

"Ich weiß, antwortete sie mit vieler Verwirrung. Aber ich mögte das Uebrige der Haut nicht gern mitnehmen, da Sie einen so großen Werth

Werth darauf zu setzen scheinen, und da sie immer so gütig gegen mich gewesen sind."

Major. Und warum wollt ihr sie denn nicht gern mitnehmen?

Frau. Weil ich sie nie zurückbringen könnte.

Major. Sonderbar! Und warum denn nicht?

Frau. Ach, lieber Herr — —

Major. Nun, nur heraus damit!

Frau. (immer verwirrter.) Ach! — —

Major. Hört, Frau! ihr könnt mir alles sagen, es sey was es wolle; es soll euch nicht zum Schaden gereichen.

Nach einigen andern abgebrochenen Antworten, welche den Major nur immer neugieriger machten, bequemte sich endlich die Frau ihm folgende wichtige Eröffnung zu thun.

"Pontiak und die übrigen Oberhäupter hätten beschlossen, ihn, die Besatzung und die sämmtlichen Einwohner zu ermorden, und sodann die Stadt zu plündern. Alle Oberhäupter, welche Morgen im Rath erscheinen würden, hätten deswegen ihre Flinten kürzer gemacht, um sie unter

ihren

ihren Decken verbergen zu können. Die Ueberlieferung eines Gehenges, welches der Anführer ihm auf eine besondere Weise überreichen würde, sey das verabredete Signal, wobei jeder seine versteckte Flinte hervorziehn und auf ihn und sein Gefolge Feuer geben würde. Dann wollten sie alsobald sich in die Straßen stürzen, wo unterdeß eine große Anzahl ihrer Krieger, auf gleiche Weise bewafnet und unter dem Vorwande zu handeln, zu ihrer Unterstützung sich eingefunden haben würde. Auf diese Art würde man sich denn der ganzen Stadt bemächtigen."

Der Major erforschte hierauf noch alle Nebenumstände der Verschwörung; und entließ dann die belohnte Frau, mit dem Gebote, sich gegen keinen etwas merken zu lassen. Er theilte hierauf demjenigen Officier, der zunächst das Commando unter ihm hatte, die Entdeckung mit; allein dieser war der Meinung, daß die ganze Sache wol nur eine Erdichtung sey, die das Weib deswegen ausgeheckt habe, um eine Belohnung dafür zu erhalten, und rieth ihm, nicht darauf zu achten. Der Major hingegen hielt es der Klugheit gemäß, auf allen Fall doch solche Maaßregeln zu nehmen, als wenn man mit Gewißheit wüßte, daß die Sache gegründet wäre.

C. Reisebeschr. 4ter Th.   J   Dem

Dem zufolge machte er die Nacht über selbst die Runde im Fort, und sahe dahin, daß jede Schildwache ihre Schuldigkeit that, und daß alle Waffen in gehöriger Ordnung waren. Beim Herumgehn hörte er, daß die Indianer in ihrem Lager in vollem Schmause begriffen waren; vermuthlich, weil sie ihrer Sache sehr gewiß zu seyn glaubten und sich schon zum voraus über den glücklichen Ausgang freuten. Mit Anbruch des Tages ließ er die Besatzung ins Gewehr treten, machte einigen Officieren die Ursachen seines Verdachts bekannt und gab ihnen die nöthigen Verhaltungsbefehle. Er ließ zugleich allen in der Stadt wohnenden Kaufleuten sagen, daß sie ihre Waffen in Bereitschaft halten mögten: weil heute eine Menge Indianer in die Stadt kommen würden, die vielleicht auf den Einfall gerathen könnten, plündern zu wollen.

Gegen zehn Uhr Vormittags kam Pontiak mit seinem Gefolge an, und wurde in das Rathszimmer geführt. Hier fand er den Commendanten und die übrigen Officiere, mit Pistolen in den Gürteln, die seiner warteten. Schon unterwegens hatte er mit Befremdung wahrgenommen, daß mehr Truppen, als gewöhnlich, auf dem Waffenplatze waren; und er fragte daher, sobald

man

man sich gesetzt hatte, den Commendanten: warum seine jungen Leute (so nennen die Indianer ihre Krieger) alle auf der Straße paradierten? Er erhielt zur Antwort: es geschähe dies bloß, um sie ihre Kriegsübungen vornehmen zu lassen.

Der große Krieger — so nennen nemlich die Indianer ihren ersten Kriegsanführer — fing hierauf seine Rede an, worin die stärksten Versicherungen von Freundschaft und Zuneigung gegen die Engländer enthalten waren. Jetzt kam es zu der Ueberlieferung des Gürtels; aber in dem nemlichen Augenblicke zogen der Major und seine Officiere ihre Degen bis zur Hälfte aus der Scheide, und die vor der Thür paradirenden Soldaten machten ein Gerassel mit ihren Waffen. Pontiak, dieser sonst so kühne und verwegene Waghals, ward todtenblaß und fing an zu zittern; und, anstatt den Gürtel auf die verabredete Art zu übergeben, reichte er ihn dem Commendanten auf die gewöhnliche Weise hin. Die übrigen Häupter standen betroffen, sahen einander voll Erstaunen an, und verhielten sich ruhig.

Major Gladwyn ergriff hierauf das Wort, und sagte dem großen Krieger ins Angesicht, daß er ein Verräther wäre. Die Engländer wüßten

J 2   alles,

alles, und wären von seinen treulosen und schändlichen Absichten überzeugt. Zum Beweise riß er demjenigen Indianer, der ihm der nächste war, die Decke auf, so daß man das darunter verborgene Gewehr sehen konnte. Die Verwirrung der Indianer stieg hierbei aufs höchste.

Dennoch machte Pontiak einen Versuch, sein verdächtiges Betragen zu entschuldigen und sich weiß zu brennen: allein der Commendant wollte ihn weiter nicht anhören. Er deutete ihnen bloß an, daß sein einmal gegebenes Wort, die Sicherheit ihrer Personen betreffend ihm auch jetzt noch heilig wäre; so sehr sie auch, als treulose Verräther, gestraft zu werden verdienten. Allein er riethe ihnen, sich so geschwind als möglich, aus dem Staube zu machen, damit seine jungen Leute, wenn sie ihr schändliches Vorhaben erführen, sie nicht in Stücken hieben.

Sie verließen hierauf das Fort in größter Eile; allein, anstatt die ihnen erwiesene Großmuth mit Dank und mit Reue über ihre eigene Treulosigkeit zu erkennen, nahmen sie vielmehr jetzt die Maske ab, und fingen einen offenbaren Krieg mit den Engländern an. Sie schlossen

nems

nemlich die Stadt ein und hielten sie über ein Jahr lang belagert.

Während dieser Belagerung fielen verschiedene Auftritte vor, wobei die Engländer einen Muth bewiesen, die jenen ausserordentlichen Beispielen von großmüthiger Selbstaufopferung, die in der griechischen und römischen Geschichte unser Erstaunen erregen, völlig gleich zu schätzen sind. Es wurde z. B. den Belagerten von Mischillimackinak aus ein Schooner *) mit einer Verstärkung an Kriegsbedürfnissen und Mundvorrath zugeschickt. Das Schiff näherte sich schon der Stadt; allein hier umringten es die Indianer in ihren Kanoen, tödteten viele von seiner Mannschaft, und fingen endlich, da auch der Capitain gefallen war, an, das Schiff auf allen Seiten zu erklettern. Hier befahl der Lieutenant Jacobs, da er kein anderes Mittel, dem Feinde zu entkommen, weiter vor sich sahe, dem Konstabel, die Pulverkammer anzustecken und das Schiff mit allen, die darauf waren, in die Luft zu sprengen. Dieser Befehl sollte

---

*) Ein von den Engländern so genanntes plattgebautes Fahrzeug, welches nicht so tief im Wasser geht, als andere Seeschiffe, welche unten spitz zulaufen.

te eben vollzogen werden, als ein Indianer, welcher Englisch verstand, seine Landsleute davon benachrichtigte; worauf diese, um nicht mit in die Luft zu fliegen, das Schiff augenblicklich verließen und so weit davon zu kommen suchten, als es ihnen möglich war. Der brave Lieutenant Jacobs machte sich diesen Augenblick zu Nutze, und kam glücklich an die Stadt.

Da diese Verstärkung den Indianern die Hofnung, sich der Stadt bemächtigen zu können, benommen hatte: so machten sie endlich Frieden. Um die Freundschaft des vielvermögenden Pontiaks zu gewinnen, verwilligte die englische Regierung ihm eine ansehnliche Pension. Er schien hierauf allen Widerwillen gegen die Engländer abgelegt zu haben; allein im Grunde des Herzens war und blieb er ein abgesagter Feind derselben. Endlich stieß ihm, da er abermals darauf ausging, einige Stämme seiner Landsleute gegen die Engländer aufzuwiegeln, ein treugesinnter Indianer, der ihn begleitete, sein Messer durchs Herz, so daß er auf der Stelle todt zur Erde stürzte. Ob der Indianer dies aus eigenem Antriebe, oder auf Veranlassung eines englischen Befehlshabers that, wage ich nicht zu entscheiden.

Ich

Ich kehre nun wieder zu meiner eigentlichen Reisebeschreibung zurück.

Von Detroit aus schifte ich über den See Erie hin, welcher durch die Straße Detroit mit obenbeschriebenen Seen zusammenhängt und sein Gewässer aus denselben empfängt. Auch dieser Landsee hat einen beträchtlichen Umfang. Er ist nemlich ohngefähr dreihundert englische Meilen lang und vierzig breit. An seinem westlichen Ende liegen verschiedene Inseln, auf welchen eine so erstaunliche Menge von Klapperschlangen lebt, als man wol an keinem andern Orte findet. Der See rings umher wimmelt von Wasserschlangen, die auf den Seerosenblättern, womit die Oberfläche des Wassers hier ganz bedeckt ist, liegen und sich sonnen.

Die merkwürdigste Art von den Schlangen dieses Sees ist die zischende. Diese ist gefleckt und ohngefähr anderthalb Fuß lang. So oft sich dieser etwas nähert, so macht sie sich ganz platt, und die Flecken ihrer Haut werden durch ihre Wuth sichtbarlich glänzender. Aus ihrem Rachen fährt zugleich mit großer Stärke ein zischender Wind, der sehr übel riechen und, wenn ihn jemand einathmet, unfehlbar die Auszehrung und in wenigen Monaten den Tod verursachen soll.

Aus dem See Erie läuft das Wasser durch den Fluß Niagara in den See Ontario, und in diesem Flusse befindet sich der merkwürdige Wasserfall, den man unter allen Werken der Natur dieser Art für das wundervollste hält. "Gleich einem ungeheuern Gießbache stürzt hier der Strom von einer senkrechten Höhe, die wol hundert und vierzig bis funfzig Fuß beträgt, und über eine Viertelmeile in der Breite ausmacht, schäumend in den Abgrund hinab. Der Nebel, den das herabstürzende Wasser verursacht, ist wohl auf fünf Meilen weit zu sehen, und bildet, wenn die Sonne darauf scheint, den schönsten Regenbogen. Unter diesem Wasserfalle gibt es ganz entsetzliche Wirbel. Alle Schiffe müssen wenigstens sechs Meilen weit davon entfernt bleiben, wenn sie nicht in unvermeidliche Gefahr gerathen wollen." *)

Man kann das Geräusch dieses Wasserfalls in einer erstaunlichen Entfernung hören. Ich selbst hörte es an einem hellen Morgen deutlich in einer

Ent-

---

*) Aus Büffons allgem. Naturgeschichte. Sieh. 11 Th. Seite 176. Berlin 1771.

Entfernung von zwanzig englischen Meilen. Man behauptet, daß es zu besondern Zeiten und bei gutem Winde gar bis auf fünf und vierzig englische, also ohngefähr auf neun deutsche Meilen hörbar sey.

Der See Ontario ist unter den fünf großen Landseen in Kanada der kleinste. Sein ganzer Umkreis beträgt gleichwol gegen sechshundert englische Meilen. Er ergießt das aus den obigen Seen empfangene Gewässer in einen großen Strom, der es endlich, unter dem Nahmen des St. Laurenzflusses, in das atlantische Weltmeer führt. Ich verfolgte indeß den Lauf dieses Stromes nicht; sondern reisete von dem See Ontario aus gegen Osten nach Boston; allwo ich im October 1768 glücklich wieder ankam, nachdem ich zwei Jahr und fünf Monate davon abwesend gewesen war, und in dieser Zeit sieben tausend englische, also 1400 deutsche Meilen durchreiset hatte.

Jetzt will ich alles, was ich von den Eigenthümlichkeiten der nordamerikanischen Indianer, in Ansehung ihrer Sitten, Religion und ganzen Lebensart zu beobachten Gelegenheit hatte, zusammenfassen und in besondern Abschnitten beschreiben.

S.

8.

Beschreibung der Indianer, nach ihrer
äusserlichen Gestalt, Kleidungen und
Putz. Auch von ihren Wohnungen
und Hausrath.

Die meisten unter ihnen sind schlank, groß
und gut gewachsen. Ohngeachtet sie von keinen
Windeln und von keinen Schnürbrüsten wissen,
so trift man doch selten Verwachsene unter ihnen
an; vielleicht grade deswegen, weil sie keine Windeln und keine Schnürbrüste kennen.

Ihre Haut hat eine röthliche Kupferfarbe.
Ihre Augen sind groß und schwarz, und ihr Haar
hat dieselbe Farbe, doch ist es nur selten kraus.
Sie haben gute Zähne, und ihr Athem ist so rein,
als die Luft, die sie einathmen; beides eine Folge
ihrer natürlichen und simpeln Lebensart!

Bei den Frauensleuten, die nicht völlig so
groß zu werden pflegen, als die europäischen, stehen die Wangenknochen etwas stärker, als bei
den Männern hervor. Man trift übrigens häufig gute Gesichter und einen hübschen Wuchs bei

ihnen an, ohngeachtet sie leichter fett werden, als das andere Geschlecht.

Viele Schriftsteller behaupten, daß die Indianer bloß Haare auf dem Kopfe haben, aber keinen Bart bekommen. Allein dies ist ein Irrthum, von dessen Ungrund ich mich völlig zu überzeugen Gelegenheit hatte. Die Veranlassung zu dieser irrigen Meinung war, daß die Mähner, welche den Bart für etwas Verunstaltendes halten, sich viel Mühe geben, ihn mit den Wurzeln auszureissen, um gänzlich davon befreit zu werden. Nur die Alten, welche sich um ihren Putz eben nicht mehr zu bekümmern pflegen, lassen das Barthaar wachsen.

Die Mannspersonen gehen bei allen indianischen Völkerschaften fast auf eine und eben dieselbe Weise gekleidet. Eine Ausnahme davon machen diejenigen, welche mit den Europäern Handel treiben und an diese ihr Pelzwerk gegen Decken, Hemde und andere Zeuge vertauschen, deren sie sich sowol zur nothwendigen Kleidung, als auch zum Putz bedienen. Diese binden ohngefähr drei viertel Ellen breites Tuch mit einem Gürtel um die Mitte des Leibes; und wenn sie dabei ein Hemde tragen, so binden sie es, weder um das Hand-

ge-

gelenke noch um den Hals zu, weil ihnen dies eine unerträgliche Einschränkung seyn würde. Und darin handeln sie ohnstreitig vernünftiger, als wir andern vernüftigen Leute in Europa, die wir den Umlauf des Gebluts grade da, wo die meisten Blutgefäße zusammenkommen und zum Theil am flachsten liegen, nemlich am Handgelenke und im Halse, durch festes zubinden oder zuknöpfen am meisten zu erschweren pflegen. Ich kann hierbei nicht umhin, meinen jungen Lesern zu rathen, diesen bösen Gebrauch ja nicht mitzumachen, sondern dafür zu sorgen, daß ihre Halsbinde, wenn sie unnöthiger Weise eine tragen müssen, und ihr Hemdqueder nie fest anschließe.

Ihre Decke werfen sie los über die Schultern, und halten die obere Seite davon bei beiden Zipfeln. Dies muß etwas sehr unbequemes seyn, weil sie nun, so oft sie die Decke tragen, die eine Hand zu gar nichts anderem brauchen können. Dennoch tragen sie in der einen Hand gewöhnlich ein Messer, und eine Pfeife nebst einem Tabacksbeutel in der andern. So spatziren sie in ihren Dörfern und Lagern einher. Beim Tanze hingegen legen sie die Decke ab.

Die Begierde, die Natur zu verschönern, bringt die Menschen unter allen Himmelsstrichen
zu

zu sonderbaren Ungereimtheiten, wie bei uns, so bei andern Nationen, so auch bei diesen Indianern. Da ihnen die Natur gutes und starkes Haupthaar gegeben hat, so halten sie es für hübscher, wenig oder gar keins zu haben. Daher reissen diejenigen unter ihnen, welche galant und modisch seyn wollen, sich alles Haar aus dem Kopfe, einen kleinen Zopf oben auf dem Scheitel ausgenommen, der ohngefähr eine Stelle, wie ein Gulden groß, bedeckt, und den sie ziemlich lang auswachsen lassen. Die albernen Thoren! Hätte die Natur ihnen den Schmuck und die natürliche Bedeckung des Hauptes, das Haar, versagt: so würden wir vielleicht sehen, daß sie sich ein künstliches Haupthaar ansetzten. Jetzt, da die Natur sie damit versehn hat, halten sie es für eine verunstaltende Bürde, und reissen es aus. Wann werden die Menschen doch einmal aufhören, sich einzubilden, daß sie sich auf die Schönheiten wie auf das Absichtvolle der Körperbildung besser, als ihr Schöpfer, verstehn!

An dem jetzterwähnten Zopf auf der kahlen Glatze hängen sie, um das Werk der Selbstverschönerung zu vollenden, Federn von verschiedener Farbe, und kleine Stäbe von Elfenbein und Silber.

Durch

Durch diese Art, das Haar zu schmücken, unterscheiden sich verschiedene Nationen von einander.

Dies ist indeß bei weitem nicht die einzige Art des Putzes, worauf die indianischen Herrn sich etwas zu Gute thun. Sie bemahlen sich auch das Angesicht, theils roth, theils schwarz, und sind eben so fest überzeugt, daß ihnen dies schön stehe, als unsre Damen es von ihrer dickaufgelegten Schminke sind, ohngeachtet jene dadurch ein butschäckiges, diese ein Maskengesicht bekommen. Wenn sie in den Krieg ziehen, so bemahlen sie sich auf eine ganz eigene Art, die ihnen ein gräuliches Ansehn giebt.

Auch die Ohren sind ihnen, wie unsern Damen, so wie Gott sie geschaffen hat, lange nicht gut genug. Sie lösen daher, wenn sie recht schön seyn wollen, den äussern Rand des ganzen Ohrs durch einen Schnitt von dem Ohre ab, doch so, daß dieser abgelöste Knorpel oben und unten am Ohre fest bleibt. Dann umwickeln sie denselben mit Messingdrath und hängen so viel daran, daß er sich in einen langen Bogen ausdehnt, der fünf bis sechs Zoll im Durchmesser hat, und ihnen bis auf die Schulter hängt. Diese Zierde wird für ungemein hübsch und anständig gehalten.

Nun

Nun kömmt die Reihe an die Nase. Auch diese hat ihnen die Natur viel zu einfach und ungeschickt gemacht; und diesem Fehler wissen sie dadurch abzuhelfen, daß sie dieselbe durchbohren und dann allerhand Gehänge darin tragen. Mitten im Lande bemerkte ich häufig, daß diese Gehänge aus Seemuscheln bestanden, weil diese in solchen, vom Meere weit entfernten Gegenden, für eine kostbare Seltenheit gehalten werden. Woher sie dieselben hier bekommen, habe ich nicht erfahren können; vermuthlich durch den Handel mit solchen Nationen, die der Küste näher wohnen.

Das obengenannte Leibtuch hängt ihnen bis an die Mitte der Schenkel. Von da bis an die Waden sind sie ohne Bedeckung. Für die Beine hingegen machen sie eine Art von Strümpfen aus Fellen oder Tuch. Diese werden so enge genäht, daß sie sich nur eben an und ausziehen lassen. An der Naht ragt ein Stück des Zeuges oder Felles, woraus die Strümpfe gemacht sind, der Länge nach ohngefähr eine Handbreit hervor; und dieser Rand, der an der Aussenseite des Beins sich befindet, wird bei denjenigen Indianern, die mit den Europäern handeln, gewöhnlich mit Band oder Spitzen, und wenn die Strümpfe von Leder sind, mit Stickereien und buntgefärbten Stacheln

vom

vom Stachelschwein, ausgeziert. Auch diejenigen Europäer, die mit den Indianern in solchen Gegenden, wo viel Schnee liegt, auf die Jagd gehen, bedienen sich dieser Strümpfe, und finden sie bequemer, als andere.

Ihre Schuhe machen sie aus Fellen von Rehen, Elendsthieren oder Büffeln. Einige bereiten diese Häute erst auf europäische Weise zu, andere lassen das Haar darauf sitzen. Uebrigens sind diese Schuhe leicht und sehr bequem. Der Rand um die Knöchel ist mit Stücken von Messing oder Zinn verziert, die an ledernen Schnüren hängen, und die, wenn sie dicht an einander sitzen, beim Gehen oder Tanzen ein kleines Geräusch machen, welches man nicht ungern hört.

So viel von der Kleidung und dem Putz der indianischen Herrn; jetzt will ich den Anzug ihrer Damen beschreiben.

Diese sind mit einer Art von Bedeckung angethan, die vom Halse anfängt und bis auf die Knie hinunter reicht. Bei denjenigen Stämmen, die mit Europäern handeln, tragen sie auch eine Art von leinenen Hemden, die etwas länger, als der jetztbeschriebene Anzug sind. Diejenigen hin-
ge-

gegen, welche noch ganz ihre Nationaltracht bei: behalten haben, machen sich eine Art von ledernem Hemde, das bloß den Leib, aber nicht die Arme bedeckt. Ausserdem tragen sie Röcke von Leder oder Tuch, die von den Hüften bis an die Knie reichen. Ihre Füße sind mit eben solchen Strümpfen und Schuhen bekleidet, wie die der Mannspersonen. Ihr Kopfputz richtet sich nach der unterscheidenden Gewohnheit ihres Stammes, welche unverändert die nemliche bleibt, die schon bei ihren Vorfahren seit undenklichen Zeiten herrscht.

Auf der Ostseite des Mississippistroms ist der Kopfputz der Indianerinnen von Stande eine Sache, die ziemlich viel Aufwand erfordert. Hier wird nemlich das Haar bis auf den Rücken hinab zwischen Platten von Silber gebunden. Diese Platten sind zwar dünn, aber ohngefähr vier Zoll breit; die eine berührt die andere; und so laufen sie, so lang das Haar ist, vom Scheitel an bis auf den Rücken hinab. Da das Haar der Indianer gewöhnlich sehr lang ist, so wird diese Mode dadurch ungemein kostbar.

Auf der Westseite des Mississippi herrscht eine andere Mode. Daselbst theilen die Frauensleute, ihr Haar auf der Mitte des Kopfes in zwei Zöpfe,

C. Reisebeschr. 4ter Th.　　K　　　　wel-

welche seitwärts über die Ohren hinabhängen.
Jeder dieser Zöpfe ist wie ein Arm dick, aber nur etwa
drei Zoll lang, so daß sie nur bis an das Ohrläp=
chen reichen. Ich vermuthe nicht, daß unsere eu=
ropäischen Damen, vor der Hand wenigstens, die=
sen Kopfputz nachahmungswürdig finden werden.

In Ansehung der Schminke unterscheiden sich
die indianischen Frauenspersonen von den unsri=
gen durch die Stelle, wo sie dieselbe anbringen.
Sie bemahlen nemlich einen Fleck, ohngefähr von
der Größe eines Thalers, aber nicht auf den Wan=
gen, sondern unter den Ohren am Halse; zuweilen
auch eine Stelle an der Stirn. Dem Haare wis=
sen einige auch eine andere Farbe zu geben, als
diejenige, welche die Natur ihm beigelegt hat.

Ueberhaupt ist der Putz bei diesen Leuten wol
eine eben so wichtige Angelegenheit, als bei uns.
Sie wenden daher weit mehr Aufmerksamkeit und
Fleiß darauf, als auf die Bequemlichkeit in ihren
Hütten oder Zelten, die sie auf folgende sehr ein=
fache und leichte Art anlegen.

Sie stecken Pfähle oder Stangen in die Erde,
die sie an den Spitzen mit Bast an einander bin=
den. Ueber diese legen sie ein Dach von zusam=
mens

mengenähten Reh- oder Elendshäuten. Diejenige Oefnung, welche ihnen zur Thür dienen soll, erhält ein besonderes Fell zur Bedeckung, so daß man sie auf und zumachen kann. Da ihre Zelte ziemlich geräumig sind, so wird hierzu eine große Menge von Fellen erfordert. Das Zelt des Hauptkriegers der Nadowessier hatte wenigstens vierzig Fuß im Umkreise, und war ziemlich bequem.

Wenn sie übrigens ihr Lager aufschlagen, so geschieht es ohne die geringste Ordnung. Jeder pflanzt sein Zelt auf diejenige Stelle hin, die ihm die bequemste zu seyn scheint.

Feste und bleibende Wohnplätze haben nur wenige unter ihnen. Sie legen daher auch ihre Hütten auf eine sehr einfache und leichte Weise an, so daß es ihnen wenig Mühe macht, sie bald auf bald wieder abzuschlagen. Die Art, wie sie dieselben errichten, ist folgende.

Sie stecken abermals dünne Stangen in die Erde, und biegen sie, bis sie oben an einander stoßen und einen halbkreisformigen Bogen machen. Dann binden sie dieselben an einander fest. Hierauf bedecken sie diese Stangen mit Matten aus Schilf geflochten oder mit Birkenrinde. Von beiden führen sie daher in ihren Kanoen immer einen hinreichenden Vorrath mit sich.

An Schornsteine und Fenster wird bei diesen Hütten nicht gedacht. Man läßt bloß oben im Dache eine kleine Oefnung für den Rauch. Sobald es aber regnet oder schneiet, muß diese zugestopft werden: und dann wehe dem, der in einer solchen Hütte aushalten muß, ohne den Rauch, wie sie, ertragen zu können!

Ihr Lager besteht aus Fellen, vornemlich aus Bärenhäuten, welche Reihenweise auf dem Boden ausgebreitet werden. Ist der Fußboden nicht geräumig genug, um die ganze Familie aufzunehmen: so wird ein vier bis fünf Fuß hohes Gerüst errichtet, worauf die jüngern Kinder liegen.

Wie diese Hütten, so der Hausrath. Auch dieser ist nemlich äusserst einfach und größtentheils schlecht gearbeitet, weil es ihnen durchaus an schicklichen Werkzeugen fehlt. Sie verfertigen daher nur das, was ihnen unentbehrlich ist, und verschmähen alles Ueberflüssige.

So

So machen sie z. B. aus der obenbeschriebenen schwarzen Thon- oder Steinart Töpfe, die, wenn sie erst abgehärtet sind, dem Feuer und dem Eisen trotzen. Um einen Braten zu machen, stecken sie das Fleisch oder das ganze Thier, z.B. einen Bieber, an einen hölzernen Bratspieß, und legen die Enden auf gabelförmige Stangen worauf sie sich umdrehen lassen; eine Methode, die unsre europäischen Soldaten im Felde gleichfalls anzuwenden pflegen. Ist der Braten nur klein, so hängen sie den Spieß in einer senkrechten Richtung vor dem Feuer auf, und verändern von Zeit zu Zeit die Lage desselben, damit jeder Theil des Fleisches von der Hitze gleich viel bekomme.

Ihre Schüsseln und Schalen machen sie aus den astigen Auswüchsen des Ahornbaums und anderer Holzarten. Ihre Löffel sind noch am besten gearbeitet. Diese verfertigen sie aus einer Holzart, die in Amerika Löffelholz genannt wird, und die dem Buchsbaumholze gleicht.

Messer und Feuerstahle sind ihnen unter allen Werkzeugen die unentbehrlichsten; die letztern besonders deswegen, weil sie so starke Raucher sind, und daher stündlich Feuer brauchen.

Diejenigen Indianer, welche keine unmittelbare Gemeinschaft mit europäischen Handelsleuten haben, kaufen diese beiden, ihnen so nothwendigen Bedürfnisse von ihren Nachbaren; und das Geld, welches sie dafür geben, besteht gewöhnlich in — Sklaven, d. i. in gefangenen Feinden, denen sie das Leben geschenkt haben. Hier wird also ein Mensch — das Edelste und Schätzbarste von allen Werken Gottes hienieden — oft für eine Sache hingegeben, die man bei uns um einige Groschen kauft. Das beweist denn wol zur Genüge, daß diese Indianer noch keine ausgebildete Menschen, sondern nur Barbaren sind, die von dem hohen Werthe der Menschheit noch gar keine Begriffe haben. Wohl uns, daß wir hierin weiter sind!

9.

Von den Sitten und Gemüthseigenschaften der Indianer.

Hier fange ich damit an, meinen jungen Lesern einen Hauptzug in dem Character dieser Leute bekannt zu machen, der ihnen zur Ehre gereicht und nachgeahmt zu werden verdient. Dies ist ihre musterhafte Vorsichtigkeit und Bedächtigkeit im Reden und im Handeln.

Sie

Sie überlegen, bevor sie den Mund aufthun, jedes Wort, das sie aussprechen wollen, und bedenken, bevor sie handeln, das, was sie thun wollen, sehr genau und sorgfältig. Nichts, als der eingewurzelte Haß gegen ihre Feinde, ist leicht vermögend, sie in Affect zu bringen. Diese ihre einzige herrschende Leidenschaft ausgenommen, sind sie in jedem andern Falle kalt, ruhig und behutsam.

Ihre Gewohnheit hierin geht so weit, daß sie selbst bei solchen Vorfällen, die ihnen nichts weniger als gleichgültig sind, selten aus ihrer Fassung kommen, und selten anders, als mit anscheinender Kälte und nur mit wenigen Worten davon reden. Wenn z. B. einer von ihnen entdeckt, daß sein Freund, der eben ausgehen will, in Gefahr ist, von einem, den er beleidiget hat, unterwegens umgebracht zu werden: so sagt er ihm nicht etwa mit Aengstlichkeit und in deutlichen Ausdrücken, wie gefährlich es für ihn seyn würde, den Weg zu nehmen, auf welchem sein Feind ihm auflauert; sondern er fragt ihn erst mit der größten Gleichgültigkeit: wohin er heute gehen würde? Hört er nun, daß die Reise wirklich dahin gehe, wo er weiß, daß die Gefahr seiner wartet: so fügt er bloß mit der nemlichen Gleichgültigkeit hinzu,

K 4 daß

daß ein Hund nahe bei dem Platze liege, der ihm schaden könne. Das ist alles, was er ihm sagt. Aber dieser Wink ist auch schon hinreichend. Sein Freund weiß, was er bei diesen wenigen Worten zu denken habe, und vermeidet die ihm bevorstehende Gefahr eben so sorgfältig, als wenn ihm die Nachstellung seines Feindes umständlich wäre erzählt worden.

Ein anderes Beispiel. Wenn ein Indianer, es sey im Kriege oder auf einem Jagdzuge, von seiner Familie und von seinen Freunden viele Monate lang abwesend gewesen ist, und Weib und Kinder ihm jetzt bei seiner Zurückkunft eine Strecke entgegen laufen: so äussert er nicht die mindeste zärtliche Empfindung; er geht vielmehr, als achtete er ihrer nicht, seinen graden Gang ruhig und schweigend fort, bis er in seine Hütte kommt.

Hier setzt er sich hin und raucht seine Pfeife mit der nemlichen Gleichgültigkeit, als wenn er keinen einzigen Tag abwesend gewesen wäre. Seine Bekannten, die ihn begleitet hatten, thun das nemliche, und es vergehn vielleicht etliche Stunden, bevor er den Mund eröfnet, um die Zufälle zu erzählen, die ihm begegnet sind. Selbst dann, wann er einen Vater, einen Bruder oder Sohn

auf

auf dem Schlachtfelde verlor, oder sonst einen beträchtlichen Unfall erlebte: beobachtet er anfangs das nemliche Stillschweigen darüber. Das ist nun freilich mehr, als die Natur uns erlaubt und die Vernunft von uns fordert. Auch stelle ich dieses Beispiel von Gleichmüthigkeit keineswegs als ein Muster zur Nachahmung auf. Ich erzähle es bloß als einen Beweis, wie sehr diese halbwilden Menschen sich besitzen und wie viel Gewalt sie über die Ausbrüche ihrer Empfindungen und Leidenschaften haben müssen. Und das ist es, worauf ich meine jungen Leser aufmerksam machen wollte, um ihnen zu zeigen, wie weit man es in dieser Selbstbeherrschung bringen könne. Wo und wie dieselbe ausgeübt werden müsse, das müssen wir uns von unsrer Vernunft sagen lassen.

Sogar bei den dringendsten Bedürfnissen des Hungers und Durstes behauptet der Indianer diese Herrschaft über sich selbst, und hält es für schimpflich, seine sinnliche Begierde auf irgend eine Weise zu äussern. Kommt er z. B. von der Jagd oder von einem andern mühsamen Geschäfte hungrig und durstig zurück: so nimmt er sich wohl in Acht, sein Bedürfniß, auch wenn es noch so peinigend für ihn wäre, merken zu lassen; er setzt sich vielmehr ruhig nieder, und raucht sein Pfeifchen

chen mit so vieler Zufriedenheit, als wenn ihm weiter gar nichts fehlte. Diese Gewohnheit wird bei allen Stämmen genau beobachtet, weil sie das, und zwar mit Recht, für einen Beweis von männlicher Standhaftigkeit halten und durch ein entgegengesetztes Verfahren den Nahmen eines alten Weibes zu verdienen d. i. sich zu entehren glauben.

In diesem, wie in manchem andern Stücke, hat ihr Character eine große Aehnlichkeit mit dem der ehemaligen Spartaner, die meine jungen Leser aus der griechischen Geschichte kennen. Gleich diesen beklagen und beweinen sie den Verlust ihrer Söhne, die auf dem Slachtfelde bleiben oder in die Gefangenschaft gerathen, nicht mit einer einzigen Silbe, nicht mit einer einzigen Träne. Auf die Nachricht, die man ihnen von einem solchen Unfalle giebt, antworten sie, ihrer Gewohnheit nach, nur ganz kurzsilbig und kalt: „es thut nichts!,, und es verstreicht gemeiniglich erst eine gute Zeit, bevor sie sich erkundigen, wie es zugegangen sey. Wird ihnen im Gegentheil erzählt, daß ihre Söhne brav gethan, daß sie so oder so viele Feinde getödtet oder zu Gefangenen gemacht haben: so scheinen sie auch dabei, wie bei einer ganz gewöhnlichen und sich von selbst verstehenden Sa-

Sache, völlig gleichgültig zu bleiben. Ihre Ants wort ist alsdann gemeiniglich nur diese: "es ist gut!" und dabei lassen sie es bewenden, ohne sich nach den eigentlichen Umständen zu erkundigen.

Ich sagte: sie scheinen gleichgültig dabei zu bleiben; denn, daß es ihnen keinesweges an den der Menschheit natürlichen Gefühlen bei solchen Gelegenheiten fehle, davon habe ich aus andern Gründen oft mich zu überzeugen Gelegenheit gehabt. Sie haben im Grunde so viel Kindes- und Vaterliebe und überhaupt so viel Anhänglichkeit an die Ihrigen, als man nur immer bei gesitteten Nationen findet: nur, daß sie die Aeusserungen solcher menschlichen Gefühle irriger Weise für unanständig halten, und sie daher zurückzuhalten suchen.

Ich fahre fort, einige sonderbare, unserer Aufmerksamkeit würdige Züge ihrer Gemüthsart auszuzeichnen.

Wenn ein Indianer in die Hütte oder in das Zelt eines andern tritt, so sagt er gleich, wem von der Familie er seinen Besuch eigentlich zugedacht habe. Sogleich begeben alle die übrigen sich bescheiden und still an das andere Ende der Hütte, und

und nehmen sich sehr in Acht, ihnen nicht so nahe zu kommen, daß sie in ihrem Gespräche dadurch unterbrochen werden könnten. Welche Discretion von sogenannten Wilden!

Sehr schnell können sie etwas begreifen und lernen, wozu eine genaue Aufmerksamkeit gehört und was sie für nützlich halten. Das macht, daß sie sich gewöhnt haben, bei solchen Gegenständen ihre ganze Achtsamkeit aufzubieten, und unterdeß an nichts anders zu denken. Eine schöne und nachahmungswürdige Gewohnheit, die ich meinen jungen Lesern nicht genug empfehlen kann. Sie erlangen dadurch den Vortheil, daß sie alle zu ihrer Lebensart gehörige Geschäfte mit einer Geschicklichkeit zu verrichten wissen, die unser Einen in Erstaunen setzt. Müssen sie z. B. durch einen Wald oder über eine Ebene von einigen hundert englischen Meilen ohne Weg oder Wegweiser gehn: so kommen sie bei dem Puncte, den sie sich vorgesetzt hatten, ohne Verirrung, ja ohne irgend einen beträchtlichen Umweg zu machen, richtig an, und es ist ihnen dabei völlig gleichgültig, ob das Wetter hell oder dunkel ist. Wer von uns getraute sich, es ihnen darin gleich zu thun?

Die

Die beobachtende Aufmerksamkeit, die sie auf alles wenden, was in dem Kreise ihrer Wirksamkeit liegt, setzt sie in den Stand, zu jeder Zeit ganz genau die Stelle am Himmel zu bestimmen, wo jetzt die Sonne oder der Mond steht, auch wenn sie von Nebel und Wolken gänzlich bedeckt, und also völlig unsichtbar sind. Mit eben so großer Fertigkeit können sie auf Laub oder Grase die Spuren von Menschen oder Thieren ausfindig machen; und es ist daher nicht leicht möglich, daß ein fliehender Feind ihrer Nachforschung entgehe. Das haben sie theils ihrer Aufmerksamkeit auf alle Umstände, theils der ausserordentlichen Schärfe ihrer Sinne zu verdanken, die sie durch unaufhörliche Uebung und Anstrengung sich zu erwerben wissen. Auch in dieser Betrachtung ist es sehr lehrreich, Beobachtungen über sie anzustellen: weil wir daraus lernen können, bis zu welchem Grade der Vollkommenheit unsere sinnlichen Werkzeuge sich verbessern lassen, wenn wir in der Kindheit sie nur gehörig zu üben suchen. Unsere feinen und gesitteten Landsleute in den höhern Ständen, besonders in großen Städten, wo man, der eingeschränkten und unnatürlichen Lebensart wegen, die man da führt, fast durchgängig kurzsichtig und überhaupt stumpf an den meisten Sinnen ist, würden, mit diesen weitsehenden,

scharf-

scharfriechenden und feinhörenden Wilden zusam=
mengehalten, einen beschämenden Abstich machen.

Und es ist doch wahrlich ein recht großes Glück,
wohlgeübte und scharfe Sinne zu haben! Wie
viel angenehme Empfindungen, wie viel Vortheile
bei den meisten Geschäften des Lebens entgehen
dem, der an dieser Vollkommenheit Mangel lei=
det! Junger europäischer Landsmann, hast du
Lust sie dir zu erwerben? Mache es, wie die In=
dianer; und ich stehe dir für den Erfolg! Uebe
deinen Blick in der weiten offenen Natur, indem
du es zu einem angelegentlichen Geschäfte machst,
ferne und immer fernere Gegenstände zu erkennen,
zu unterscheiden und zu beurtheilen. Uebe dein
Ohr, indem du mit verschlossenen Augen deine
ganze Aufmerksamkeit auf die leisesten Töne rich=
test, um Merkmale darin wahrzunehmen, woraus
du auf ihre Ursache und auf ihre Bedeutung schlie=
ßen magst. Uebe das Gefühl in deinen Finger=
spitzen, indem du im Finstern oder mit zugemach=
ten Augen bloß durch dieses Gefühl Gegenstände
zu unterscheiden suchst, die in ihrer Form und in
Ansehung ihrer Oberfläche eine große Aehnlichkeit
mit einander haben. Uebe auf gleiche Weise deine
Geruchs= und Geschmacksnerven; und sey versi=
chert, daß du auf diesem Wege der täglichen Ue=
bung

bung in der Vervollkommnung deiner sinnlichen Werkzeuge in kurzer Zeit sehr weit kommen werdest. — Aber wieder zurück zu unsern Indianern!

Das Gedächtniß dieser Leute ist nicht minder durch Uebungen verbessert, als ihre Sinneskraft. Sie können jeden kleinen Umstand anführen, der einmal in ihrem Rathe vorfiel, und sie wissen ganz genau zu bestimmen, wann ein solcher Rath gehalten wurde. Ihr sogenannter Wampumgürtel, den ich sogleich beschreiben werde, dient ihnen dazu, sich zu jeder Zeit an die wesentlichen Puncte ihrer Verträge mit den benachbarten Stämmen zu erinnern, und sie berufen sich darauf mit eben so großer Genauigkeit und Deutlichkeit, als es die Europäer auf ihre schriftlichen Urkunden thun.

Der jetztgenannte Gürtel besteht aus Muscheln, aus welchen ovale, ohngefähr einen viertel Zoll lange Knöpfe gemacht und an lederne Schnüre befestiget werden. Mehrere solche Schnüre, mit einem feinen sehnigten Faden zusammengenäht, machen einen sogenannten Gürtel Wampum aus. Dergleichen Gürtel bestehn oft aus zehn bis zwölf oder gar noch mehreren Schnüren. Es kommt dabei auf die Wichtigkeit der Sache und auf das

An-

Ansehn der Person an, welcher er überliefert wird. Bei gewöhnlichen Vorfällen beschenken sich die Oberhäupter mit einzelnen Schnüren, die sie, als einen großen Schmuck, am Halse tragen. Ueberhaupt achten die Indianer die Muscheln eben so hoch, als die Europäer Gold, Silber und Edelsteine.

Eine sehr rühmliche Eigenschaft dieser Leute ist die entschiedene Ehrfurcht, die sie für das Alter haben. Den Rath seines Vaters hört der junge Indianer noch wol mit Gleichgültigkeit an; aber wenn sein Großvater ihm etwas befiehlt, so gehorcht er augenblicklich mit der größten Bereitwilligkeit. Die Jungen hören auf das Wort der bejahrteren Mitglieder ihrer Versammlung, als wenn es Orakelsprüche wären; und wenn sie auf der Jagd ein vorzülich gutes Wildpret erlegen: so wird es gleich zum Geschenk für die Alten bestimmt. Das ist dankbar und edel gehandelt!

Gleichmüthigkeit und Seelenruhe sind ihnen fast unter allen Umständen eigen. Von Sorgen und Aengstlichkeit findet man kaum eine Spur bei ihnen. Da sie von Natur träge und genügsam sind, so geben sie sich auch wenig Mühe, sich einen reichlichern Unterhalt und größere Bequem-
lich-

lichkeiten zu erwerben, so lange sie die Nothwendigkeiten des Lebens nur ohne große Anstrengung und in der Nähe finden können.

Sobald weder Jagd noch Krieg sie zur Thätigkeit auffordert, so bringen sie ihre ganze Zeit mit Essen, Trinken, Schlafen, Tabackrauchen und Herumspazieren in ihren Dörfern oder Lägern zu. Aber kaum ruft der Krieg sie wieder ins Feld, oder die Jagd in den Wald: so sind sie unermüdet, und sie ertragen Hunger, Durst und jede Art von Beschwerlichkeit mit der größten Seelenstärke. Weiter unten, wo von ihren Kriegen die Rede seyn wird, werde ich auffallende Beweise davon anführen.

Ein verderbliches Laster, welches sie mit den Europäern gemein haben, ist die Spielsucht. Dieser hängen sie in den Zeiten der Ruhe auf die ausschweifendste Weise nach; und sie verspielen nicht selten alle ihre Habseligkeiten, sogar ihre Kleidung und Waffen. Aber wenn sie diesen großen Fehler mit den gesitteten Völkern gemein haben: so unterscheiden sie sich doch wieder zu ihrem Vortheil durch die vollkommene Ruhe und Gelassenheit, die sie dabei beobachten. Nie erlauben sie sich, auch bei dem empfindlichsten Verluste, eine Aeusserung von Verdrießlichkeit oder Unwillen; nie hört man sie murren oder fluchen; sondern sie ertragen ihr Unglück allemal mit vollkommener Gleichmüthigkeit. Und das erhebt sie wieder über uns.

Das einzige Laster, welches sie als Wilde und Barbaren bezeichnet, ist die ihnen eigene Grausamkeit gegen ihre Feinde. Diese geht so weit, daß die bloße Erzählung davon bei jedem gesitteten Menschen Schauder und Entsetzen erregen muß. Aber so unmenschlich sie im Kriege gegen ihre Feinde sind, eben so freundschaftlich, gastfrei und leutselig sind sie im Frieden. Man kann daher mit Wahrheit von ihnen sagen, daß sie die schlimmsten Feinde und die besten Freunde von der Welt sind.

Sie sind überhaupt sehr freigebig und dienstfertig gegen einander. Einer hilft dem Mangel des andern von seinem Ueberflusse mit Vergnügen ab. Das Eigenthumsrecht üben sie nur in solchen Dingen aus, die zum häuslichen Gebrauche gehören, und die ein jeder vermehrt, so wie seine Bedürfnisse es erfordern und seine Umstände es ihm erlauben. Alles übrige haben sie gemeinschaftlich.

In

In Gefahren hilft einer dem andern willig, und ohne irgend eine Belohnung dafür zu erwarten, den Lohn der Ehre ausgenommen, welcher bei ihnen allemal dem Verdienste ertheilt wird. Sonst weiß man bei ihnen von keinem Unterschiede der Stände, der etwa durch Geburt oder Vermögensumstände bestimmt würde. Alle sind in dieser Betrachtung einander gleich; und nur der tapfrere und klügere Mann ist der gechrtere unter ihnen. Diese vollkommene Gleichheit an Stande, Sitten und Vorzügen beseelt sie denn auch mit einem reinen und wahren vaterländischen Geiste, der immer auf das allgemeine Beste der Gesellschaft, zu welcher sie gehören, nie auf die Erreichung einer eigennützigen Privatabsicht bedacht ist. Wie viel haben sie in dieser Betrachtung vor uns voraus!

Wenn ein Indianer seine Kinder durch Krankheiten oder im Kriege verliert, gleich ist derjenige von seinen Nachbaren, der die meisten Sklaven hat, da, um den Abgang durch ein Geschenk an Menschen zu ersetzen. Solche geschenkte Sklaven werden dann von dem kinderlosen Vater an Kindesstatt angenommen und als seine eigene Kinder wirklich von ihm behandelt.

Von dem Werthe des Geldes können diese Indianer — diejenigen ausgenommen, die nahe

L 2 an

an den europäischen Besitzungen wohnen — sich
ganz und gar keinen Begriff machen; und wenn
sie von dem Gebrauche hören, den andre Völker
davon machen: so sehen sie es als die Quelle un-
zählichlicher Uebel an. Sie halten es für wider-
sinnig, daß der eine mehr davon zu besitzen strebt,
als der andere, und können es schlechterdings
nicht begreifen, daß dieser größere Besitz Ehre und
Ansehn verschaffe. Erzählt man ihnen vollends,
daß der Mangel dieses unnützen Metalls in Europa die Menschen ihrer Freiheit berauben, und zwischen die fürchterlichen Mauern eines engen Gefäng-
nisses einschließen könne: so übersteigt das allen Glauben bei ihnen, und sie beschuldigen die Urheber
dieser Einrichtung eines gänzlichen Mangels an
menschlichem Gefühle und belegen sie mit dem Nahmen von Wilden und Ungeheuern.

Fast eben so gleichgültig sind sie gegen diejenigen Producte der Kunst, die ihnen bei ihrer Lebensart und in ihrem Wirkungskreise keinen
Nutzen zu haben scheinen. Wenn man ihnen
dergleichen zeigt, so sagen sie höchstens: "es ist
hübsch, ich mag das gern ansehn!„ aber sie fragen weder nach der Einrichtung desselben, noch
nach der Art, wie es gemacht, und der Absicht,
wozu es gemacht wird. Aber wenn man ihnen

von

von jemand erzählt, der sehr schnell laufen kann, der sehr geschickt auf der Jagd ist, der das Ziel richtig treffen, einen starken Bogen mit Leichtigkeit spannen kann oder ein Fahrzeug vorzüglich gut zu regieren weiß, der die Kriegskunst versteht, ungemein tapfer ist, die Lage seines Landes kennt, ohne Führer durch einen unermeßlichen Wald seinen Weg finden und dabei von wenig Nahrungsmitteln leben kann: so sind sie bei dieser ihnen angenehmen Erzählung ganz Ohr, und sie bezeugen dem Gegenstande davon eben so viel Ehrerbietung, als wir Europäer demjenigen, von welchem wir etwa hören, daß er aus einem alten Geschlechte entsprungen sey, und prächtige Häuser, Meubeln, Gärten und sehr viel unnützes Gold und Silber habe. Wer ist hier der Vernünftigere und wer der Barbar? Der Indianer, der nur auf persönliches Verdienst und nützliche Fertigkeiten, oder der Europäer, der mehr auf eingebildete Vorzüge des Zufalls und auf verdienstlose und überflüßige Besitzungen sieht? Der Verstand des jungen Lesers mag sich diese Frage selbst beantworten.

Da diese Menschen in allen Stücken der Natur gemäßer leben, als wir, so sind sie auch durchgängig gesünder, stärker und zufriedener als wir. Eine große lehrreiche Lection für uns alle!

Die Weiber unter ihnen gebähren ihre Kinder fast ohne Schmerzen, ohne Beistand von einer Hebamme und ohne krank davon zu werden. Einige Stunden nach ihrer Niederkunft sieht man sie schon wieder bei ihren gewöhnlichen Arbeiten, die meistentheils sehr schwer sind, weil die Männer, nach der ihnen eigenen häuslichen Trägheit, ihnen alle Hausarbeiten, die hart und beschwerlich sind, allein aufbürden. Sogar auf der Jagd bringen die Männer das erlegte Wild nie selbst nach Hause, sondern lassen es durch ihre Weiber holen, wenn auch der Ort, wo es liegt, eine beträchtliche Strecke entfernt ist.

Von Wiegen, Federbetten und Windelbändern wissen diese Indianerinnen nichts, und doch schlafen ihre Kinder so gut, wie die unsrigen, und sind dabei gemeiniglich gesünder und besser gewachsen, als die unsrigen. Die sogenannten neuern Erzieher haben also wol nicht Unrecht, wenn sie den Gebrauch dieser Dinge widerrathen. Die inbianische Mutter legt ihr neugebohrnes Kind auf ein mit Moos bedecktes Brett und bedeckt es mit einem Felle oder Tuche. Damit es nicht herunterfalle, so sind an der Seite kleine krummgebogene Stöcke angebracht. Diese Maschine wird dann mit Riemen an Baumzweigen aufgehängt,

oder

»der man bindet sie, wenn etwa keine Bäume in der Nähe sind, an einen Klotz oder Stein. Da läßt man sie ruhig hängen, indeß die Mutter ihre Geschäfte abwartet. In dieser Lage werden die Kinder einige Monate lang erhalten, und man kann denken, daß es sich oft ereignen müsse, daß sie von der Nässe und Kälte leiden. Aber das schadet ihrer Gesundheit nicht, weil ein unverderbter und noch junger menschlicher Körper sich leicht an alles gewöhnt. Nimmt man sie endlich aus der Maschine heraus, so läßt man die Jungen nackend kriechen und laufen, wohin sie Lust haben; die Mädchen hingegen werden vom Halse bis an die Knie mit einem Hemde und mit einem kurzen Röckchen bedeckt. — Auch hieraus stünde für unsre europäischen Mütter viel zu lernen.

„Uebrigens wissen die Indianer nicht viel von Kinderzucht. Sie überlassen vielmehr die Kleinen, sobald sie kriechen können, sich selbst; und es ist ihnen erlaubt, sich hinzubegeben, wohin sie wollen, und zu thun, was ihnen beliebt. Man sieht sie daher, ohne Aufsicht und Begleitung, völlig nackt ins Holz, ins Wasser, in den Koth und in den Schnee laufen, ohne daß sich jemand darum bekümmert.„

„Das

"Daher kommt ihnen denn auch die bewundernswürdige Kraft, Hurtigkeit und Munterkeit, welche allen gemein ist, und jene ausserordentliche Abhärtung gegen Wind und Wetter, welche einen verzärtelten Europäer in Verwunderung setzt.„

"Im Sommer sieht man sie mit Anbruch des Tages ins Wasser laufen, wie diejenigen Thiere, denen dieses Element natürlich ist. Sie bringen einen Theil des Tages damit zu, in den Seen und Flüssen zu plätschern und zu scherzen. Man gibt ihnen zeitig Bogen und Pfeile in die Hand; und die Nacheiferung, welche ohnstreitig der beste Lehrmeister ist, macht, daß sie sich in dem Gebrauch derselben eine erstaunliche Geschicklichkeit erwerben.„

"Gleich von den ersten Jahren an läßt man sie mit einander ringen; und ihre Neigung zu dieser Leibesübung wird bald so stark, daß sie sich oft tödten würden, wenn man sie nicht von einander brächte. Diejenigen, welche ihrem Gegner unterliegen, empfinden diese Schmach so tief, daß sie nicht eher ruhen, bis sie dieselbe durch einen Sieg von sich abgewälzt haben.„

"Alles, was die Eltern zu ihrer Erziehung beitragen, ist dieses, daß sie ihnen fleißig die schönen Thaten ihrer Vorfahren erzählen, und, indem sie ihren Ehrgeitz entflammen, sie zur Nachahmung derselben zu reitzen suchen. Zuweilen braucht

braucht man auch wol Bitten und Ermahnungen, um sie von ihren Fehlern zu bessern, niemals aber Drohungen und Züchtigungen, weil sie den Grundsatz hegen, daß kein Mensch das Recht habe, einen andern zu zwingen. Meine jungen Leser begreifen von selbst, daß dieser Grundsatz nur unter freien Wilden, nicht aber in ordentlich eingerichteten Staaten, richtig sey, und sie werden es daher nicht sonderbar finden, daß sie selbst nach andern Grundsätzen erzogen werden.„

„Eine Mutter, welche sieht, daß ihre Tochter eine üble Aufführung annimmt, begnügt sich bloß, darüber zu weinen. Die Tochter frägt sie dann um die Ursache ihrer Tränen; und jene antwortet: du verunehrst mich. Dieser kurze Vorwurf pflegt tief zu Herzen zu gehn, und selten ohne Wirkung zu bleiben. Die einzige Strafe, welche die Indianer zur Züchtigung ihrer Kinder anwenden, ist die, daß sie ihnen ein wenig Wasser ins Gesicht sprützen. Dies ist ihnen ausserordentlich empfindlich. Man hat Beispiele, daß junge Mädchen sich darüber erhängt haben. Wer sollte in einer jungen Wilden so viel Ehrgeiz und Empfindlichkeit suchen?„ *)

L 5   10.

*) Allgem. Reisen 17ter Bd. Seite 39 u. 40.

10.

Von der Zeitrechnung der Indianer.)

Eine genaue Zeitrechnung, ohne Sternkunde, ist unmöglich. Dennoch wissen die Indianer, bei aller ihrer astronomischen Unwissenheit, sich gut zu helfen. Sie zählen ihre Jahre nach Wintern, oder vielmehr, wie sie in ihrer Sprache sich ausdrücken, nach Schneen. Vor drei oder vier Schneen also heißt bei ihnen so viel, als vor drei oder vier Jahren.

Das Jahr selbst berechnen sie vor Monden, indem sie zwölf Vollmonde zu einem Jahre rechnen. Weil sie aber bemerkt haben, daß sie mit dieser Rechnung nicht auskommen, indem ein ganzes Jahr mehr als zwölf Vollmonde in sich fassen muß, wenn die verschiedenen Jahrszeiten immer in die nemlichen Theile des Jahrs fallen sollen: so zählen sie jedesmal nach Verlauf von dreißig Monaten noch einen dazu, den sie den verlohrnen Monat nennen, grade so wie wir jedesmal nach Verlauf von vier Jahren in dem Februarmonat einen Tag mehr einschieben oder einschalten, und ein solches Jahr ein Schaltjahr nennen. Sie achten übrigens sehr genau auf jeden Neumond,

und

und äussern ihre Freude darüber durch besondere Töne und dadurch, daß sie ihre Hände gegen ihn emporheben.

Jedem Monat haben sie einen besondern Nahmen gegeben, der das Eigenthümliche der Jahrszeit ausdrückt, worin er fällt. So nennen sie den März den Wurmmonat, weil um diese Zeit die Würmer aus den Löchern und Ritzen, worin sie den Winter über verborgen lagen, wieder hervorzukriechen pflegen; den April den Pflanzenmonat, den Mai den Blumenmonat, den Junius den heissen Monat, und den Julius den Bockmonat. Der August heißt bei ihnen der Störmonat, weil sie um diese Zeit eine große Menge von dieser Fischart fangen; der September der Kornmonat, weil sie alsdann ihr indianisches Korn einsammeln. Den October nennen sie den Reisemonat und den November den Biebermonat, jenen weil sie um die Zeit desselben ihre Dörfer verlassen und in diejenigen Gegenden reisen, wo sie den Winter über jagen wollen; diesen, weil die Bieber in diesem Monate anfangen, sich in ihren Häusern, bei dem von ihnen eingesammelten Wintervorrath aufzuhalten. Der December heißt der Jagdmonat, weil sie ihn mit der Jagd zubringen; der Jenner der kalte Monat,

weil

weil in diesem Monate gewöhnlich die stärkste Kälte eintritt; und der Februar endlich der Schneemonat, weil um diese Zeit gemeiniglich der meiste Schnee fällt.

Wann der Mond nicht scheint, so sagen sie: er sey todt; und die erste Wiedererscheinung desselben drücken sie so aus, daß sie sagen: er sey wieder aufgelebt.

Die Eintheilung von Wochen haben sie gar nicht; und die einzelnen Tage zählen sie nach Schlafen. So viel Schlafe, heißt bei ihnen, so viel Tage.

Ihre ganze astronomische Kenntniß besteht darin, daß sie den Polarstern zeigen können. Nach diesem richten sie sich auch, wenn sie bei Nacht reisen.

Eben so eingeschränkt und dürftig ist auch ihre Einsicht in die Erdbeschreibung. Aber von allen Gegenden, die sie kennen, wissen sie sehr genaue Karten auf Birkenrinde zu zeichnen; nur daß sie die Länge und Breite nicht nach wirklichen Ausmessungen, sondern nach einem ungefähren Augenmaaße anzugeben vermögen.

Die

Die Entfernungen der Oerter rechnen sie nicht nach Meilen, sondern nach Tagereisen. Eine Tagereise aber ist ihnen ohngefähr eine Länge von vier deutschen Meilen. Diese theilen sie wieder in halbe und viertel Tagereisen ein, und geben sie auf ihren Karten an. Darnach können sie den Marsch der Partheien, die sie zum Kriege oder auf die Jagd ausschicken, ziemlich richtig bestimmen.

Von der Rechenkunst haben sie weiter gar keinen Begriff, als daß sie ziemlich hoch hinauf zählen können. Aber Zahlzeichen kennen sie eben so wenig als Buchstaben.

Als ich bei den Nadowessiern mich aufhielt, so bemerkten einige von ihren Anführern eine Zeichnung von einer Mondfinsterniß in einem astronomischen Buche, welches ich in Händen hatte, und baten mich, daß ich sie ihnen zeigen mögte. Ich gab ihnen das Buch zugemacht hin; und sie zählten, um das Kupfer wieder aufzusuchen, die einzelnen Blätter, bis sie an die Stelle kamen, wo es war. Ich sagte ihnen nachher, sie hätten diese Mühe nicht nöthig gehabt; man könne, ohne die Blätter zu zählen, doch gleich sagen, wo das Bild sich befände und wie viele Blätter vorhergingen.

Diese

Diese Behauptung kam ihnen wunderbar vor; und sie baten mich, ihnen das einmal durch die That zu beweisen. Um ihre Neugierde zu befriedigen, sagte ich demjenigen, der das Buch in der Hand hatte, er mögte es aufschlagen, wo er wollte und den Rand sorgfältig zuhalten, damit ich nicht im Stande wäre, die Blätter zu zählen. Er that dieses mit großer Behutsamkeit; aber es war mir demohngeachtet eine Kleinigkeit, ihm zu sagen, wie viel Blätter vorhergingen, indem ich oben auf die Seitenzahl sah. Er zählte sie hierauf ordentlich über; und da es sich fand, daß meine Angabe richtig gewesen war, und daß ich den Versuch, so oft man wollte, immer mit gleicher Untrieglichkeit wiederholen konnte: so sahen sie eben so erstaunt aus, als wenn ich Todte auferweckt hätte. Am Ende erklärten sie sich die Sache, wie sie alles, was sie aus Unwissenheit nicht begreifen, zu erklären pflegen, nemlich dadurch, daß das Buch ein Geist wäre, der mir alles zuraunte, was ich von ihm zu wissen verlangte. Und dieser Umstand trug nicht wenig dazu bei, ihnen eine noch höhere Meinung von mir einzuflößen, als sie schon vorher hatten.

Das ist nemlich die Art aller rohen und unwissenden Menschen, daß sie dasjenige, was sie nicht

nicht zu begreifen und zu erklären vermögen, alsobald für eine Wirkung höherer und unsichtbarer Wesen halten. Daher die vielen abgeschmackten Legenden von Einwohnungen und Wirkungen des Teufels oder anderer Geister, von Gespenstern, Zauberern und Wunderthätern; Legenden, die in den Zeiten der Unwissenheit und des Aberglaubens bei Tausenden entstanden, und welche noch heutiges Tages mitten in dem aufgeklärten Europa bei allen denen Beifall und Glauben finden, in deren düstern Kopfe noch kein Stral von dem aufgegangenen Lichte der Aufklärung Eingang gefunden hat. Ich hoffe, meine jungen Leser werden sich selbst zu sehr achten, als daß sie durch eine stupide Glaubwilligkeit dieser Art sich den unwissenden und abergläubischen Indianern in diesem Stücke beigesellen sollten. Eine fleißige Erlernung der Wissenschaften und ein sorgfältiger Anbau ihrer Vernunftsfähigkeiten durch Lesung der Schriften aufgeklärter Männer und durch eigenes Nachdenken, werden sie vor dieser Schmach bewahren.

II.

Von der Regierungsform der Indianer.

In Ansehung der bürgerlichen Verfassung und der Regierungsform scheinen diese Indianer viel glücklicher zu seyn, als die meisten europäischen Nationen. Denn sie wissen nichts von willkührlicher Gewalt oder Despotismus unter sich; und sie sind daher völlig sicher vor jeder Art von Unterdrückung und tirannischer Ungerechtigkeit. Wie viel cultivirte Nationen können sich dieses glücklichen Vorzuges rühmen?

Jede indianische Völkerschaft wird wieder in ihre besondere Stämme abgetheilt, und jeder Stamm macht einen eigenen kleinen Staat für sich aus. So wie nun jede Völkerschaft ein gewisses Sinnbild hat, wodurch sie sich von andern unterscheidet: so hat auch jeder Stamm wiederum sein besonderes Unterscheidungszeichen, wie z. B. einen Adler, Panther, Tieger oder Büffel. Ein Stamm der Nadowessier wird durch eine Schlange, ein zweiter durch eine Schildkröte, ein dritter durch ein Eichhörnchen, ein vierter durch einen Wolf und ein fünfter durch einen Büffel vorgestellt. Der Geringste von ihnen weiß, zu welchem Stam=

Stamme er gehört; und hat eine beständige und
große Anhänglichkeit an denselben.

Ausserdem unterscheidet sich jede Völkerschaft
auch durch die Art, wie sie ihre Zelte oder Hütten
bauen. Diesen Unterschied kennt jeder Indianer,
ohngeachtet er oft so fein und unmerklich ist, daß
ein Europäer mit aller Aufmerksamkeit, deren er
fähig ist, ihn nicht zu erkennen vermag. Sie
können daher ganz genau, vielleicht bloß aus der
Stellung eines Pfahls, der in der Erde stecken
blieb, bestimmen, welche Völkerschaft vor vielen
Monaten ihr Lager auf dem Platze hatte.

Jeder Stamm hat ein Oberhaupt, welches
der große Anführer oder der Hauptkrieger ge=
nannt wird. Bei der Wahl desselben wird ledig=
lich auf ungemeine Erfahrung im Kriege und auf
bewährte Tapferkeit gesehn. Dieser ordnet ihre
Kriegszüge an, und hat über alles, was zu die=
sem Fache gehört, die Aufsicht. Außer ihm giebt
es noch ein zweites Oberhaupt, welches seinen
Vorzug einem Erbrechte zu verdanken hat, und
von welchem die bürgerlichen Angelegenheiten be=
sorgt werden. Die Einwilligung dieses letztern
wird zu allen Ausfertigungen und Verträgen er=
fordert, denen er das Zeichen des Stammes oder

C. Reisebeschr. 4ter Th.   M   der

der Völkerschaft anhängen muß, wenn sie gültig seyn sollen.

Ohngeachtet nun diese beiden als die Regenten des Stammes angesehen werden, und ohngeachtet der letztere auch gewöhnlich den Titel eines Königs führt: so würde man sich doch sehr irren, wenn man sich wirkliche Befehlshaber dabei denken wollte. Die Indianer kennen schlechterdings keine Unterwürfigkeit, weder in bürgerlichen noch in Kriegssachen. Da ein jeder eine große Meinung von seiner eigenen Wichtigkeit hat, und auf nichts eifersüchtiger ist, als auf seine Freiheit: so werden alle Anträge, die das Ansehn von einem ausdrücklichen Befehle haben, gleich mit Verachtung verworfen.

Selten läßt daher ein Anführer sich einfallen, irgend eine Anordnung, als einen gebieterischen Befehl einzukleiden. Aber, man muß auch gestehen, daß er gar keine Versuchung dazu hat. Denn ein bloßer Wink von ihm, wodurch er zu erkennen giebt, er glaube, daß dies oder jenes geschehen müsse, ist hinreichend, den Augenblick einen Wetteifer unter den Geringern zu erregen, die seinen Willen sogleich zu vollführen suchen. Auf diese Weise empfindet keiner das Unangenehme

der

der Befehle, und es geschieht doch alles, was der Anführer zum Besten des Stamms für nöthig erachtet. Eine vortrefliche Verfassung! Man müßte Abgeordnete zu diesen Leuten schicken, und sie um die Mittheilung des Geheimnisses bitten, wie sie es angefangen haben, so viel Folgsamkeit bei so viel Freiheitssinn, so viel Einfluß ihrer Oberhäupter bei so geringer Macht derselben, unter sich einzuführen? Hier in Europa würde eine solche Regierungsform schwerlich von Bestand seyn, und in kurzer Zeit die größten Unordnungen nach sich ziehn. Ich mögte wissen, ob meine jungen Leser wol einige Ursachen davon entdecken könnten. Wie? wenn sie einmal darüber nachdächten und das Buch so lange auf die Seite legten? —

Was mich betrift, so glaube ich, daß es vornemlich an folgenden Ursachen liege, warum die jetztbeschriebene glückliche Regierungsart, zwar wol bei den Indianern, aber nicht bei uns statt finden könne.

Erstlich haben die Indianer, wie wir oben gehört haben, wenig Eigenthum und wenig Bedürfnisse, aber eben deswegen auch viel Gemeingeist, viel Vaterlandsliebe und viel Anhänglichkeit an ihren Stamm. Ihr Eigennutz kommt daher den

Anordnungen ihrer Anführer weniger und seltener in die Quere, und sie sind bei jeder Gelegenheit viel bereitwilliger, als wir, zu thun, was das gemeine Beste von ihnen fordert.

Zweitens sind die Verhältnisse der einzelnen Glieder dieser kleinen Staaten oder Gesellschaften lange nicht so vielfach und so verwickelt, als die unsrigen sind. Dort können tausend Dinge angeordnet werden und geschehen, ohne daß ein einziger dadurch beeinträchtiget wird: bei uns hingegen kann nicht die kleinste Sache vorgenommen und ausgeführt werden, ohne daß bald hier bald dort einer, bald an seinem Vermögen, bald an seiner Ehre, bald an seiner Bequemlichkeit dadurch gefährdet wird. Daher würde hier, wenn keine gesetzgebende Gewalt bei uns statt fände, nie etwas zu Stande kommen; man würde überall Widersetzlichkeit antreffen, und Unordnung und Verwirrung würden Ueberhand nehmen.

Drittens sind jene Stämme der Indianer, in Vergleichung mit unsern europäischen Staaten, nur als einzelne Familien anzusehn, weil sie nur aus einigen hundert Köpfen bestehen. Da ist es nun freilich begreiflich, daß in einer so kleinen Gesellschaft der väterliche Rath eines erfahrnen An-

füh-

führers, den jeder kennt, mit dem jeder täglich redet, und von dessen Uneigennützigkeit jeder tägliche Proben vor sich sieht, die Stelle eines Befehls vertreten kann, dem sich jeder ohne Murren unterwirft, weil er weiß, daß er nur auf das gemeine Beste abzweckt. In unsern europäischen Staaten hingegen, die zum Theil aus vielen Millionen Menschen bestehen, und wo viele ihr Oberhaupt nie von Person kennen lernen, vielleicht in ihrem Leben nicht ein einzigesmal zu Gesicht bekommen, ist diese Familieneinrichtung unmöglich; da fallen also auch alle die wünschenswürdigen Vortheile derselben weg. Hier muß nothwendig eine befehlende Macht seyn; hier muß nothwendig gehorcht werden.

Also müssen wir in Europa auf die schöne und milde Regierungsform der Indianer — Verzicht thun.

Eigentlich haben diese Leute in Ansehung ihres häuslichen und bürgerlichen Lebens gar keine Regierungsform. Der Gegenstand ihrer Regierung betrift mehr das Aeussere, als das Innere ihres gemeinen Wesens, und zweckt mehr darauf ab, sie gegen ihre Feinde zu schützen, als die innere Ruhe und Ordnung durch öffentliche Einrichtungen zu erhalten. Sie kennen daher den Unterschied zwischen Obrigkeit und Unterthanen nicht, und jeder scheint einer vollkommenen Unabhängigkeit zu genießen. Wenn der Anführer einen Vorschlag thut, so hat jeder die Freiheit zu wählen, ob er zur Ausführung desselben das Seinige beitragen will, oder nicht. Zwanggesetze sind bei ihnen völlig unbekannt. Wenn Gewaltthätigkeiten oder Mordthaten verübt werden: so wird die Sorge, diese Verbrechen zu rächen, der beleidigten Familie überlassen. Die Anführer unterstehen sich nicht, weder zu strafen, noch die Strafe zu mildern.

Jede Familie hat das Recht, einen von ihren Oberhäuptern zum Gehülfen des vornehmsten Oberhaupts zu ernennen. Dieser muß denn in den Rathsversammlungen für das Beste ihrer Familie sorgen, und ohne die Einwilligung desselben kann kein öffentliches Geschäft zu Stande gebracht werden. Diese Familienoberhäupter werden größtentheils nach ihren rednerischen Fähigkeiten erwählt, und sie allein sind berechtiget, in den Rathsversammlungen und allgemeinen Zusammenkünften des Volks Reden zu halten.

Diese

Diese Oberhäupter, an deren Spitze der Erb=
anführer steht, scheinen in sofern die höchste Ge=
walt in Händen zu haben, daß sie alles entschei=
den, was ihre Jagden, was Krieg und Frieden
und überhaupt alle öffentlichen Angelegenheiten
betrift. Auf sie folgt der Haufen der Krieger,
wozu alle gehören, die im Stande sind, die Waf=
fen zu führen. Diese Abtheilung hat zuweilen
den Erbanführer an ihrer Spitze, wenn er sich
nemlich durch irgend eine tapfere That hervorge=
than hat, sonst aber einen andern Anführer, von
dessen Muthe man durch hinreichende Proben sich
zu überzeugen Gelegenheit gehabt hat.

In ihren Rathsversammlungen, die von den
ebenerwähnten Mitgliedern gehalten werden, wird
jede Sache von Wichtigkeit verhandelt; und kein,
nur einigermaaßen erheblicher Vorschlag kann zur
Ausführung gebracht werden, wenn er nicht von
den Oberhäuptern allgemein gebilliget wird. Sie
versammeln sich gemeiniglich in einem besonders
dazu gewidmeten Zelte oder in einer Hütte. Hier
setzen sie sich in einem Kreise auf den Boden her=
um; worauf der älteste Anführer aufsteht und eine
Rede hält. Wenn dieser fertig ist, so steht ein
anderer auf, und so sagen alle nach der Reihe,
wenn die Noth es erfordert, ihre Meinung.

M 4 Ih=

Ihre Sprache ist bei solchen Gelegenheiten stark und nachdrücklich; und ihre Reden sind voller Bilder und Gleichnisse, wie man aus den Beispielen, welche oben davon gegeben sind, schon ersehen haben wird. Sie sprechen dabei mit großer Heftigkeit, ohngeachtet sie im gemeinen Leben ihre Stimme nicht mehr, als wir, zu erheben pflegen.

Die jungen Leute dürfen zwar bei den Rathsversammlungen zugegen seyn, aber keine Reden halten, bevor sie nicht ordentlich zugelassen worden sind. Sie hören indeß mit großer Aufmerksamkeit zu, und um zu zeigen, daß sie die Beschlüsse der Oberhäupter verstehn und billigen, rufen sie von Zeit zu Zeit aus: "das ist recht, das ist gut!"

Die gewöhnliche Art bei allen Ständen, ihren Beifall auszudrücken, und die sie, wenn sie eine Rede anhören, fast bei jeder Periode wiederholen, besteht in einem starken Tone, der fast klingt wie unsere Buchstaben OAH zusammen ausgesprochen.

12.
Von den Gastmahlen der Indianer.

Da sie gewöhnlich in großen Haufen zusammen essen: so können fast alle ihre Mahlzeiten als Gastereien angesehen werden. Sie essen übrigens, ohne sich an gewisse Stunden zu binden, so wie ihr Hunger und die Umstände es jedesmal erfordern.

Viele indianische Nationen machen gar keinen Gebrauch von Brodt, Salz oder andern Gewürzen; einigen sind sie sogar völlig unbekannt. Diese essen wilden Reis, der häufig in verschiedenen Gegenden ihres Gebietes wächst; er wird aber nicht etwa wie Brod gebacken, sondern gekocht und für sich allein gegessen. Das Fleisch der wilden Thiere, die sie auf der Jagd erlegen, genießen sie ohne irgend eine mehligte Substanz dazu zu nehmen. Sogar den Zucker, den sie aus dem Ahornbaum ziehn, brauchen sie nicht als ein Gewürz, um etwas schmackhafter damit zu machen, sondern als eine Speise für sich, die sie allein genießen.

Die Milch halten sie bloß für ein Nahrungsmittel, welches für junge Thiere in ihrem zarte-

sten

sten Zustande paßt. Sie selbst genießen daher keine, ohngeachtet sie von Büffeln und Elendsthieren genug davon bekommen könnten.

Ihre Speisen sind also sehr einfach und fast immer die nemlichen. Dennoch bemerkte ich nicht, daß der gänzliche Mangel an allen den Dingen, die bei uns für nothwendig zum Lebensunterhalt gerechnet werden — als Thee, Kaffee, Wein, Bier, Gewürze und hundert andere Leckereien — ihrer Gesundheit und Leibesstärke im geringsten nachtheilig sey. Ich nahm vielmehr grade das Gegentheil wahr: denn im Durchschnitt sind diese Leute sehr gesund und stark. Ich sollte daher glauben, daß auch bei ihnen die Regel sich durch die Erfahrung bestätige: je simpler und ungekünstelter die Nahrungsmittel, desto gesunder und stärker ist der Mensch.

Bei einigen indianischen Völkerschaften giebt es indeß ein Gericht, welches ohngefähr die Stelle des Brodts vertritt. Es wächst nemlich viel indianisches Korn bei ihnen. Aus diesem, wenn es reif geworden ist, und aus einer Zuthat von unreifen Bohnen und Bärenfleisch, dessen Fett dem Korn und den Bohnen ihre Trockenheit benimmt, kochen sie ein wohlschmeckendes Gericht, welches
sie

sie Sukkatosch nennen. Hier wird also Fleisch und etwas Mehligtes zusammengenossen.

Rohes Fleisch genießen sie ganz und gar nicht; sie kochen und braten vielmehr ihre Speisen stark, und die Brühe, worin es gekocht ward, ist ihr gewöhnliches Getränk.

Ihre Gerichte bestehen in Bären= Elends= Bieber= und Rehfleisch. Das letztere, welches von Natur trocken ist, genießen sie gewöhnlich mit Bärenfleisch, welches ungemein fett und saftig ist, zusammen.

Im Frühjahre essen die Nadowessier die innere Rinde von einem Strauche, der irgendwo in ihrem Lande wächst. Den Nahmen desselben, so wie den Ort, wo er wächst, habe ich nie erfahren können. Vielleicht, daß sie ein Geheimniß daraus machen, weil ihnen dieses Gewächs vorzüglich schätzbar ist. Es ist sehr spröde, läßt sich leicht kauen, und schmeckt ohngefähr, wie Rüben. Die Indianer halten es für eine ihrer nahrhaftesten Speisen.

Bei der Zubereitung der Speisen sind die geringeren Indianer sehr unreinlich. Die Vornehmen

men hingegen halten viel auf Reinlichkeit und Nettigkeit, wie bei ihren Speisen, so in ihrer Kleidung und in ihren Zelten.

Jede ihrer gemeinschaftlichen Mahlzeiten wird mit einem Tanze entweder angefangen, oder beschlossen. Dieser vertritt bei ihnen die Stelle des Gebets; und man darf wol glauben, daß dem großen Geiste, dem sie sich für alles Gute verpflichtet halten, das Opfer ihrer Fröhlichkeit angenehmer sey, als wenn sie, nach dem bösen Misbrauche vieler Christen, eine gedankenlose Gebetsformel mechanisch hermurmelten, woran das Herz keinen Antheil hat, und wodurch die Gesinnungen der Menschen nicht im mindesten verbessert werden.

Bei öffentlichen Gastmahlen essen Männer und Weiber nie zusammen; sondern jedes Geschlecht bleibt für sich. Zu Hause hingegen, wenn keine Fremde da sind, essen Mannspersonen und Frauensleute mit einander.

Uebrigens kommen die Oberhäupter nie zusammen, um sich über öffentliche Angelegenheiten zu berathschlagen, ohne ihre jedesmalige Versammlung mit einem Gastmahle zu beschließen. Dann überlassen sie sich einer Schmauserei und einer Fröhlichkeit, die keine Grenzen kennt.

13.

Von den Tänzen der Indianer.

Keine Art von Vergnügungen ist den Indianern lieber und gewöhnlicher als der Tanz. Alle ihre Zusammenkünfte werden dadurch aufgeheitert; und wenn sie nicht mit Kriegen oder Jagen beschäftiget sind: so vergnügen sich die jungen Leute von beiderlei Geschlecht regelmäßig alle Abend damit. Niemals aber tanzen Mannspersonen und Frauenzimmer zusammen, sondern jedes Geschlecht für sich. Bei den Tänzen der Mannspersonen steht einer nach dem andern auf, tanzt mit großer Leichtigkeit und Kühnheit, und besingt dabei die Thaten seiner Vorfahren. Die übrige Gesellschaft sitzt auf dem Boden in einem Kreise herum, und giebt den Tact durch einen Ton an, den sie alle zugleich ausstoßen, und der ungefähr klingt, als "heh, heh, heh!„ Diese Töne werden sehr rauh und mit einer solchen Heftigkeit ausgestoßen, daß man glauben sollte, die Lungen der Sänger würden es nicht lange aushalten. Gleichwol setzen sie dies Tactgeschrei mit immer gleicher Heftigkeit so lange fort, als die Tanzbelustigung währt.

Die

Die Frauenspersonen tanzen mit sehr viel Anmuth und Leichtigkeit. Sie fangen den Tanz damit an, daß sie sich um einige Schritte zur rechten und dann wieder zur linken bewegen, indem sie die Füße dicht an einander halten, und dabei wechselsweise die Zähen und die Hacken bewegen. So glitschen sie mit großer Leichtigkeit bis an eine gewisse Stelle fort und von da wieder zurück. Dies geschieht mit so genauer Beobachtung des Tacts und in so guter Ordnung, daß die Tänzerinnen, auch wenn ihrer noch so viele sind, sich einander niemals hinderlich werden. Sie halten sich dabei sehr grade und lassen die Arme dicht am Leibe herunterhängen. Während des Tanzes vermischen sie ihre helltönenden Stimmen mit dem rauhen Geschrei der Männer, die auf dem Boden sitzend, sie mit einem Kreise umschließen.

Es wird aber nicht immer auf eine und eben dieselbe Weise getanzt. Sie haben vielmehr verschiedene Arten von Tänzen, wie z. B. den Pfeifentanz, den Kriegstanz, den Hochzeittanz und den Opfertanz, wovon jeder einer besondern Gelegenheit gewidmet ist. Ohngeachtet die Bewegungen bei jeder dieser besondern Arten von Tänzen merklich verschieden ist: so ist es mir doch nicht möglich, den Unterschied mit Worten deutlich zu machen.

Auch

Auch hat jede Völkerschaft ihre besondere und unterscheidende Art zu tanzen. Die Tschipiwäer z. B. haben eine größere Mannigfaltigkeit an Stellungen, als die übrigen Indianer. Bald halten sie den Kopf in die Höhe, bald bücken sie sich fast bis auf die Erde, bald neigen sie sich ganz auf die eine, bald wieder auf die andere Seite. Die Nadowessier tragen sich grader, treten fester und machen alle ihre Bewegungen mit weit mehr Anstand. Das starke unangenehme Geräusch hingegen, welches ich eben beschrieben habe, machen alle ohne Ausnahme.

Der Pfeifentanz ist für den Zuschauer unter allen der angenehmste, weil er die schönsten Figuren hat, und nicht so ausschweifend, als die übrigen, ist. Man tanzt aber denselben bloß bei feierlichen Gelegenheiten, wie wenn z. B. fremde Abgesandten kommen, um Friedensunterhandlungen zu pflegen oder wenn vornehme Fremde durch ihr Gebiet reisen, denen sie Vergnügen machen wollen.

Der Kriegestanz hat für einen Fremden etwas Fürchterliches. Sie tanzen denselben, wie schon der Nahme desselben andeutet, so oft sie einen Kriegszug vornehmen wollen oder von demselben wieder zurückkommen. Auch hierbei schließt die

gan-

ganze Versammlung von Kriegern einen Kreis. Dann tritt der Anführer zuerst auf, und fängt damit an, daß er von der Rechten zur Linken geht und dabei seine eigenen Thaten und die Thaten seiner Vorfahren besingt. So oft er eine merkwürdige Heldenthat berührt hat, schlägt er mit seiner Kriegskeule jedesmal sehr heftig gegen einen Pfahl, der mitten im Kreise in die Erde gerammt ist.

Nach und nach gesellt sich diesem ersten Tänzer ein zweiter, dann ein dritter bei, so wie die Reihe an ihm kommt, und jeder Hinzukommende besingt gleichfalls die wundervollen Thaten seiner Vorfahren, bis sie endlich alle auf dem Platze sind und zusammentanzen. Hier fängt der Tanz an, für jeden Fremden wirklich fürchterlich zu werden, da sie die schrecklichsten und scheußlichsten Stellungen annehmen, die Zorn und Wuth nur immer veranlassen können, und dabei im voraus zeigen, was sie gegen ihre Feinde im Kriege thun wollen. Sie halten dabei ihre scharfen Messer in der Hand, und drohen damit, so oft sie sich herumwerfen, einander zu durchstoßen. Dies würde auch sicher geschehen, wenn nicht jeder eine außordentliche Fertigkeit besäße, dem Stoße auszuweichen.

Durch

Durch solche Bewegungen suchen sie die Art auszudrücken, wie sie ihre Feinde tödten, ihnen die Haut vom Kopfe ziehn, oder sie gefangen nehmen. Sie erheben dabei eben das fürchterliche Geheul und Kriegsgeschrei, welches sie in ihren wirklichen Schlachten hören lassen. Dies alles zusammengenommen giebt ihnen etwas so Gräuliches, daß man sie für einen Haufen von Teufeln ansehen mögte.

Ich mischte mich oft mit in diesen ihren Tanz; aber die gegründete Furcht, eine gefährliche Wunde davon zu tragen, erlaubte mir nicht, viel Vergnügungen daran zu finden.

Bei den Nationen auf der Westseite des Missisippistroms und an dem Obern See fand ich noch einen besondern Tanz im Gebrauch, den sie Pawa, oder den schwarzen Tanz nennen. Diese Feierlichkeit ist eine Frucht und zugleich eine Nahrung ihres Aberglaubens, und man erzählt tausend lächerliche Histörchen von Teufelserscheinungen, die dieser Tanz zuwege gebracht haben soll. Ich selbst sahe nun freilich niemals einen Teufel dabei erscheinen; aber ich sahe die Indianer selbst Dinge dabei verrichten, die der Aberglaube für Zauberei ansehen muß, weil die Art und Weise

Weise, wie sie bewerkstelliget werden, mir wenigstens völlig unerklärlich blieb.

Als ich mich bei den Nadowessiern aufhielt, wurde ein solcher Tanz bei Gelegenheit der Aufnahme eines jungen Indianers in eine Gesellschaft aufgeführt, welche sie Wákon Kirschewah d. i. die freundschaftliche Gesellschaft des Geistes nennen. Diese Gesellschaft besteht aus Personen von beiderlei Geschlecht; allein es wird keiner darin aufgenommen, der nicht einen unbescholtenen Character hat und von allen Mitgliedern der Gesellschaft gebilliget worden ist. Mit der Einweihung des neuen Mitgliedes ging es folgendergestalt zu.

Es war zur Zeit des Neumondes. Die Gesellschaft versammelte sich auf einem Platze mitten im Lager, der recht eigentlich dazu abgestochen war, und ungefähr zweihundert Personen fassen konnte. Ich, als ein Fremder, dem man bei jeder andern Gelegenheit schon so viel Höflichkeiten erwiesen hatte, ward auch zu dieser Feierlichkeit eingeladen, und erhielt meine Stelle dicht an den Schranken des Verschlages.

Die Versammlung nahm gegen zwölf Uhr ihren Anfang; und zur Freude der Indianer war

eben

eben heller Sonnenschein. Dies sehen sie nemlich bei jeder öffentlichen Zusammenkunft als eine gute Vorbedeutung an. Zuerst erschien eine große Anzahl von Oberhäuptern, die ihren schönsten Putz angelegt hatten. Auf diese folgte der Hauptfrieser, angethan mit einem auf die Erde herabhängenden Rocke von kostbaren Fellen; und hinter ihm traten funfzehn bis zwanzig Personen einher, alle schön bemahlt und alle prächtig gekleidet. Dann kamen die Weiber derer, welche in diese Gesellschaft schon aufgenommen waren; und den Beschluß machte ein vermischter Haufen von geringen Leuten, die sich gleichfalls nach Vermögen geputzt hatten, um etwas dazu beizutragen, die Versammlung prächtig und glänzend zu machen.

Die Gesellschaft setzte sich, und es wurde Stillschweigen geboten. Dann stand einer von den vornehmsten Anführern auf, und machte der Gesellschaft in einer kurzen, aber meisterhaften Anrede die Ursache ihrer Zusammenkunft bekannt. Er nahm hierauf den jungen Mann, welcher in ihre Gesellschaft aufgenommen zu werden wünschte, bei der Hand; und fragte die Versammlung, ob sie etwas dagegen einzuwenden hätte, daß er ein Mitglied ihres Ordens würde?

Da nun niemand etwas dawider hatte, so ward der junge Candidat in die Mitte gestellt. Vier Oberhäupter traten hierauf zu ihm hin, und ermahnten ihn nach der Reihe, sich als ein Indianer und als ein Mann zu betragen, und unter der Ceremonie, der er sich jetzt unterwerfen müßte, nicht zu erliegen. Dann faßten zwei von ihnen ihn bei den Armen, und ließen ihn niederknien; der dritte stellte sich hinter ihn, um ihn aufzufangen, wenn er fiele, und der vierte trat grade vor ihm ohngefähr zwölf Fuß zurück.

Der letztere redete hierauf den Candidaten mit vernehmlicher Stimme an. Er redete ihm von einem Geiste vor, der in wenigen Augenblicken über ihn kommen und ihn todtschlagen, aber auch bald darauf wieder lebendig machen würde. Dies wäre, fügte er hinzu, zwar schrecklich, aber auch nothwendig, um ihn zu den Vorzügen der Gesellschaft, an denen er künftig Theil nehmen sollte, vorzubereiten.

Wie er dies sagte, schien er selbst sehr heftige Bewegungen zu fühlen. Seine Gesichtszüge verzerrten sich, und sein ganzer Körper gerieth in Zuckungen. Jetzt warf er etwas, das an Farbe und Gestalt einer kleinen Bohne glich, dem jungen

gen Manne, wie es schien, in den Mund. Dieser fiel in dem nemlichen Augenblicke auf der Stelle leblos nieder, als wenn er von einer Kugel wäre getroffen worden. Derjenige, welcher hinter ihm stand, fing ihn in seinen Armen auf, und legte ihn, mit Hülfe der beiden andern, als einen Todten auf die Erde nieder.

Jetzt fingen sie an, seine Glieder zu reiben; dann ihn dergestalt auf den Rücken zu schlagen, daß ein Lebendiger eher davon hätte getödtet, als ein Todter erweckt werden können. Der Redner setzte unterdeß seine Rede fort, und bat die Zuschauer sich über das, was jetzt vorginge, nicht zu wundern oder an der Wiederherstellung des jungen Mannes nur im mindesten zu zweifeln. Sein jetziger lebloser Zustand rühre bloß von der gewaltsamen Wirkung des Geistes auf seinen Körper her, der einer solchen Begeisterung bisher noch nicht gewohnt gewesen wäre.

Der leblose Zustand des Candidaten dauerte mehrere Minuten; nach und nach machten die vielen und heftigen Schläge, daß er wieder einige Spuren von Leben zeigte, die aber mit heftigen Zuckungen und einer Art von Ersticken verbunden waren. Auch dieser Zustand hörte bald wieder auf,

auf, und als er hierauf die Bohne, oder was es sonst war, wieder von sich gegeben hatte, so schien er in kurzer Zeit wieder hergestellt zu seyn.

Nunmehr nahmen die vier Oberhäupter ihm seine gewöhnliche Kleidung ab, und zogen ihm dafür eine ganz neue an. Nachdem auch dieses geschehen war, faßte der Redner ihn wieder bei der Hand, und stellte ihn der Gesellschaft als ein ordentliches und völlig eingeweihtes Mitglied vor. Er ermahnte sie dabei, ihm allen Beistand zu leisten, dessen er, als ein junges Mitglied, bedürftig seyn könnte. Dem jungen Bruder aber gebot er, den Rath seiner ältern Brüder mit Bescheidenheit anzuhören und pünctlich zu befolgen.

(Es sey dem Herausgeber vergönnt, die Erzählung seines Gewährsmannes, des Hr. Carvers, hier auf einen Augenblick zu unterbrechen, um über den Inhalt dieser sonderbaren Geschichte erst mit wenigen Worten seine unmaaßgebliche Meinung zu sagen. — Daß der Auftritt, welcher jetzt erzählt worden ist, weiter nichts als eine auf Täuschung angelegte Gauckelei gewesen sey, bei der im Grunde alles ganz natürlich zuging, werden meine jungen Leser wol von selbst schon vermuthet haben. Wie es eigentlich damit zuging, und
durch

durch welches natürliche Mittel man den jungen Mann erst, dem Ansehn nach, todt, und dann wieder lebendig machte, das kann ich nun freilich nicht sagen. Aber erst ist es überhaupt noch die Frage: ob der ganze Vorfall sich wirklich grade so ereignet habe, wie er uns hier beschrieben worden ist, und ob nicht das Verlangen, etwas recht Wunderbares und Unerhörtes zu erzählen, einen und den andern Umstand ein wenig anders einge= kleidet habe, als er sich wirklich verhalten mogte? Unser Carver hat uns schon oben nicht undeutlich merken lassen, daß er es mit der Prüfung solcher wunderbar scheinenden Wirkungen so genau nun eben nicht zu nehmen pflegte. Es könnte daher wol seyn, daß er auch dem jetzterzählten Auftritte mit einiger Vorliebe für das Wunderbare und mit einer gewissen Glaubwilligkeit beigewohnt hätte, die ihn hinderte, die Augen gehörig aufzuthun, um die Art und Weise, wie diese angebliche Zau= berscene eigentlich bewerkstelliget wurde, ausfin= dig zu machen. Aber gesetzt nun auch, daß alles wirklich so geschahe, wie dieser Mann es wahrzu= nehmen glaubte: so konnte es doch immer noch sehr natürlich damit zugehn, ohngeachtet unser einer, der von dem Orte, wo die Komödie aufge= führt ward, ein Paar tausend Meilen entfernt ist und der nun zwanzig Jahr nachher bloß die Er=

zählung davon in einem Buche lieset, ohnmöglich angeben kann, durch was für Taschenspielerkünste die Täuschung eigentlich bewirkt worden sey. Vielleicht, daß das, was dem jungen Manne in den Mund geworfen ward, ein plötzlich betäubendes, Ohnmacht und Erbrechen verursachendes Mittel war, welches wir in Europa nicht kennen! Vielleicht, daß die ganze geheimnißvolle Komödie auf Verabredung beruhete, daß der junge Mann sich nur so stellen mußte, als wäre er todt und als lebte er nachher wieder auf! Vielleicht — doch wozu noch mehr Vermuthungen, da schon eine oder die andere von den eben genannten völlig hinreichend ist, uns das Natürliche in diesem ganzen Vorgange begreiflich zu machen, und da gewiß keiner von meinen jungen Lesern so kindisch leichtgläubig mehr ist, um es wahrscheinlich zu finden, daß es auf eine übernatürliche Weise damit zugegangen sey? Also genug hiervon, und nun wieder zurück an den eigentlichen Faden unserer Erzählung!)

Nachdem das Oberhaupt seine Anrede geendiget hatte: so schloß die ganze Versammlung, die innerhalb der Schranken war, um den neuen Bruder einen Kreis; die Musik hob an, und der große Krieger sang ein Lied, worin, wie ge-

gewöhnlich, die kriegerischen Thaten ihrer Nation erhoben wurden.

Ich nannte jetzt ihre Musik; diese besteht in einer Trommel, die aus einem künstlich gearbeiteten Stücke eines hohlen Baumes gemacht ist, worüber man eine Haut gespannt hat. Auf diese wird mit einem einzigen Stocke geschlagen. Der dadurch hervorgebrachte Ton ist sehr übellautend, und man braucht ihn blos, um den Tact damit anzugeben. Zuweilen bedienen sie sich auch einer Art Pfeifen von Rohr, die einen durchdringenden und widrigen Ton haben.

Nunmehr fing der Tanz an. Einige Sänger verstärkten die Musik mit ihren Stimmen, und die Frauenspersonen fielen zuweilen in den Chor mit ein, wodurch eine wilde, aber eben nicht unangenehme Harmonie entstand. Ueberhaupt muß ich gestehn, daß dies eins der angenehmsten Feste war, denen ich unter den Indianern beigewohnt habe.

Ein lächerliches Stück bei diesem Tanze, welches einer Art von Zauberei gleichfalls ähnlich sehen sollte, war vorzüglich auffallend. Die meisten Tänzer hatten ein aufgeblasenes Marder- oder

N 5   Otter-

Otterfell in der Hand, das, wenn man darauf
drückte, ein pfeifendes Geräusch durch eine darin
angebrachte hölzerne Röhre machte. So wie nun
dieses Instrument jemand vors Gesicht gehalten
ward und seinen Laut von sich gab, so fiel er aus
genblicklich als ein Todter nieder, vermuthlich
weil auch das ein verabredetes Stück der Komödie
war. Auf diese Weise lagen zuweilen drei oder
mehrere Mannspersonen und Frauensleute zugleich auf der Erde; allein es währte nicht lange,
so schienen sie sich wieder zu erholen, sprangen
auf, und mischten sich von neuem in den Tanz.
Dies Spectakel machte selbst den Vornehmen viel
Vergnügen. Ich hörte nachher, daß die aufge-
blasenen Häute ihre Hausgötter wären.

Nach einigen Stunden hörte der Tanz auf;
und nun fing das Gastmahl an. Die Gerichte
schienen alle aus Hundefleisch zu bestehn, dessen
sie sich, wie ich in der Folge erfuhr, bei allen
ihren öffentlichen Gastereien beständig zu bedienen pflegen. Der junge Kandidat muß dasselbe
herbeischaffen, es koste was es wolle.

Eben diese Gewohnheit, Hundefleisch bei gewissen feierlichen und religiösen Gelegenheiten zu
essen, findet sich auch in den nordöstlichen Ländern

von

von Asien. Die Bewohner eines Theils von Kamschatka schlachten, so oft sie den von ihnen geglaubten bösen Geistern opfern, allemal ein Rennthier oder einen Hund, essen das Fleisch davon, und stecken den Kopf mit der Zunge auf einen Pfahl, so daß die Stirn nach Osten gekehrt ist. Auch wenn sie ansteckende Krankheiten befürchten, so schlachten sie einen Hund, winden seine Gedärme um zwei Pfähle, und gehen dazwischen durch. Das schützt sie denn, ihrer Meinung nach, gegen alle Ansteckung. Auf solche Albernheiten verfällt der ungebildete menschliche Verstand, wenn er von Aberglauben umnebelt ist. Wohl uns, ihr jungen Freunde, daß wir über so was lachen, und unsere armen ununterrichteten Brüder, die noch in so großer Dummheit leben, herzlich dabei bedauern können!

14.

Von den Jagden der Indianer.

Die Jagd und der Krieg sind die beiden vernehmsten Beschäftigungen der Indianer; alle andere Arbeiten überlassen sie den Weibern.

Ein geschickter und entschlossener Jäger wird fast eben so sehr bei ihnen geschätzt, als ein tapferer

rer Krieger. Man hält daher schon die jüngsten Knaben dazu an; und sie erlangen dadurch eine ausserordentliche Geschicklichkeit, dem Wilde nachzustellen und es entweder zu fangen oder zu erlegen. Es wird auch nicht leicht irgend ein Kunststück, das der menschliche Verstand erfunden hat, Thiere, die ihres Fleisches oder ihres Felles wegen schätzbar sind, zu fangen, bei ihnen unbekannt seyn.

Zu Hause liebt der Indianer, wie ich schon oben angeführt habe, den Müssiggang: auf der Jagd hingegen verläßt ihn seine angebohrne Trägheit gänzlich, und er ist alsdann bis zum Bewundern thätig, geduldig und unermüdlich. Sie wissen die Mittel, ihren Raub auszuspähen, eben so gut, als die, ihn zu fangen. Selbst da, wo jedes andere Auge nichts mehr sieht, unterscheiden sie die Spur des Wildes und verfolgen es mit der größten Zuverläßigkeit durch unwegsame Wälder.

Diejenigen Thiere, welche von den Indianern, ihres Fleisches oder ihrer Felle wegen gejagt werden, sind Büffel, Elendsthiere, Rehe, Musethiere, Bären, Rennthiere, Bieber, Marder u. s. w. Die Beschreibung dieser Thiere wird weiter un-

unten folgen; jetzt will ich die Art, wie sie gejagt werden, erzählen.

Schon in ihren Sommerversammlungen bestimmen sie, wie alle sonstigen Wintergeschäfte, so auch die Gegenden, worin gejagt werden soll und die Partheien, welche auf die verschiedenen Züge ausgehen müssen. Der Hauptkrieger, dessen Amt es mit sich bringt, die nöthigen Einrichtungen dazu zu treffen, läßt alle, die ihm folgen wollen, feierlich einladen: denn auch hierbei, wie bei jeder andern Sache, finden keine eigentlichen Befehle statt, weil die Indianer, wie schon oben erwähnt worden ist, von einer wirklichen Oberherrschaft und von einem gesetzlichen Zwange ganz und gar keinen Begriff haben. Ein jeder nun, der die Einladung annimmt, bereitet sich dazu dadurch vor, daß er — etliche Tage fastet.

Wohlverstanden, daß das Fasten der Indianer nicht, wie bei verschiedenen andern Völkern, bloß darin besteht, daß man nur die schmackhaftesten und kostbarsten Dinge, oder sogenannte Fastenspeisen isset, sondern, daß es mit ihren Fasten wirklich ernstlich gemeint sey! Sie enthalten sich in der That alles möglichen Essens und Trinkens, und ihre Geduld und Standhaftigkeit geht darin

so

so weit, daß der heftigste Durst sie nicht bewegen kann, auch nur einen Tropfen Wasser zu kosten. Und bei dieser strengen Enthaltsamkeit behalten sie dennoch immer den Anschein von Zufriedenheit und Heiterkeit.

Wozu diese Vorbereitung durch Fasten dienen solle? Ihrer Meinung nach dazu, um desto freier zu träumen, und in diesen Träumen zu erfahren, wo das meiste Wild anzutreffen sey; zugleich aber auch dazu, den Zorn der bösen Geister abzuwenden und sich ihre Gunst zu erwerben. So hat der Aberglaube sich in alle ihre Verrichtungen gemischt! Sie mahlen um diese Zeit auch alle, mit Kleidern nicht bedeckte Theile ihres Körpers schwarz.

Nach geendigter Fastenzeit giebt der Anführer den verschiedenen Partheien ein großes Gastmahl, woran aber niemand Theil nehmen darf, bis er sich erst gebadet hat. Nun sollte man wol vermuthen, daß sie bei diesem Gastmahle, nach einem zweitägigen Fasten, unmäßig schmausen, und sich mit Speisen mehr, als gewöhnlich, überladen würden: aber nein! Sie suchen vielmehr eine Ehre darin, sich bei dieser Gelegenheit recht mäßig aufzuführen. Der Anführer erzählt ihnen dabei
die

die Thaten derer, die bei dem Geschäfte, das sie jetzt vorhaben, am meisten geleistet hatten. Nach geendigtem Mahle treten sie ihren Zug, überall schwarz bestrichen, unter dem Zujauchzen des ganzen Volks, nach der bestimmten Gegend an.

Auf der Jagd selbst sind ihre Geschicklichkeit im Ausspüren und ihre Geduld bei der Verfolgung des Wildes in der That bewunderswürdig. Keine Gebüsche, Gräben, Flüsse oder Moräste können sie aufhalten. Sie verfolgen immer in der gradesten Linie, ohne sich durch irgend etwas hindern zu lassen, und es giebt daher wenig Thiere in den Gehölzen, die sie nicht einholen könnten.

Jetzt will ich die vorzüglichsten Arten ihrer Jagd beschreiben.

Wenn sie auf die Bärenjagd ausgehn, so bemühen sie sich, das Lager dieser Thiere zu entdecken; die, so lange die strenge Witterung dauret, sich in hohlen Baumstämmen oder Erdlöchern verbergen, wo sie ohne Nahrung zubringen. Haben sie einen Ort erreicht, wo sie dergleichen vermuthen: so machen sie, je nachdem ihrer viele oder wenige sind, einen größern oder kleinern Kreis, und suchen, indem sie sich sämmtlich dem

Mittelpuncte nähern, den eigentlichen Aufenthalt des Thieres ausfindig zu machen. Auf diese Art sind sie gewiß, alles, was sich in der Kreisfläche befindet, aufzujagen, und mit Flinten oder Bogen zu fällen. Der Bär flieht aber, sobald er nur einen Menschen oder einen Hund ansichtig wird, und wehrt sich nicht anders, als wenn er von Hunger geplagt oder verwundet wird.

Auf der Büffeljagd verfahren sie anfangs auf die nemliche Weise. Sie schließen nemlich auch erst einen Kreis oder ein Viereck, und stecken, sobald jeder seinen Posten eingenommen hat, das Gras, welches um die Zeit dieser Jagd gewöhnlich trocken ist, in Brand. Die Büffel, die sich sehr vor dem Feuer fürchten, rennen hierauf in einen engen Raum zusammen, und machen dadurch denen, welche sie erlegen wollen, leichtes Spiel.

Elendsthiere, Rehe und Rennthiere jagen sie auf mehr, als eine Art. Zuweilen suchen sie dieselben in den Wäldern auf, wo sie leicht hinter den Bäumen geschossen werden können. Zuweilen machen sie sich, um sie zu fangen, die Witterung zu Nutze. Wenn nemlich die Sonne eben stark genug wird, um den Schnee zu schmelzen, und sich dann durch Nachtfröste eine Rinde auf den demselben setzt: so bricht dies Thier mit seinem gespaltenen Hufe leicht durch, und kann sich, ohne viele Mühe, nicht wieder los machen. Man jagt es daher grade in dieser Zeit; und da fällt es denn nicht schwer, es einzuholen und zu erlegen.

Einige Völkerschaften jagen diese Thiere auf eine noch leichtere und weniger gefährliche Art. Sie wählen nemlich eine Stelle nahe bei einem Flusse, und theilen sich allda in zwei Partheien, wovon die eine sich in Fahrzeuge setzt, indeß die andere einen halben Kreis auf dem Lande macht, dessen Arme sich bis ans Wasser erstrecken. Wenn sie hierauf ihre Hunde los lassen, so wird alles Wild, welches sich innerhalb des Kreises befindet, aufgejagt und in den Fluß getrieben. Hier wird es denn von den in den Fahrzeugen befindlichen Indianern leicht erschossen. Auf diese Weise sichern sie sich vor der Wuth verwundeter Büffel und Elendsthiere, welche sich kühn gegen ihre Verfolger zuwenden, und sie unter die Füße zu treten pflegen.

Die einträglichste unter allen Jagden, vorzüglich in den nördlicheren Gegenden, ist unstreitig die Bieberjagd. Auf diese legen sie sich daher auch ganz vorzüglich. Die Zeit dazu ist der ganze

C. Reisebeschr. 4ter Th. O Win-

Winter vom November bis zum April, weil als=
dann das Fell dieser Thiere seine größte Vollkom=
menheit erreicht hat. Gewöhnlich fängt man sie
in Schlingen.

Da diese Thiere ein ungemein scharfes Gesicht
und ein sehr feines Gehör haben: so muß man
sich ihrem Aufenthalte mit großer Vorsicht nähern.
Sie gehen selten weit vom Wasser weg, und bauen
ihre Häuser gewöhnlich dicht an einen großen
Fluß oder See und können daher leicht sich ins
tiefste Wasser begeben, wo sie denn bis auf den
Grund untertauchen und unerreichbar sind. Sie
schlagen dabei mit ihrem Schwanze stark aufs
Wasser, um ihrer ganzen Gesellschaft ein War=
nungszeichen zu geben.

In Fallen werden sie auf folgende Weise ge=
fangen. Ohngeachtet sie, wie bekannt, einen
Wintervorrath einsammeln, so pflegen sie doch
von Zeit zu Zeit in die benachbarten Gegenden zu
streifen, um frische Lebensmittel einzuholen. Man
stellt ihnen daher eine Falle in den Weg, unter
welche kleine Stücken Rinde oder junge Sprößlin=
ge gelegt werden. Sobald der Bieber diese be=
rührt, so fällt ein schwerer Klotz auf ihn herun=
ter und zerbricht ihm den Rücken.

Sonst

Sonst haut man auch Oefnungen in das Eis, denen die Bieber, wenn sie aus ihren Häusern verjagt sind, sich zu nähern pflegen, um frische Luft zu schöpfen. Ihr Athem macht eine ziemliche Bewegung im Wasser, und die Jäger können daher ihre Annäherung leicht bemerken, und sich fertig halten, sie auf den Kopf zu schlagen, sobald sie über dem Wasser zum Vorschein kommen. Zuweilen zieht man auch, indem man ihre Häuser zerstört, Netze unter dem Eise her und fängt sie damit auf. Allein man muß sie nicht lange ruhig darin lassen, weil sie mit ihren scharfen und langen Zähnen sich sonst leicht wieder daraus befreien würden.

Die Indianer verhindern sorgfältig, daß ihre Hunde die Knochen der getödteten Bieber nicht benagen dürfen: und sie haben hierzu einen zweifachen Grund, wovon der eine vernünftig, der andere abergläubisch ist. Diese Knochen sind nemlich ungemein hart, und die Hunde würden daher leicht die Zähne daran verderben können. Aber ausserdem besorgen die Indianer, daß die Geister der Bieber eine solche Mishandlung ihrer ehemaligen Körper übel nehmen und aus Rache ihnen die nächste Jagdzeit verderben dürften. Also auch

auch bis auf die Bieberseelen erstreckt sich der Aberglaube dieser geisterscheuen Leute!

Für die Felle dieser Thiere tauschen die Jäger von den Europäern die ihnen nothwendigen Waaren ein, weil sie von diesen höher geschätzt werden, als alles andere amerikanische Rauchwerk. Meine jungen Leser wissen schon, daß man das Haar dieser Felle vornemlich dazu braucht, die feinste Art von Hüten, oder die sogenannten Kastorhüte, auch andere feine Haararbeiten, als Strümpfe und Mützen, daraus zu verfertigen.

Das Fleisch der gefangenen Büffel, Elendthiere, Rehe u. s. w. fällt gewöhnlich dem ganzen Stamme, zu dem die Jäger gehören, anheim. Zum Bieberfange hingegen vereinigen sich gemeiniglich nur etliche Familien; und was diese fangen, das behalten sie für sich. Man hört indeß in beiden Fällen niemals, daß Neid oder Zänkereien darüber entstünden. Glückliche Indianer, bei denen das Mein und Dein so selten bösartige Leidenschaften erweckt, und so selten eine Ursache zu gegenseitigen Feindschaften und Verfolgungen wird!

Bei den Nadowessiern gilt folgendes Jagdgesetz: wenn jemand ein Stück Wild dergestalt anschießt,

schießt, daß es noch eine Strecke fortläuft, ehe es hinfällt: so muß er es demjenigen überlassen, welcher nahe genug ist, um ein Messer darin zu stoßen, ehe jener herbeikommt, wäre der andre auch von einem fremden Stamme. Ohngeachtet dies ungerecht zu seyn scheint, so lassen sie es sich doch gefallen, weil es einmal festgesetzt ist. Andere Indianer haben dagegen die Gewohnheit unter sich eingeführt, daß derjenige, der zuerst ein Stück Wild anschießt, auch allemal den besten Theil davon erhält.

15.
Von der Art der Indianer, Krieg zu führen.

Früh fangen die Indianer an, die Waffen zu tragen, und erst im späten Alter hören sie auf, an den Kriegen ihrer Völkerschaft Theil zu nehmen. Ihre Verpflichtung dazu währt vom sechzehnten bis zum sechzigsten Jahre. Nur bei einigen südlichern Völkerschaften sind sie schon mit dem funfzigsten Jahre davon freigesprochen.

Jeder Stamm hat eine Zahl auserlesener Leute, die vorzugsweise Krieger genannt werden.

Diese müssen immer, so wie die Umstände es erfordern, bald zum Angriffe, bald zur Vertheidigung bereit seyn. Die Lage ihres Landes bestimmt die Art ihrer Bewaffnung. Diejenigen nemlich, welche mit Europäern umgehen und Handel treiben, haben Messer, Aerte und Flinten; diejenigen hingegen, welche in den entfernteren Gegenden jenseit des Missisippi wohnen, und sich diese Waffen nicht anschaffen können, führen Bogen Pfeile und Streitkolben oder sogenannte Kopfbrecher (*Cassetêtes.*)

Noch weiter gegen Westen hin in denjenigen Ländern, welche bis an die Südsee grenzen, bedienen sich die Eingebohrnen einer sehr seltsamen Art von Waffen. Sie führen nemlich bloß einen mittelmäßig großen Stein bei sich, der an einer ohngefähr fünf Fuß langen Schnur befestiget ist, und ihnen am rechten Arme hängt. So bewafnet sitzen sie zu Pferde, als an welcher Thierart sie einen Ueberfluß haben. Den Stein selbst halten sie ganz bequem in der Hand, bis sie ihrem Feinde nahe genug gekommen sind. Dann wissen sie denselben in vollen Rennen so geschickt zu werfen, daß sie ihren Gegenstand selten verfehlen. Da das Land, welches diese Stämme bewohnen, aus weitläuftigen Ebenen besteht: so kommen ihre

Fein=

Feinde selten daraus zurück, weil sie diese mit ihren schnelllaufenden Pferden leicht einhohlen können.

Die Nadowessier, die mit diesem Volke Krieg geführt hatten, erzählten mir, daß sie sich bloß durch Moräste und Gebüsche gegen sie hätten sichern können. Nur dann, wenn sie dieselben an solchen Plätzen, die für Pferde unwegsam waren, angriffen, konnten sie sich den Sieg versprechen.

Einige Völkerschaften bedienen sich zwar auch eines Wurfspießes, an dessen Ende ein spitziger Knochen befestiget ist: aber die gewöhnlichste Art der Waffen, welche bei den meisten in Gebrauch ist, sind doch Bogen und Pfeile, nebst der kurzen Streitkolbe. Diese letztere wird aus einem sehr harten Holze gemacht; der Kopf daran hat die Gestalt einer Kugel von ohngefähr viertehalb Zoll im Durchmesser, und an dieser Kugel ist eine Schneide, wie bei der Streitart, befestiget, welche aus Stahl oder Kieselstein gemacht ist.

Bei den Nadowessiern sahe ich noch einige andere Arten von Waffen, nemlich einen Dolch und einen Schild; allein beide nur in geringerer Anzahl. Letzterer glich dem Schilde der Alten, und war

war von rohen Büffelhäuten verfertiget. Ersterer ward ehemals aus Knochen oder Kieselsteinen gemacht; allein seitdem sie mit europäischen Kaufleuten handeln, so verfertigen sie ihn aus Stahl. Er ist ohngefähr zehn Zoll lang, und nahe beim Handgriffe etwa drei Zoll breit. Seine Ecken sind sehr scharf, und gehen allmählich in eine Spitze über. Er wird in einer Scheide von Rehfellen, die mit Stacheln vom Stachelschweine geziert ist, getragen, und hängt gewöhnlich an einer auf die nemliche Art geschmückten Schnur, die nur bis auf die Brust herunter geht. Dieser Dolch wird indeß nur von einigen der vornehmsten Anführer getragen, und scheint bloß ein Unterscheidungszeichen zu seyn.

Was die Ursachen betrift, um welcher willen die Indianer mit ihren Nachbaren Krieg zu führen pflegen: so sind sie, im Ganzen genommen, ohngefähr von der nemlichen Beschaffenheit, als diejenigen, welche in Europa angeführt werden; nur daß jene größtentheils vernünftiger und gerechter sind. Eroberungsfucht verleitet sie selten, vielleicht niemals, Krieg anzufangen. Ihre häufigen und blutigen Fehden entstehen vielmehr größtentheils daher, daß eine jede Völkerschaft ihre Jagdgerechtigkeiten innerhalb gewisser Grenzen

be-

behaupten oder das Land, das sie einmal durch
den langen Besitz als ihr Eigenthum ansicht, gegen alle Eingriffe sichern will. Jeder einzelne
Indianer, selbst der einfältigste unter ihnen,
kennt die Rechte seines Volks auf das demselben
zukommende Gebiet, und ist immer bereit, sich
jeder Verletzung dieser Rechte zu widersetzen. So
wenig das Herz dieser Leute an irgend einem Pri-
vateigenthume klebt, so eifersüchtig sind sie auf
jede Verletzung der Rechte und Besitzungen ihrer
Völkerschaft. Auch dadurch zeigt sich der ihnen
eigenthümliche ausserordentliche Gemeingeist.

Indeß muß man, eben nicht zu ihrem Lobe,
gestehen, daß die Begierde nach Rache, und der
Trieb, sich durch tapfere Thaten hervorzuthun —
die beiden Hauptleidenschaften dieser Völker —
bei weitem die gewöhnlichste Ursache zu ihren Kriegen sind. Sie lernen von früher Jugend an,
daß man nach nichts mehr trachten müsse, als
den Ruhm eines großen Kriegers zu erwerben,
und daß es kein glänzenderes Verdienst gebe, als
eine Menge Feinde zu erschlagen oder gefangen zu
nehmen. Die Rachbegierde wird ihnen gleichfalls
mit der Muttermilch, und zwar als eine Tugend
eingeflößt. Beide Triebfedern wirken daher sehr
stark

stark in ihnen, und reitzen sie zu Krieg und Blutvergießen.

Die kriegerische Beredsamkeit ihrer Anführer trägt indeß nicht wenig dazu bei, sie, so oft diese wollen, zu bewegen, die Waffen zu ergreifen. "Die Knochen eurer erschlagenen Landsleute, rufen ihnen diese zu, liegen noch unbedeckt. Sie fordern uns auf, ihr erlittenes Unrecht zu rächen, und es ist unsre Pflicht, ihnen zu gehorchen. Ihre Geister schreien gegen uns, und wir müssen sie besänftigen. Höhere Geister, die Wächter unserer Ehre, flößen uns den Entschluß ein, die Mörder unserer Brüder aufzusuchen. Auf! laßt uns gehn und diejenigen verschlingen, durch welche sie fielen! Sitzt nicht länger unthätig, folgt vielmehr dem Triebe eurer angebohrnen Tapferkeit, salbt euer Haar, bemahlt euer Antlitz, füllt eure Köcher, laßt die Wälder von eurem Gesange wiederhallen, tröstet die Geister der Erschlagenen, und gelobet ihnen Rache!„ Durch solche Aufforderungen begeistert, ergreifen sie wüthend die Waffen, stimmen ihr Kriegslied an, und brennen vor Ungeduld, ihre Hände in dem Blute ihrer Feinde zu waschen.

Kleis

Kleine kriegerische Streifereien werden oft von einzelnen Partheien, ohne vorhergegangene öffentliche Berathschlagung, unternommen. Ja zuweilen ist ein einziger Krieger, wenn Rache oder die Begierde, seine Tapferkeit zu zeigen, ihn treiben, im Stande, ganz allein etliche hundert englische Meilen weit zu laufen, um zerstreute Feinde zu überfallen und zu ermorden. Das wird nun zwar von den ältesten und verständigsten Anführern nicht gebilliget, aber sie müssen doch dabei durch die Finger sehn, weil sie kein Recht haben, weder es zu verhindern, noch zu bestrafen.

So oft hingegen ein Krieg geführt werden soll, der das ganze Volk betrift: so stellt man jedesmal erst allgemeine und ernsthafte Berathschlagungen darüber an. Dann versammeln sich nicht bloß die Aeltesten und Häupter im Rathe: sondern auch die jungen Leute werden zugelassen. Hier wird denn alles reiflich erwogen, und die ganze bevorstehende Unternehmung in sorgfältige Ueberlegung genommen.

Bei solchen Gelegenheiten werden auch die Priester, ja sogar auch die klügsten unter ihren Weibern um Rath gefragt. Wird die Unternehmung

mung denn endlich beschlossen, so werden die Vorbereitungen dazu mit vielen Feierlichkeiten gemacht.

Ordentlicher Weise ist der Hauptkrieger eines Volks ihr persönlicher Anführer im Kriege; doch dies nicht immer. Zuweilen überträgt er auch wol das Commando einem Krieger, dessen Tapferkeit und Vorsicht man schon bei andern Gelegenheiten bewährt gefunden hat. Wer nun aber auch der Anführer ist, der wird über und über schwarz bestrichen, und ist verpflichtet, etliche Tage mit der größten Strenge zu fasten. Dabei muß er den großen Geist um seinen Beistand anflehen, und den Zorn der bösen Geister abzuwenden oder zu besänftigen suchen. So lange dieses Fasten dauert, darf er mit keinem von seinem Stamme sprechen.

Es ist schon angemerkt worden, daß diese abergläubigen Leute bei solchen Gelegenheiten genau auf ihre Träume achten. Das muß nun besonders auch der Anführer während seiner Fasten thun, weil, ihrer kindischen Meinung nach, der glückliche Erfolg größtentheils davon abhängen soll. Diese Träume sind indeß fast immer vortheilhaft, weil der kühne und stolze Indianer

was-

wachend nichts anders denkt, als daß ein gewisser
Sieg ihn überall begleiten werde.

Man sollte glauben, daß eine öftere Erfahrung von der Trieglichkeit solcher Träume diesen Leuten schon längst allen Glauben daran benommen haben müsse; aber nein! Es geht ihnen hierin grade so, wie dem einfältigen Pöbel unter uns, der bekanntlich von eben dieser Geistesschwäche eben so wenig geheilt werden kann, ohngeachtet unter tausend Träumen, die er für bedeutend hält, kaum Einer durch bloßen Zufall sich bestätiget, indeß 999 falsch befunden werden. Aber diese 999 werden nicht geachtet; nur jener einzige, der zufälliger Weise mit nachherigen Begebenheiten einige Aehnlichkeit hatte, wird gemerkt, behalten, verbreitet, und bei jeder Gelegenheit, als ein Beweis für die eingebildete Gültigkeit der Träume angeführt. So bei uns, und so auch bei den Indianern!

Nach geendigter Fastenzeit versammelt der Anführer seine Krieger und redet sie, mit dem obenbeschriebenen Gürtel Wampum in der Hand, folgendermaaßen an:

"Brüder, ich rede jetzt auf Eingebung des großen Geistes mit euch. Durch ihn werde ich
mein

mein Vorhaben, das ich euch jetzt entdecken will, ausführen können. Das Blut unserer gefallenen Brüder ist noch nicht völlig vertrocknet; ihre Körper liegen noch unbedeckt, und mir liegt es jetzt ob, ihnen diese Pflicht zu erzeigen.„

Er macht ihnen hierauf die Bewegungsgründe bekannt, die es nöthig machen, die Waffen gegen ein gewisses Volk zu ergreifen, und beschließt seine Rede ohngefähr mit folgenden Worten:

„Ich bin daher entschlossen, den Kriegesweg zu gehen, und sie zu überfallen. Wir wollen ihr Fleisch essen und ihr Blut trinken; wir wollen Häute von Erschlagenen und Gefangenen zurückbringen; und sollten wir bei dieser glorreichen Unternehmung umkommen: so werden wir nicht immer im Staube verborgen liegen. Dieser Gürtel soll die Belohnung dessen seyn, der die Todten begraben wird.„

Mit diesen Worten legt er den Gürtel auf die Erde; und der Krieger, der ihn aufnimmt, erklärt sich dadurch zu seinem Gehülfen, und wird von Stund an als der zweite Anführer angesehn. Es versteht sich indeß, daß keiner, als ein angesehener Krieger, der sich durch die Menge erlegter Feinde schon ein Recht zu dieser Stelle erworben hat, den Gürtel aufnehmen darf.

Wenn der Anführer sagt, daß sie das Fleisch ihrer Feinde essen und ihr Blut trinken wollten: so muß man das nicht buchstäblich verstehn. Es ist dies nur ein figürlicher Ausdruck, der weiter nichts sagen will, als daß sie sich an ihren Feinden rächen und ihre Augen an dem Blute derselben laben wollen. Indessen ist doch so viel wahr, daß sie zuweilen, um groß zu thun oder ihre Rachbegierde auf eine recht auffallende Weise zu befriedigen, das Herz ihres erschlagenen Feindes wirklich zu fressen und von dem Blute desselben zu trinken pflegen. Aber laßt uns unsre Augen von einem so scheußlichen und unnatürlichen Schauspiele, so geschwind wie möglich, wieder wegkehren, und die ferneren Vorbereitungen zu ihren Kriegen hören.

Wenn die jetztbeschriebene Feierlichkeit geendiget ist, so wird dem Anführer die schwarze Farbe wieder abgewaschen. Man besalbt ihn dafür mit Bärenfett, und bemahlt ihn hierauf roth, und zwar mit solchen Figuren, welche, ihrer Meinung nach, dem Feinde das meiste Schrecken einflößen

flößen können. Dann besingt er in einem Kriegesliede seine Heldenthaten, und betet darauf mit allen Kriegern zum großen Geiste, wobei jeder seine Augen gegen die Sonne richtet.

Und nun folgen die obenbeschriebenen Tänze. Den Beschluß macht ein Gastmahl, das gewöhnlich aus Hundefleisch besteht. Jeder Krieger, der den Anführer auf dem bevorstehenden Zuge begleiten will, erhält seinen Theil davon: er selbst aber bleibt, des vorhergegangenen langen Fastens ungeachtet, so lange als das Fest währt, ruhig mit der Pfeife im Munde sitzen, und erzählt die tapfern Thaten seiner Familie.

Unterdeß verfertigen die Priester, die zugleich ihre Aerzte sind, allerhand heilende Arzeneien für diejenigen, welche Wunden bekommen werden. Sie sammeln dazu, unter vielen Ceremonien, eine Menge Kräuter und Wurzeln, und behaupten, daß sie die heilenden Kräfte derselben durch ihre Gauckeleien vermehren können. So viel ist gewiß, daß diese Priester die medicinischen Eigenschaften vieler Kräuter kennen, und daß das nicht wenig dazu beiträgt, sie in den Augen des Volks ehrwürdig und wichtig zu machen.

Als

Als vor einiger Zeit ein deutscher Schriftsteller in gutgemeinter Absicht unsern vaterländischen Landgeistlichen rieth, daß auch sie in ihren Nebenstunden sich ein wenig auf die Heilkunde legen mögten: so sagten die Leute, der Mann ginge damit um, den ehrwürdigen Stand der Geistlichen zu degradiren, und die Religion umzustoßen. So verschieden wird eine und eben dieselbe Sache in verschiedenen Weltgegenden angesehn! —

Während der ganzen Zeit, die zwischen dem Tage, da der Krieg beschlossen ward, bis zum Abmarsche der Krieger verfließt, werden die Nächte mit Lustbarkeiten, die Tage mit nothwendigen Zurüstungen zugebracht.

Zuweilen wird für gut befunden, eine benachbarte Völkerschaft um ihren Beistand zu ersuchen. In diesem Falle wird einer von den Anführern, der die Sprache des andern Volks versteht und dabei ein guter Redner ist, erwählt und mit einem Wampumgürtel, nebst einer rothbemahlten Axt dahin geschickt. Auf dem Gürtel ist die Absicht seiner Sendung durch Figuren ausgedrückt, die jedem Indianer verständlich sind.

Sobald dieser den Wohnort des Volks erreicht, so beruft der dortige Anführer alsobald einen Rath zusammen, vor welchem der Gesandte erscheinen muß. Hier wirft er die Axt auf den

Boden, und erklärt mit dem Gürtel in der Hand, wozu man ihn abgeschickt habe. Er überreicht hierbei den Wampumgürtel und bittet sie, die Axt von der Erde aufzunehmen.

Ist man nun geneigt, den Antrag zu genehmigen, so tritt einer von den Anführern hervor, und nimmt die Axt auf. Dann kann die Hülfe suchende Völkerschaft versichert seyn, daß man sich ihrer treulich annehmen werde. Wird aber weder die Axt noch der Gürtel angenommen: so schließt der Abgesandte hieraus, daß man sich schon mit den Feinden seiner Nation verbunden habe, und eilt, so sehr er kann, um die unangenehme Nachricht hiervon zurückzubringen.

Jetzt muß ich meinen jungen Lesern auch die Art erzählen, wie die Indianer bei ihrer Kriegserklärung zu verfahren pflegen.

Diese besteht darin, daß sie eine am Stiel rothbemahlte Axt durch einen Sklaven überschicken. Dieser Auftrag ist gefährlich; denn oft muß der Bote, indem er sich desselben entlediget, mit seinem Leben dafür büßen. Nichtsdestoweniger wird er immer treulich ausgerichtet.

Oft

Oft erregt dies Herausforderungszeichen bei dem Volke, dem es zugesandt wird, eine solche Wuth, daß sogleich ein kleiner Trupp von demselben davon rennt, ohne erst die Erlaubniß der ältern abzuwarten, um den ersten den besten von der angreifenden Nation, der ihnen aufstößt, auf die grausamste Weise umzubringen. Sie hauen nemlich einem solchen unglücklichen Opfer ihrer Wuth den Leib auf, und stecken eben eine solche Art, als ihnen überschickt ward, auch wol einen Spieß oder einen Pfeil, dessen Ende roth gemahlt ist, in das Herz desselben. Dann verstümmeln sie seinen Körper an verschiedenen Theilen, wodurch sie ihren Feinden zu erkennen geben wollen, daß man sie nicht für Männer, sondern für schwache und wehrlose alte Weiber halte.

Selten ziehn die Indianer in großen Haufen zu Felde; denn da müßten sie auch Anstalten für ihren Unterhalt auf den langen Märschen durch öde Wälder oder über Moräste und Seen, treffen, und das würde ihnen mehr Mühe machen, als sie sich geben mögen. So aber nehmen sie weder Gepäck, noch Lebensmittel mit. Jeder Krieger trägt, ausser seinen Waffen, bloß eine Matte, und verläßt sich darauf, daß er auf dem Marsche Wild oder Fische zu seinem Unterhalte finden werde.

So lange sie dem Feinde noch nicht sehr nahe zu seyn glauben, sind sie wenig auf ihrer Hut. Sie zerstreuen sich vielmehr in die Wälder, um der Jagd obzuliegen, und zuweilen bleiben kaum zwölf Krieger zusammen. Aber wenn sie auch noch so weit sich vom Kriegswege entfernen: so kann man doch vollkommen sicher seyn, daß sie sich zu bestimmter Zeit wieder auf dem Sammelplatze einfinden werden.

Die hohe Meinung, die sie von sich selbst haben, macht, daß sie sich wenig Mühe geben, sich vor Ueberfällen in Sicherheit zu stellen. Sie schlagen daher ihre Zelte lange vor Sonnenuntergang auf, so daß der Feind, wenn er will, den Ort ihres nächtlichen Aufenthalts bemerken kann. Dann legen sie sich, ohne Posten auszustellen, ruhig schlafen, und verlassen sich auf den Schutz ihrer Hausgötter — der obenbeschriebenen Otter- oder Marderfelle — die sie immer mit sich führen, und von denen sie, trotz ihrer öftern Erfahrung vom Gegentheil, fest versichert sind, daß sie Schildwachenstelle für sie vertreten. Diese Felle werden bei einigen Völkerschaften Manitus; bei andern Wákon d. i. Geister, genannt, und sie stehen bei ihnen in ausnehmender Achtung.

Die-

Diese ihre Unvorsichtigkeit hört indeß auf, sobald sie sich innerhalb der feindlichen Grenzen befinden. Dann werden sie auf einmal äusserst behutsam. Sie zünden weiter kein Feuer an, man hört sie nicht mehr schreien, und sie gehen nun nicht mehr auf die Jagd. Ja sie erlauben sich nicht einmal mehr mit einander zu sprechen; sondern theilen sich ihre Gedanken durch Zeichen und Geberden mit.

Von offenbaren Angriffen halten sie nichts; denn sie glauben, daß sie davon wenig Ehre haben würden. Destomehr legen sie sich auf Kriegslisten und plötzliche Ueberfälle, als welche sie für ungleich rühmlicher halten. Selten greifen sie an, wenn nicht der Vortheil ganz offenbar auf ihrer Seite ist. Finden sie daher den Feind auf seiner Hut, oder zu gut gedeckt, oder zu zahlreich: so ziehen sie, wenn's ihnen immer möglich ist, sich alsobald zurück. Die vorzüglichste Eigenschaft eines Hauptkriegers besteht bei ihnen darin, daß er einen Angriff gehörig zu ordnen, und viele Feinde mit geringem Verluste zu erlegen wisse.

Ihre Angriffe thun sie gewöhnlich kurz vor Tagesanbruch, weil sie alsdann ihre Feinde im tiefsten Schlafe zu finden hoffen. Die ganze vorhergehende Nacht liegen sie platt auf der Erde, und nähern sich, auf Händen und Füßen kriechend, bis auf einen Bogenschuß dem feindlichen Lager. Jetzt springen sie, auf ein von dem Hauptkrieger gegebenes Zeichen, alle auf, schießen ihre Bogen ab, und stürzen, ohne ihren Gegnern Zeit zu lassen, sich von ihrer Verwirrung zu erholen, mit ihren Aexten und Streitkolben über sie her.

Zuweilen verbergen sie sich hinter Bäumen, Hügeln oder Felsen, thun alsdann etliche Schüsse, und ziehn sich unentdeckt wieder zurück. Diejenigen Europäer, welche diese indianische Art zu fechten noch nicht kannten, haben oft die schrecklichsten Wirkungen davon erfahren.

Wenn die Indianer in ihrem Ueberfalle glücklich sind, so läßt sich die fürchterliche Scene ihrer Wuth nicht beschreiben. Die Grausamkeit der Sieger und die Verzweifelung der Besiegten, die sehr gut wissen, was für ein Schicksal ihnen bevorsteht, wenn sie gefangen werden, machen, daß beide ihre äussersten Kräfte anstrengen. Der Anblick der Streitenden, die alle roth und schwarz bemahlt und mit dem Blute der Erschlagenen besudelt sind, das fürchterliche Geheul und ihre

grän-

gränzenlose Wuth übersteigen alle Begriffe eines Europäers.

Ich bin oft ein Zuschauer davon gewesen; einmal nahm ich sogar selbst auf eine sehr traurige Weise Antheil daran, und mein gänzliches Unvermögen, Widerstand zu leisten, machte den Auftritt noch schrecklicher für mich. Noch schwebt mir jeder Umstand davon im Gedächtnisse; und eine Erzählung davon wird die viehische Wuth der Indianer in ein eben so helles als schreckliches Licht stellen.

16.
Ein Beispiel von indianischer Grausamkeit.

Als General Webb, der 1757 die englische Armee in Nordamerika anführte, bei dem Fort Edward sein Lager hatte: so lief die Nachricht ein, daß die französischen Truppen unter dem General Montcalm gegen das Fort William Henry anrückten. Auf diese Nachricht schickte er ein Corps von 1500 Mann, die theils aus Engländern, theils aus Provinzialen oder amerikanischen Landtruppen bestanden, zur Verstärkung der Besatzung ab.

Ich selbst befand mich mit dabei, und zwar als Freiwilliger bei den Provinzialen.

Diese Vorsorge des englischen Befehlshabers war nicht vergeblich; denn nicht lange nach unserer Ankunft sahen wir den Georgensee, woran das Fort liegt, mit einer unzähligen Menge von Böten bedeckt. Einige Stunden darnach wurden wir förmlich angegriffen; und unser Feind bestand aus 11000 Franzosen und 2000 Indianern. Wir selbst waren nur 2300 Mann stark, und der tapfre Oberste Monro war unser Befehlshaber.

Dieser vertheidigte sich mit großer Entschlossenheit. So oft der französische General ihn auffordern ließ, gab er jedesmal zur Antwort: er sähe sich noch recht gut im Stande, ihm zu widerstehen, und könne, sobald er es bedürfte, Verstärkung von der englischen Armee erhalten.

Dies letztere war indeß ohne Grund. Denn General Webb, den er wirklich um Hülfe ersuchen ließ, schrieb ihm zurück: daß er das Fort unter guten Bedingungen nur immer übergeben mögte, weil es nicht in seinem Vermögen stünde, ihm Beistand zu leisten. Unglücklicher Weise war dieser Brief dem französischen General in die Hände

de gerathen. Dieser ließ hierauf den englischen Commendanten sogleich um eine persönliche Zusammenkunft ersuchen; und diese ward bewilliget. Beide Befehlshaber kamen hierauf, von einer kleinen Wache begleitet, mitten zwischen den Verschanzungen zusammen, und General Montcalm verlangte, daß das Fort, als dem Könige, seinem Herrn, zugehörig, ihm übergeben würde. Der Oberste Monro erwiederte, daß er nicht wüßte, worin das angebliche Recht des Königs von Frankreich auf diesen Platz bestünde, und daß er sich ferner tapfer zu vertheidigen gedächte.

Der französische Befehlshaber zog hierauf den aufgefangenen Brief des Generals Webb hervor, und sagte: "Hier ist die Vollmacht, die mich berechtiget, das Fort in Besitz zu nehmen!„ Der Oberste las, erstaunte, und sahe sich nunmehr gezwungen, sich in Unterhandlungen einzulassen.

Das Fort wurde übergeben, und der Besatzung, ihrer bewiesenen Tapferkeit wegen, verwilliget, mit allen militairischen Ehrenzeichen abzuziehen. Man versprach ihr überdem bedeckte Wagen, zur Abführung ihres Gepäcks, und eine Wache, die sie gegen die Wuth der Wilden schützen sollte. Aber dieser Vertrag blieb schändlicher Weise unerfüllt.

Unser Corps, welches jetzt auf 2000 Mann, Weiber und Kinder ungerechnet, zusammengeschmolzen war, mußte sich am folgenden Morgen innerhalb der Festungswerke formiren, und war eben im Begriff abzumarschiren, als eine große Menge Indianer sich um uns her versammelte und zu plündern anfing. Wir ließen dies geschehen, theils weil wir es nicht hindern konnten, und theils weil wir hoften, daß sie sich damit begnügen würden. Man hatte uns nemlich zwar die Gewehre, aber nicht eine einzige Patrone gelassen. /

Aber bei dem bloßen Plündern blieb es nicht. Denn bald darauf fielen die wüthenden Indianer unsere Kranken und Verwundeten an. Diejenigen davon, welche noch kriechen konnten, suchten sich zwischen unsern Gliedern zu retten; die übrigen alle wurden, ihres Schreiens und Jammerns ungeachtet, erbärmlich niedergemacht.

Unsere kleine Armee fing jetzt an sich in Bewegung zu setzen und vorzurücken: allein nicht lange, so sahen wir, daß unser Vortrab zurückgetrieben wurde; wir selbst wurden von den Wilden

den ganz umringt. Sehnsuchtsvoll blickten wir nach der Wache aus, welche die Franzosen uns versprochen hatten; aber diese blieb leider! aus. Die Indianer wurden mit jedem Augenblicke frecher und wüthender, und jetzt fingen sie an, uns die Waffen und Kleider abzureissen, und schlugen jeden, der sich ihnen widersetzen wollte, mit der Streitaxt nieder.

Ich war im Vortrabe, und nahm an dem Schicksale meiner Gefährten Theil. Einige Wilde packten mich wüthend an, und rissen mir meine Kleidungsstücke, meine Schnallen und mein Geld weg. Ich erblickte in diesem Augenblicke eine französische Schildwache, welche nahe bei mir stand, und lief zu ihr hin, um Schutz bei ihr zu suchen: aber der Kerl schalt mich einen englischen Hund, und stieß mich wieder mitten unter die Wilden zurück.

Ich bemühete mich jetzt, einen Trupp von unsern Leuten zu erreichen, der sich in einiger Entfernung gesammelt hatte: aber man schlug von allen Seiten her so gewaltig auf mich los, daß ich gewiß hätte erliegen müssen, wenn die Indianer nicht so gedrengt gestanden hätten, daß sie dadurch gehindert wurden, ihre Hiebe gehörig zu voll-

vollführen. Einer verwundete mich indeß mit einem Spieße in der Seite, und ein anderer versetzte mir eine Spießwunde am Knöchel. Dennoch erreichte ich glücklich den Fleck, wo meine Landsleute standen, und drängte mich mitten unter sie. Ich hatte unterdeß nicht bloß alle meine Kleidungsstücke verlohren, sondern man hatte mir auch mein Hemd so zerrissen, daß nichts als der Kragen und die Vordertheile der Aermel davon noch übrig waren. Ausserdem trug ich überall sichtbare Spuren von wüthenden Handgriffen der Wilden.

Ich glaubte jetzt, der größten Gefahr entronnen zu seyn; aber in diesem Augenblicke erhoben die Indianer ihr fürchterliches Kriegsgeschrei, und fingen zugleich an, alle die ihnen nahe waren, ohne Unterschied zu ermorden. Es ist mir unmöglich, das Schreckliche dieses Auftritts mit Worten auszudrücken. Männer, Weiber und Kinder wurden auf die grausamste Weise ermordet und auf der Stelle geschunden. Viele der wilden Unmenschen tranken das Blut ihrer Schlachtopfer, so wie es warm aus ihren Wunden floß! —

Und das alles sahen unsre christlichen Landsleute, die Franzosen, so mit an, ohne im mindesten

beſten daran zu denken, ihr Verſprechen gegen uns in Erfüllung zu bringen! Mit Empfindungen, die ſich nicht ausdrücken laſſen, ſahe ich die franzöſiſchen Officiere deutlich in einiger Entfernung herumſpatzieren, und bei dem Jammergeſchrei der Unſrigen ganz gleichgültig mit einander reden. Schande über dieſe chriſtlichen Ungeheuer! Zwar will ich zur Ehre der Menſchheit mich gern überreden, daß dieſe ſchändliche Verletzung des Völker= und Menſchenrechts mehr durch die unbändige Grauſamkeit der Indianer, als durch die Treuloſigkeit des franzöſiſchen Befehlshabers veranlaßt wurde: allein man ſollte doch glauben, daß zehntauſend chriſtliche Truppen dem Morden von zweitauſend Indianern leicht hätten Einhalt thun können, wenn ſie nur gewollt hätten.

Das Blutbad wurde nunmehr immer größer. Der Kreis, in dem ich mich befand, hatte ſchon ſehr abgenommen, weil einer nach dem andern daraus niedergeſchlagen wurde. Einige der Entſchloſſenſten unter uns ſchlugen daher vor, alle unſere Kräfte zuſammenzuraffen, um durch die Wilden durchzubrechen. So verzweifelt dies Mittel auch zu ſeyn ſchien, ſo ergriffen wir es doch, als das einzige, welches uns zu unſerer Rettung nun noch übrig war.

Es

Es stürzten sich daher ohngefähr zwanzig von uns mitten unter die Indianer; aber es währte kaum einen Augenblick, so waren wir schon von einander getrennt. Der eine suchte sich hier, der andere dort einen Weg zu bahnen, der eine fiel, der andere wurde gepackt. Nur sieben von uns hatten, wie ich in der Folge erfuhr, das Glück, sich durchzuschlagen.

Wenn ich jetzt noch an die Art, wie ich mich zu retten suchte, zurückdenke, so kommt mir meine Erhaltung wie ein Wunder vor, und ich begreife kaum, wie sie bewerkstelliget werden konnte. Was ich mich davon erinnere, ist dieses. Ich stieß einige nieder, andern entging ich durch meine Geschwindigkeit. Endlich aber packten mich zwei starke Anführer, die, wie ich an ihrer Bekleidung sehen konnte, zu den wildesten Stämmen gehörten, bei den Armen, und schleppten mich fort.

Jetzt hielt ich mich für verlohren: allein sie hatten mich kaum einige Schritte weit fortgezogen, als ein Engländer, vielleicht von Stande, wie aus seinen rothen sammtnen Beinkleidern, der einzigen ihm noch übrigen Bedeckung, zu schließen war, dicht bei uns vorbei stürzte. Augenblicklich ließ einer der beiden Indianer mich wieder fahren,
um

um jenen zu haschen. Er ergriff ihn auch, allein der Engländer war ihn überlegen, und warf ihn zu Boden. Dieser würde nun vermuthlich glücklich entkommen seyn, wenn nicht der andere Indianer, der mich bis dahin gehalten hatte, seinem Gefährten zu Hülfe gesprungen wäre. Ich machte mir diesen Augenblick zu Nutze, und lief nach einen noch ungetrennten Haufen von Engländern hin, den ich in einiger Entfernung vor mir sahe. Ich warf im Laufen einen mitleidigen Blick auf den Engländer, dem ich meine Rettung zu danken hatte, und sahe mit Grausen und Bejammern, daß der zweite Indianer ihn von hinten zu mit seiner Streitaxt niederhieb.

Kaum war ich einige Schritte weiter gekommen, so lief ein kleiner niedlicher Knabe auf mich zu, und flehete, daß ich ihn anfassen und ihn mit mir fortziehen mögte. Ich wollte, aber ich konnte ihn nicht retten. Er ward bald, ohne daß ich es hindern konnte, von mir gerissen, und aus seinem Schreien zu urtheilen, ermordet. Das Schicksal dieses armen Kindes verursachte mir unaussprechlichen Schmerz.

Jetzt befand ich mich wieder unter Freunden; allein wir waren nicht im Stande, einander zu
schü-

schützen. Jeder suchte für sich dem Verderben zu entrinnen, so gut er konnte. Was mich betrift, so setzte ich meine letzte Hofnung auf einen nahe vor uns liegenden Wald, den ich zu erreichen suchte. Ich erreichte ihn glücklich; allein ich war nun auch so ganz ausser Athem und abgemattet, daß ich mich halb todt unter einen Busch auf die Erde warf.

Auch hier verfolgte mich das Schrecken des Todes. Es liefen nemlich ein Paar Wilde bei mir vorbei, welche vermuthlich mich entwischen sahn, und mich wieder einholen wollten. Ich war jetzt zweifelhaft, ob es sicherer wäre, mich hier zu verbergen, bis die Nacht einbräche, oder tiefer ins Gehölz zu flüchten. Aus Furcht, daß die Indianer zurückkommen und mich finden mögten, wählte ich das letzte, und eilte so schnell davon, als die Dornsträuche und der Verlust eines meiner Schuhe mir nur erlauben wollten. Nach einigen Stunden erreichte ich einen Berg, von dem ich den schrecklichen Schauplatz übersehen und ganz deutlich wahrnehmen konnte, daß das Blutvergießen noch immer fortwährte.

Um meine Leser nicht zu ermüden, will ich nur noch hinzusetzen, daß ich drei Tage und drei Nächte, ohne Speise und Schlaf herumirrte, bis

ich

ich endlich so glücklich war, das englische Lager bei Fort Edward zu erreichen, wo ich durch gehörige Verpflegung bald wieder zu meiner vorigen Stärke und Munterkeit gelangte.

Man rechnet, daß die Wilden an diesem traurigen Tage funfzehnhundert Personen theils umbrachten, theils gefangen wegschleppten. Von den letztern fanden nachher nur wenige den Rückweg in ihr Vaterland, nachdem sie eine lange und höchsttraurige Gefangenschaft ausgestanden hatten.

Um den Vorwurf, den diese schreckliche Geschichte auf die französische Nation bringen könnte, der Gerechtigkeit gemäß zu mildern, füge ich noch hinzu, daß ich in der Folge durch viele Beweise überzeugt ward, daß die Grausamkeit und Treulosigkeit des Generals Montcalm von seinen Landsleuten durchgängig gemißbilliget wurde. Ein kanadischer Kaufmann z. B. wollte auf die erste Nachricht von der Eroberung des Forts William Henry ein großes Freudenfest anstellen; aber kaum hatte er von dem dabei vorgefallenen unmenschlichen Blutbade gehört, als er alles sogleich wieder abbestellte und seinen Unwillen über das Verfahren des Generals laut zu erkennen gab.

Genug von einer Geschichte, die ich aus den Jahrbüchern der Menschheit für immer auszulöschen wünschte. Ich hatte meinen Lesern ein Beispiel von der grausamen Wuth der Indianer gegen ihre Feinde versprochen; und ich denke, ich habe nur zu gut Wort gehalten. Ich hielt es aber für nützlich, dieses schreckliche Beispiel auszuheben, um den jungen Leser nicht durch das sonstige Gute, welches ich von diesen uncultivirten Menschen erzählt habe, zu dem unreifen Gedanken zu verleiten, daß der rohe und ungesittete Mensch besser, als der ausgebildete und gesittete sey. Alles wohl erwogen, haben wir die größte Ursache von der Welt, mit unserm Schicksale, in Europa und unter cultivirten Menschen zu leben, höchstzufrieden zu seyn, und Gott dafür zu danken. Ich hoffe, diese wahre und zu unserer Zufriedenheit nöthige Empfindung in den Gemüthern meiner jungen Leser durch obige Erzählung sattsam erweckt zu haben. Also genug davon!

17.

Fortsetzung von der Art der Indianer Krieg zu führen.

Ich habe schon oben angeführt, daß die Indianer gewöhnlich nicht viel Sorgfalt darauf verwenden, sich vor Ueberfällen zu sichern; aber daß sie desto unerschöpflicher an List und Verschlagenheit sind, wenn es darauf ankommt, selbst einen Ueberfall zu bewerkstelligen. Dabei kommt ihr angebohrnes Talent, die Spur ihrer Feinde, selbst da, wo sie einem europäischen Auge gar nicht weiter sichtbar ist, mit Sicherheit zu verfolgen, ihnen ausserordentlich zu statten. Auf dem kürzesten Grase, auf dem härtesten Boden, ja sogar auf Steinen können sie die Fußstapfen nicht bloß erkennen, sondern auch daraus bestimmen, ob eine Frau oder ein Mann sie eingedrückt habe, ja sogar — so unglaublich dies auch immer klingen mag — zu welcher Völkerschaft derjenige gehörte, von dem sie herrühren. Ich würde diese Versicherung für eben so übertrieben halten, als sie meinen Lesern vorkommen muß, wenn ich nicht selbst so viele Proben davon gesehn hätte, daß ich die Wahrheit der Sache gar nicht weiter bezweifeln kann.

Wäh-

Während eines Gefechts schlagen sie ohne Gnade und Barmherzigkeit alles todt, was ihnen vorkommt. Sobald sie aber ihres Sieges gewiß sind: so schaffen sie erst alle diejenigen aus dem Wege, deren Fortbringung ihnen zu viel Mühe machen würde, und dann erst suchen sie so viele Gefangene zu machen, als sie können.

Den Todten sowol als auch den schwer Verwundeten ziehen sie mit einer barbarischen Geschicklichkeit in einem Nu die Haut vom Kopfe. Dies beschaffen sie auf folgende Weise. Sie wickeln das Haar des unglücklichen Schlachtopfers um die linke Hand, setzen ihm einen Fuß auf den Hals und schneiden die dadurch ausgespannte Haut mit ihrem Schindemesser, welches sie immer dazu gut geschärft halten, in etlichen Schnitten herunter. Die ganze gräsliche Operation dauert kaum eine Minute. Diese abgezogenen Häute sind ihre Siegeszeichen, und sie heben dieselben, als Beweise ihrer Tapferkeit und ausgeübter Rache, sorgfältig auf.

Packen zwei Indianer einen Gefangenen zugleich an, und können sie nicht sogleich eins darüber werden, wem von beiden er eigentlich gehören solle: so kommen sie dem Streite, der darüber

über entstehen könnte, dadurch zuvor, daß sie den unglücklichen Zankapfel mit ihrer Axt oder Streitkolbe alsobald aus dem Wege räumen.

Sobald sie einen Sieg erfochten und so vielen Schaden gestiftet haben, als ihnen möglich war, ziehen sie sich, aus Besorgniß die Früchte des Sieges wieder einzubüßen, auf das eilfertigste nach ihrem Lande zurück.

Merken sie aber auf ihrem Rückzuge, daß ihnen nachgesetzt werde: so suchen sie zuvörderst ihren Verfolgern durch allerhand Kunststücke zu entgehn. Sie streuen Sand oder Blätter über ihre Fußtapfen, treten einer in des andern Spur, um ihre Anzahl zu verbergen, oder treten so leise zu, daß man gar keinen Eindruck davon bemerken kann. Will dies alles nicht helfen, und gerathen sie dennoch in Gefahr, eingeholt zu werden: so bringen sie ihre Gefangenen um, ziehen ihnen die Kopfhaut ab, und sprengen hierauf aus einander, um ihr Land auf diese Weise desto leichter wieder zu erreichen.

Ihre eigenen Verwundeten schleppen sie auf Bahren fort, oder ziehen sie auf Schlitten hinter sich her, wenn es grade im Winter ist.

Die

Die Bahren sind nur ganz grob aus Aesten und Zweigen zusammengesetzt. Ihre Schlitten bestehn aus zwei dünnen Brettern, die zusammen ohngefähr zweiß Fuß breit und sechs Fuß lang sind. Sie stehn vorn etwas in die Höhe und sind auf den Seiten mit kleinen Leisten beschlagen. Auf diesen schlechtgemachten Schlitten ziehn sie große Lasten mit einem Riemen fort, der ihnen um die Brust geht. Dieser Zugriemen heißt Metump, und ist sehr künstlich gearbeitet.

Die Gefangenen bewachen sie auf dem Marsche mit äusserster Sorgfalt. So lange die Reise zu Lande geht, werden sie von ihren Ueberwindern festgehalten; schift man sich ein, so werden sie in dem Fahrzeuge angebunden. Zur Nachtzeit hingegen werden sie nackt auf die Erde gelegt, und mit den Armen, den Beinen und dem Halse an Hacken gebunden. Ausserdem bindet man ihnen Seile um die Arme oder Füße, die ein Indianer hält und daher gleich aufwachen muß, wenn sie sich bewegen.

Dieser ausserordentlichen Sorgfalt ungeachtet fand doch eine Frau aus Neuengland fast ganz allein Mittel, sich aus den Händen eines ganzen Haufens von Kriegern, der sie wegführte, zu erlös lösen und ihr Vaterland zu rächen. Diese Heldin hieß Rowe, und ihre Geschichte verdient, als ein Beispiel von weiblicher Entschlossenheit, aufbewahrt zu werden.

Man hatte sie, nebst ihrem unerwachsenen Sohne, schon zwei Tagereisen fortgeführt, und legte sich, als die Nacht wieder einbrach, zum zweitenmale schlafen. Sie selbst wurde auf die ebenbeschriebene Weise festgebunden, ihren Sohn hingegen, von dem man sich, seines Alters wegen, nichts Böses versah, hatte man freigelassen. Als nun der ganze Haufe in den tiefsten Schlaf versunken war, bemühete sie sich, ihrer Bande los zu werden. Dies gelang. Sie legte hierauf alle Waffen der Indianer bei Seite, gab ihrem Sohne eine Axt, und befahl ihm mit leiser Stimme, ihrem Beispiele zu folgen. Sie schlug hierauf mit einer zweiten Axt verschiedene Indianer nach einander todt, und ihr Sohn wollte ein Gleiches thun. Allein die Schwäche und Unentschlossenheit desselben hätte bald ihr ganzes Unternehmen vereitelt: denn er gab einem Indianer einen so leichten Schlag, daß er bloß davon erwachte. Sie kam indeß alsobald zu Hülfe, und schlug ihn nieder, bevor er seine Waffen finden konnte. Auf diese Art brachte sie nach und nach alle mit einander um, bis auf ein indianisches Weib, welches früh genug erwachte, um ihr entwischen zu können.

Die Heldin zog hierauf den Erschlagenen die Kopfhaut ab, und brachte sie, nebst den Kopfhäuten ihrer von den Indianern getödteten Landsleute, im Triumphe nach ihrem Wohnplatze zurück.

Auf dem Marsche werden die armen Gefangenen von ihren Ueberwindern gezwungen, den Todtengesang zu singen. Dieser hat gewöhnlich folgenden Inhalt:

„Ich gehe zum Tode, ich werde viel leiden müssen; aber ich will die größten Qualen, die meine Feinde mir anthun können, mit Standhaftigkeit ertragen. Ich will wie ein tapfrer Mann sterben, und zu den Helden gehn, die auf ähnliche Weise starben."

Dieser Gesang wird von Zeit zu Zeit wiederholt, bis sie das bestimmte Dorf oder Lager erreichen.

Wenn die Krieger so nahe gekommen sind, daß man sie hören kann, so schreien sie zu verschieschiedenen malen, um ihren Freunden den Erfolg ihres Zuges überhaupt kund zu thun. Ihr wiederholtes Todtengeschrei zeigt an, wie viel sie von ihren eigenen Leuten verloren haben, und ihr Kriegsgeschrei bezeichnet die Menge ihrer Gefangenen.

Das Todtengeschrei klingt ohngefähr, wie hu, hu, hup! und wird in einem kreischenden Tone so lange ausgehalten, als sie, ohne von neuem Athem zu holen, es ertragen können, und dann auf einmal mit einer plötzlichen Erhebung der Stimmen abgebrochen. Das Kriegsgeschrei ist diesem ähnlich, aber lauter, und wird dadurch, daß sie die Hand vor den Mund halten, etwas abgeändert. Beide kann man in einer beträchtlichen Entfernung hören.

So lange dies Geschrei währt, bleiben alle, die dadurch benachrichtiget werden sollen, voller Aufmerksamkeit stehen. Ist es geendiget, so läuft alles aus dem Dorfe, um die einzelnen Umstände der Begebenheit zu erfahren, und je nachdem die Nachricht freudig oder traurig ist, wird durch ein wiederholtes Freuden- oder Trauergeschrei darauf geantwortet.

Jetzt eröfnet sich ein unbarmherziges Schauspiel. Weiber und Kinder stellen sich, mit Knüppeln bewafnet, in zwei Reihen, und die armen Gefangenen müssen dazwischen hingehn. Sie schlagen dann auf diese Elenden so unbarmherzig los, daß sie kaum noch einige Spuren vom Leben übrig behalten. Nicht aus Schonung, sondern aus unmenschlicher Grausamkeit nehmen sie sich dabei wohl in Acht, ihnen keine völlig tödtlichen Schläge zu geben, weil sie sonst das teuflische Vergnügen einbüßen würden, sie noch grausamer zu quälen.

Nach diesem liebreichen Empfange werden den Gefangenen Hände und Füße gebunden, und die Anführer halten einen Rath, worin ihr Schicksal entschieden wird. Diejenigen, welche durch die gewöhnlichen Qualen sterben sollen, werden dem Hauptkrieger, die andern hingegen, denen man das Leben schenken will, dem Oberhaupte der Völkerschaft übergeben. Schon hierdurch erfahren die Gefangenen ihr unvermeidliches Schicksal, weil sie wissen, daß der Urtheilsspruch allemal unwiderruflich ist. Das erste nennen sie dem Hause des Todes, das andere dem Hause der Gnade zugeführt werden.

Ge=

Gefangene, die schon etwas bei Jahren sind, und sich durch ihre kriegerischen Thaten berühmt gemacht haben, erhalten niemals Pardon. Sie büssen vielmehr für das von ihnen vergossene Blut immer durchs Feuer. Ob aber jemand Thaten verrichtet habe, welche diese Todesart nach sich ziehn, das kann man, ohne sie zu kennen, an gewissen blauen Zeichen sehn, die sie an den Armen und auf der Brust tragen, und die einem Indianer eben so verständlich sind, als dem Europäer seine Buchstabenschrift.

Die Art, wie sie sich diese Hieroglyphen *) einprägen, ist folgende. Sie ritzen sich die Haut mit Fischzähnen oder scharfen Kieselsteinen auf, die sie vorher in eine gewisse Dinte von Kienruß getaucht haben. Dergleichen Zeichen sind nachher unauslöschlich und werden für einen großen Ehrenschmuck gehalten: aber dem Gefangenen gereichen sie allemal zum unvermeidlichen Verderben.

Die Art, wie diese Unglücklichen hingerichtet werden, macht die Menschheit schaudern. Aber so sehr auch meine Vorstellungskraft sich weigert, das gräuliche Bild einer solchen Scene zurückzurufen:

*) Sinnbilder.

rufen: so muß ich sie doch beschreiben, um meinen
Lesern noch einmal eine Veranlassung zu geben,
ihr Glück, unter ausgebildeten Menschen von
milderer Denkungsart zu leben, nach seinem ganzen großen Werthe zu schätzen.

Wenn das Todesurtheil über einen Gefangenen gefällt ist, so wird es ihm mit folgenden Worten angekündiget: Mein Bruder, fasse ein
Herz, du sollst verbrannt werden. Und der
Gefangene antwortet: Ganz wohl, mein Bruder; ich danke dir. *)

Man führt die zum Tode verurtheilten Gefangenen auf den Richtplatz, der gewöhnlich mitten
im Dorfe oder Lager ist. Hier werden sie ausge-
zogen und vom Kopf bis zu den Füßen schwarz
bemahlt. Man steckt ihnen auch eine Rabenfeder
auf den Kopf, und bindet sie, so ausgeputzt, an
einen Pfahl, um welchen Holzbündel herumliegen.

Aber die Absicht hiebei ist nicht, sie sofort aus
der Welt zu schaffen; man sucht vielmehr ihre
Qualen, so sehr als möglich, in die Länge zu
ziehn.

*) Aus Raynals Histoire philosophique &c.
Tom. VIII. Pag. 41.

ziehn. Die unglücklichen Schlachtopfer werden
dabei gezwungen, ihren Todtengesang anzustim:
men; und das thun sie auf eine umständliche Art
und mit vieler Feierlichkeit. Sie erzählen mit
vernehmlicher Stimme alle ihre tapfern Thaten,
und thun stolz auf die Menge der von ihnen er:
legten Feinde. Bei dieser Erzählung suchen sie
ihre Peiniger auf alle mögliche Art zu beleidigen
und aufzubringen, damit man im Zorn sie ge:
schwinder aus dem Wege räumen möge, als es
sonst geschehen würde. Zuweilen erreichen sie
auch dadurch ihre Absicht wirklich.

Das Verbrennen ist zwar die gewöhnlichste
Todesart der gefangenen Krieger, aber nicht die
einzige. Es giebt noch andere, wovon die eine
immer grausamer, als die andere ist.

Als ich mich bei den Ottagamiern aufhielt,
ward ein gefangener Illinese eingebracht, bei wel:
chem ich alle Grausamkeiten, welche die Indianer
gegen ihre Gefangenen ausüben, ansehen konnte.
Der Unglückliche ward am frühen Morgen in eine
kleine Entfernung von dem Orte geführt, und
daselbst an einen Baum gebunden. Hierauf er:
hielten alle Jungen aus dem Orte, deren es eine
große Menge gab, Erlaubniß, mit Pfeilen nach
ihm

ihm zu schießen. Da keiner von diesen über zwölf Jahr alt war, und sie ausserdem sehr weit von ihm standen: so konnten ihre Pfeile nicht tief in den Körper eindringen. Die Folge davon war, daß das unglückliche Schlachtopfer zwei volle Tage gequält wurde, bevor es den Geist aufgab.

Unterdessen besang der Gequälte mit ruhiger Umständlichkeit seine Kriegesthaten, und erzählte alle Kunstgriffe, die er angewandt hätte, seine Feinde zu überfallen. Er rechnete die Menge von Kopfhäuten und Gefangenen her, die er fortgeschleppt hätte. Er beschrieb alle die grausamen Martern, die er diesen angethan hätte, und schien, mitten im Gefühl seiner eigenen Qualen, bei dieser Erzählung das lebhafteste Vergnügen zu empfinden. Welch ein Grad von unmenschlicher Abhärtung!

Am meisten hielt er sich bei den Grausamkeiten auf, die er gegen Anverwandte seiner jetzigen Peiniger verübt hätte; und es schien, als wenn er es recht eigentlich darauf anlegte, sie durch alle mögliche Beleidigungen zur Vermehrung seiner Qualen anzureitzen, damit er Gelegenheit erhielte, desto größere Proben seiner Standhaftigkeit abzulegen. Selbst wie er schon

mit

mit dem Tode rang und nicht mehr sprechen konnte, sahe man noch Züge von Hohn und Stolz auf seinem Gesichte.

Auſſer der Befriedigung ihrer abſcheulichen Rachbegierde haben die Indianer bei dieſen barbariſchen Schauſpielen noch den beſondern Zweck, ihrer Jugend früh eine Neigung zur Grauſamkeit und zum Blutvergießen einzuflößen; und man muß geſtehn, daß ſie dieſe Abſicht nur gar zu gut erreichen.

Man erzählte mir unter andern Folgendes, woraus die Grauſamkeit der Indianer gegen ihre Feinde, und ihre Unempfindlichkeit bei eigenen Qualen noch mehr hervorleuchtet.

Ein Indianer, welcher auf die ebenbeſchriebene Weiſe gemartert wurde, berühmte ſich, er habe die Kunſt zu quälen noch viel beſſer verſtanden. Er habe ſeine Gefangenen an einen Pfahl gebunden, ihre Körper voller kleinen Splittern vom Lerchenbaume geſteckt, und dieſe dann angezündet. Seine Peiniger wären dagegen nur alte Weiber, die es gar nicht verſtünden, wie man einen tapfern Krieger hinrichten müſſe.

Dieſe

Diese barbarische Prahlerei hatte selbst für ein indianisches Ohr zu viel Beleidigendes. Einer von den Oberhäuptern unter den Siegern wurde dadurch so aufgebracht, daß er ihm das Herz aus dem Leibe riß, und damit den Mund verstopfte, welcher diese Abscheulichkeiten ausgesprochen hatte.

O Menschheit! Wo ist hier noch eine Spur von dir zu finden?

Ich übergehe eine Menge ähnlicher Geschichten, die, so wahr sie auch sind, doch allen Glauben übersteigen würden; und eile, meinen jungen Lesern eine etwas mildere Seite von dem kriegerischen Character der Indianer vorzuhalten.

Die jetztbeschriebenen Grausamkeiten üben sie gewöhnlich nur an gefangenen Kriegern aus. Gegen wehrlose Weiber, Kinder und junge Leute ist ihr Verfahren ordentlicher Weise minder barbarisch. Man hat Beispiele, daß sie gefangenen englischen Frauenspersonen mit aller Bescheidenheit und Achtung begegneten, und das Elend ihrer Gefangenschaft ihnen liebreich zu erleichtern suchten.

Sol=

Solche Personen, die man gewöhnlich dem Hause der Gnade zuführt, werden nachher unter diejenigen, welche Anverwandte verloren haben, als ein Ersatz für ihren Verlust ausgetheilt. Diese Austheilung geht immer ohne allen Streit vor sich; und wenn sie geschehen ist, so führt jeder seinen Antheil nach Hause. Hier werden die Gefangenen entfesselt, ihre Wunden, wenn sie welche haben, ausgewaschen und verbunden; worauf man sie ankleidet, und ihnen das beste Essen vorsetzt, das im Hause zu haben ist.

Während der Mahlzeit suchen ihre Herrn sie zu trösten. Sie ermuntern sie, fröhlich und gutes Muths zu seyn, da sie dem Tode entgangen wären, und versichern, daß, wenn sie ihnen treu dienen würden, sie auf ihrer Seite alles thun wollten, was in ihrem Vermögen stünde, um ihnen den Verlust ihrer Freunde und ihres Vaterlandes zu ersetzen. Hier wird meinen Lesern, so wie mir, gewiß wieder etwas wohl ums Herz.

Wenn erwachsenen Mannspersonen das Leben geschenkt wird, so fallen sie gewöhnlich denjenigen Wittwen zu, die ihre Männer im Kriege verloren haben. Diese heirathen sie auf der Stelle, wenn sie ihnen anstehen. Hat aber die Wittwe ihre Neigung schon auf einen andern geworfen, oder gefällt ihr der Gefangene nicht: so muß der arme Verschmähte gemeiniglich mit dem Leben büßen, besonders wenn die Frau sich in den Kopf gesetzt hat, daß ihr Mann in dem Lande der Geister einen Bedienten brauche.

In diesem traurigen Falle führen einige junge Leute den Gefangenen an einen abgelegenen Ort, und schlagen ihn da ohne Umstände todt. Von einem solchen nemlich, dem der Rath einmal das Leben geschenkt hat, glauben sie, daß er nicht werth sey, lange gequält zu werden.

Einst hatte man einen großen und wohlgewachsenen Mann gefangen genommen, der in der Schlacht verschiedene Finger verloren hatte. Er wurde einer Wittwe zum Ersatz für ihren verlornen Mann zuerkannt. Diese betrachtete ihn etwas genauer, und redete ihn hierauf mit folgenden Worten an: mein Freund, ich hatte dich ausgesucht, um mit mir zu leben. Aber da du, wie ich jetzt wahrnehme, unfähig geworden bist, zu kämpfen und mich zu beschützen: so sehe ich nicht, wozu das Leben dir noch nützen könne? Der Tod wird besser für dich seyn. "Ich glaub's," erwiedert der

Ge=

Gefangene. Wohl! sagt hierauf die Frau; du sollst noch diesen Abend an den Brandpfahl gebunden werden. Um deines eigenen Ruhms und um der Ehre meiner Familie willen, die dich aufnehmen wollte, denke daran, daß du deinen Muth nicht verleugnest! Der Wilde versprachs und hielt Wort. Man marterte ihn drei Tage lang; und er blieb unter den größten Qualen nicht bloß standhaft, sondern auch heiter und fröhlich. Seine neue Familie verließ ihn dabei nicht; sie ermunterte ihn von Zeit zu Zeit; reichte ihm zu trinken und Taback zum rauchen. — Welch Gemisch von Tugenden und Barbarei! *)

Die gefangenen Frauenspersonen fallen gemeiniglich Männern zu, die ihrer nöthig haben, und bei diesen werden sie größtentheils ganz gut gehalten. Die Knaben und Mädchen werden entweder von kinderlosen Eltern an Kindesstatt aufgenommen oder zu Sklaven gemacht. Zuweilen werden sie auch an die europäischen Handelsleute verkauft.

Eine Auswechselung der Gefangenen findet bei den Indianern gar nicht statt. Sie werden ent-

*) Raynal. Tom. VIII. pag. 41.

weder umgebracht, oder in Familien aufgenommen, oder zu Sklaven gemacht. Die beiden letztern haben auch durchaus keine Hoffnung, jemals wieder zu den Ihrigen zurückzukehren. Denn wollten sie sich auch durch die Flucht in Freiheit setzen, so würde ihr eigenes Volk, wenn sie zu ihm kämen, sie wieder zurückstoßen, weil man glaubt, daß sie durch die ihnen wiederfahrne Begnadigung, Angehörige des andern Volks geworden wären.

Dies werden sie auch wirklich. Sie treten nemlich in alle Rechte derer, an welcher Stellen sie gekommen sind, und es ist gar nichts Ungewöhnliches, sie nachher gegen ihr eignes Volk mit zu Felde ziehn zu sehn. Sollte ein solcher Mensch demohngeachtet zu entfliehen suchen und wieder gefangen werden: so wird seine Undankbarkeit aufs grausamste bestraft.

Die französischen Missionarien glaubten ein Werk der Menschlichkeit zu verrichten, wenn sie den Indianern Anleitung gäben, ihre Gefangenen lieber zu verkaufen, als sie umzubringen; und ihre Ueberredungen hatten den Erfolg, daß der Sklavenhandel auch in diesen Weltgegenden, wo er vorher unbekannt war, wirklich eingeführt wur=

wurde. Ihre Absicht hierbei war gut und lobens=
würdig: allein sie wurde nicht erreicht. Denn,
anstatt dem Blutvergießen dadurch vorzubeugen,
machten sie nur die Kriege zwischen den Indianern
weit häufiger und heftiger. Sie fochten nemlich jetzt
nicht mehr bloß aus Rache und Ruhmbegierde, son=
dern auch aus Gewinnsucht: denn sie vertausch=
ten ihre Gefangenen für hitzige Getränke, die sie
ungemein lieben, und fingen nicht selten Krieg
an, bloß um ihren Durst nach Brantewein oder
Rumm zu stillen.

Hierzu kommt, daß sie die gefangenen Krie=
ger nach wie vor ihrer grausamen Rachsucht auf=
opfern, und nur Weiber und Kinder verkaufen.
Es ist daher durch die Einführung des Menschen=
handels weit mehr bei ihnen verdorben, als ver=
bessert worden.

Als die Missionarien sahen, wie wenig der
Erfolg dieses von ihnen eingeführten Sklaven=
handels ihrer Absicht entsprach: so ersuchten sie
den damaligen französischen Statthalter von
Kanada, diesen schändlichen Handel zu verbie=
ten. Dies geschahe nun zwar, allein Verbote
sind oft leichter gegeben, als geltend gemacht.
So auch hier. Der Sklavenhandel wurde zwar
nicht mehr öffentlich, aber destomehr insgeheim

getrieben. Einige, die man darauf ertappte, gingen zu den Indianern über, heiratheten eine Indianerin, und verbannten sich für immer aus ihrem Vaterlande.

18.

Von der Art der Indianer, Frieden zu schließen.

Gewöhnlich sind die Kriege der Indianer erblich, und dauren von Geschlecht zu Geschlecht fast ununterbrochen fort.

Wird nun aber ein Waffenstillstand nöthig, so suchen beide Theile sorgfältig den Anschein zu vermeiden, als wenn sie den ersten Antrag dazu gethan hätten. Man wendet sich daher entweder an einen neutralen Stamm und überträgt diesem die Vermittelung, oder wenn ein Anführer der einen Parthei bei der andern selbst erscheint, um die Unterhandlungen anzufangen: so thut er es mit vielem Stolze; und giebt, auch wenn es mit seiner Völkerschaft noch so schlecht steht, im geringsten nicht nach, sondern sucht vielmehr zu beweisen, daß nicht ihr, sondern ihrer Feinde Vortheil es erfordere, Frieden zu machen.

Oft bringt der bloße Zufall einen Frieden zwischen Völkerschaften zu Stande, die sonst durch nichts vereiniget werden konnten. Dahin gehört folgendes Beispiel.

Einst wurden die Ottogamier von zweien Völkerschaften, den Irokesen und den Tschipiwäern, zugleich bekriegt. Nun unternahmen einmal im Winter tausend Irokesen eine Streiferei in das Gebiet ihrer Feinde; und, um ihre Anzahl zu verstecken, gingen alle hintereinander und traten sorgfältig einer in des andern Fußtapfen.

Allein dieser Vorsicht ohngeachtet wurde ihre Absicht dennoch von vier Tschipiwäern entdeckt, die aus der Richtung ihres Marsches und aus ihrer Behutsamkeit auf ihr Vorhaben schloßen. Ob nun gleich die Tschipiwäer selbst Feinde der Ottogamier waren, so entschloßen sie sich dennoch, diese von der ihnen bevorstehenden Gefahr zu benachrichtigen. Sie nahmen daher mit der ihnen eigenen Geschwindigkeit einen Umweg, und kamen auf der Wildbahn der Ottogamier an, ehe ein so großer Haufen, der noch dazu so behutsam anrückte, sie erreichen konnte. Sie fanden hier ohngefähr vierhundert Krieger, und gaben ihnen von der Annäherung ihrer Feinde Nachricht.

Die Anführer hielten sogleich einen Rath, und fanden, da sie ihre Familien bei sich hatten, daß es unmöglich wäre, sich durch die Flucht zu sichern. Sie beschlossen daher, eine recht vortheilhafte Stellung zu nehmen, und dann die Irokesen aufs wärmste zu empfangen.

Nicht weit von da waren zwei kleine Seen, die durch eine schmale aber lange Erdenge von einander getrennt wurden. Da sie nun vermutheten, daß die Irokesen darüber anrücken würden, so theilten sie ihr kleines Heer in zwei Haufen, wovon der eine dasjenige Ende des Passes, welches auf die Wildbahn stieß, besetzte, und daselbst ein Verhack von gefällten Bäumen machte, indeß der andere Trupp sich um die Seen herumzog und sich in der Gegend des andern Endes verbarg, um dem Feinde, wenn er sich erst innerhalb des Passes befände, den Rückweg abzuschneiden.

Dieser Plan glückte vortreflich. Sobald die Irokesen alle auf der Erdenge waren, so machte der zweite Haufen in ihrem Rücken gleichfalls ein Verhack, wozu sie das Holz schon in Bereitschaft hätten. Und nunmehr waren ihre Feinde auf beiden Seiten völlig eingeschlossen.

Die

Die Irokesen bemerkten die misliche Lage, worin sie sich befanden, bald, und berathschlagten sich über die Mittel, die sie zu ihrer Befreiung ergreifen müßten. Zu ihrem Unglücke war eben Thauwetter eingefallen. Das Eis auf den Seen war schon zu mürbe, als daß man darüber hätte hingehn können, und verhinderte gleichwol auf der andern Seite, daß man weder durch Flößen noch durch Schwimmen entwischen konnte. Es blieb ihnen also nichts mehr übrig, als ein Versuch sich durchzuschlagen. Dieser wurde nun zwar gemacht, aber ohne glücklichen Erfolg, und sie blieben also nach wie vor auf der Erdenge eingeschlossen.

In dieser äusserst gefährlichen Lage brachten sie mit der den Indianern eigenen Gleichgültigkeit einige Tage mit Fischen zu. Unterdeß war das Eis völlig geschmolzen, und sie hoften nun auf Flößen, wozu sie grade etliche Bäume auf der Erdenge fanden, über einen von den Seen zu gehn, und sich so aus ihrer Falle zu befreien. Allein die Ottagamier, die ihre Absicht merkten, schickten von jedem Haufen hundert und funfzig Mann ab, um ihnen die Landung streitig zu machen.

So wie nun die Irokesen sich dem Ufer näherten, empfingen die Ottogamier sie mit einem

Regen von Pfeilen und Kugeln. Darüber zur Verzweiflung gebracht, sprangen sie zwar ins Wasser, und schlugen sich durch; allein sie verloren doch dabei mehr als die Hälfte ihrer Leute, und zugleich den ganzen Vorrath von Pelzwerk, den sie den Winter über gesammelt hatten. Von dem letztern drangen die Sieger denjenigen Tschipiwäern, denen sie ihre Rettung zu verdanken hatten, das Beste auf, und schickten sie hierauf unter einer hinreichenden Bedeckung nach ihrem Lande zurück.

Dieser Vorfall brachte zwischen den Ottagamiern und Tschipiwäern, welche letztere das Betragen ihrer vier Landsleute vollkommen billigten, einen Frieden zu Stande, auf welchen nachher eine völlige Freundschaft folgte.

Wenn die Indianer eines Krieges, den sie Jahre lang gegen ein benachbartes Volk geführt haben, endlich müde werden, und durch eines andern Volkes Vermittelung einen Frieden zu Stande zu bringen wünschen: so pflegt die Art ihrer Unterhandlungen folgende zu seyn.

Eine Anzahl Anführer, sowol von ihren Landsleuten, als auch von dem vermittelnden Volke, ke, reisen nach dem Lande ihrer Feinde ab. Diese tragen die Friedenspfeife vor sich her, welche eben das bedeutet, was in Europa die weisse Fahne ist, und selbst bei den wildesten Völkerschaften mit großer Achtung aufgenommen wird. Mir ist wenigstens kein Beispiel bekannt geworden, daß irgend jemand, der die Friedenspfeife trug, eine Beleidigung erfahren hätte. Auch glauben die Indianer, daß der große Geist eine solche Uebelthat nie ungestraft lassen würde.

Die Gestalt der Friedenspfeife, welche die Franzosen *Calumet* nennen, ist folgende. Sie ist ohngefähr vier Fuß lang; der Kopf besteht aus rothem Marmor, und die Röhre aus einem leichten Holze, das mit vielfarbigen Sinnbildern schön bemahlt und mit Federn von den schönsten Vögeln geziert ist.

Jedes Volk hat dabei seine unterscheidenden Zierrathen, und die Indianer können gleich auf den ersten Blick bestimmen, welchem Stamme sie zugehört. Sie dient übrigens bei allen Unterhandlungen zum Schutz der Abgeordneten und zur Vorbereitung, und wird mit vielen Feierlichkeiten gebraucht.

Sobald die Oberhäupter sich versammlet und gesetzt haben, so füllt der Gehülfe des großen Kriegers sie mit Taback an, und hütet sich dabei sorgfältig, die Erde damit zu berühren. Wenn sie gestopft ist, so nimmt er eine völlig brennende Kohle aus dem Feuer, das gemeiniglich mitten in der Versammlung brennt, und legt sie auf den Taback. Ist dieser nun gehörig angebrannt, so wirft er die Kohle weg, und hält hierauf die Röhre erst gegen den Himmel und dann gegen die Erde. Hierauf drehet er sich in einem Kreise herum, wobei er sie immer wagerecht in der Hand hält. Dies alles nicht ohne Absicht und Bedeutung. Durch die erste Bewegung bietet er sie dem großen Geiste an, um seinen Beistand zu erhalten; durch die zweite glauben sie den Tücken der bösen Geister vorzubeugen, und durch die dritte den Schutz derjenigen Geister zu erlangen, welche, ihrer Meinung nach, die Luft, die Erde und das Wasser bewohnen.

Nach dieser feierlichen Religionshandlung wird die Pfeife dem Erbregenten des Volks gegeben, der etliche Züge daraus thut, und den Rauch erst gegen den Himmel, dann rund um sich herum auf die Erde bläst. Nachher geht sie auf die nemliche Art bei den Abgesandten und Fremden herum, wel-

welche ebendieselbe Ceremonie damit beobachten. Von diesen kommt sie an den Hauptkrieger und an die übrigen Oberhäupter in ihrer Ordnung. Der Anführer, der das Geschäft verrichtet, die Pfeife herumzureichen, hält sie dabei so leicht in der Hand, als wenn er befürchtete, dies heilige Werkzeug zu hart zu drücken. Die übrigen berühren sie gleichfalls nur eben mit den Lippen.

Nunmehr fangen die Unterhandlungen an. Gehen dieselben glücklich von statten, so wird, zum Zeichen, daß alle Feindseligkeit zwischen beiden Völkern aufgehört habe, die bemahlte Axt in die Erde gegraben. Bei den rohern Indianern, die keinen Handel mit Europäern treiben, wird anstatt der Axt eine Streitkolbe dazu gebraucht.

Sonst wird bei solchen Gelegenheiten auch noch ein Gürtel Wampum übergeben, der sowol zur Bestätigung des geschlossenen Friedens, als auch zur Erinnerung an die Bedingungen dient, unter welchen er geschlossen ward. Diese werden nemlich durch die Art, wie die Muschelknöpfe auf dem Gürtel zusammengesetzt sind, auf eine für alle Indianer verständliche Weise ausgedrückt, und so bis auf die späteste Nachkommenschaft fortgepflanzt.

19.

Von den Spielen der Indianer.

Es ist schon oben gesagt worden, daß die Indianer leidenschaftliche Spieler sind; nur daß sie sich von den Spielern in Europa dadurch unterscheiden, daß sie bei solchen Gelegenheiten ihre schätzbarsten Besitzungen verlieren können, ohne dadurch jemals aus ihrer ruhigen Gelassenheit zu kommen.

Sie haben viele Arten von Spielen; aber das Ballspiel ist ihnen unter allen das liebste und das gewöhnlichste. Ihre Bälle machen sie aus Rehfellen, und stopfen sie mit Haaren aus. Die Ballhölzer sind ohngefähr drei Fuß lang, und haben am Ende eine Art von Rakete, die wie eine flache Hand aussieht und aus Riemen besteht, die aus einer Haut geschnitten werden. Mit dieser Rakete fangen sie den Ball auf, und schlagen ihn wieder weit weg.

Gewöhnlich wird dieses Spiel von einer großen Menge zugleich gespielt, die sich oft über dreihundert beläuft. Zuweilen spielen nicht bloß ganze Dörfer, sondern auch ganze Stämme gegen ein-

einander; und die Art, wie dabei verfahren wird, ist folgende.

Zuerst werden zwei Pfähle, ohngefähr 1800 Fuß von einander in die Erde geschlagen; und hinter denselben hat jede der beiden Partheien ihr eigenes Quartier. Zwischen den beiden Pfählen, also in der Mitte der beiden Quartieren, wird der Ball in die Höhe getrieben, und jede Parthei bemüht sich, ihn in das ihrige zu schlagen. Diejenige Parthei, welcher dieses glückt, hat den Sieg davon getragen und erhält den ausgesetzten Preis.

Sie beweisen hierbei so viel Geschicklichkeit im Schlagen und Auffangen, daß der Ball fast immer in verschiedenen Richtungen im Fluge bleibt, ohne ein einziges mal während des ganzen Spiels die Erde zu berühren. Sie dürfen ihn aber bloß mit der Rakete, nie mit den Händen auffangen, so daß der Ball daher auch immer in Bewegung bleibt. Sie laufen dabei einander mit unglaublicher Geschwindigkeit nach, und wenn eben einer im Begriff ist, den Ball nach dem Revier seiner Parthei hinzuschlagen: so springt oft plötzlich ein Gegner hinzu, und schlägt ihn mit entgegengesetzter Richtung nach der seinigen.

Sie treiben dies schöne Spiel mit so vielem Eifer, daß sie sich oft dabei verwunden oder gar Arm und Bein zerbrechen; aber nie sieht man, daß dies aus Bosheit geschieht und nie hört man überhaupt dabei das Geringste von Uneinigkeit oder Zänkereien.

Ich nannte dieses Spiel ein schönes; und ich denke, meine jungen Leser werden mir darin beipflichten, wenn sie nur erwägen wollen, wie sehr der Körper dadurch an Gewandtheit, Hurtigkeit, Stärke und Gesundheit gewinnen müsse, da es nicht bloß in freier Luft gespielt wird, sondern auch mit den heilsamsten Leibesbewegungen verbunden ist. Wie unweise und zweckwidrig sind dagegen unsre europäischen Kartenspiele; welche weder dem Gemüthe eine angenehme Erholung gewähren, weil sie größtentheis ein angestrengtes Nachdenken erfordern, noch dem Körper irgend eine zuträgliche Bewegung verschaffen, weil sie sitzend verrichtet werden, sondern den armen Spieler zwingen, mehrere Stunden lang wie angenagelt dazusitzen, sich an Leib und Seele zu kasteien, und dadurch nicht bloß seine Gesundheit, sondern auch nicht selten seine Gemüthsruhe und sein ganzes Wohlergehen aufzuopfern. Möchten wir doch in diesem Stücke endlich einmal auch

so

so weise werden, als die von uns verachteten Indianer in dieser Betrachtung sind, und ihr freies Ballspiel, oder ähnliche mit Leibesübung verbundene Vergnügungen, an die Stelle unsrer verderblichen Stubenspiele setzen! Aber dazu ist dermalen noch wenig Anschein; der Strom der Gewohnheit und der allgewaltigen Mode wälzt sich unaufhaltbar fort. Wer vermag ihn abzudämmen? — Aber das vermag ein jeder von uns, sich für seine eigene Person von diesem Strome nicht fortreissen zu lassen, sondern ans Ufer zu schwimmen, und von da aus den reissenden und wirbelnden Fluthen desselben mit Mitleid über die Fortgerissenen zuzusehn. Wohl dem, der dies bei Zeiten thut!

Andere Arten von Spielen, welche bei den Indianern üblich sind, verdienen weniger unsre Aufmerksamkeit und Nachahmung, weil sie nicht so zweckmäßig sind. Ich will daher meine jungen Leser mit der Beschreibung derselben hier nicht aufhalten.

20.

Von den Heirathsceremonien der Indianer.

Das Gesetz, welches die Männer in christlichen Staaten verbindet, nur Eine Frau zu heirathen, ist den Indianern völlig unbekannt; sie richten sich also auch nicht darnach. Es ist vielmehr durchgängig die Vielweiberei bei ihnen eingeführt. Die Oberhäupter heirathen gewöhnlich sechs bis vierzehn Weiber; von den Geringern nimmt jeder so viel, als er, zusammt ihren künftigen Kindern, ernähren zu können glaubt.

Ein zweiter auffallender Unterschied, der hierin zwischen ihren und unsern Sitten herrscht, ist der, daß es bei ihnen erlaubt und gewöhnlich ist, zwei oder mehrere Schwestern zugleich zu heirathen. Ja es gibt Fälle, daß einer alle Töchter einer Familie, so viel ihrer auch sind, zugleich nimmt. Das Merkwürdigste hierbei ist — was nahe an das Unglaubliche grenzt — daß alle diese Weiber unter sich und mit ihrem gemeinschaftlichen Manne in der größten Eintracht leben!

Die

Die jüngern Frauen begegnen den ältern mit Ehrerbietung, und diejenigen, welche keine Kinder haben, verrichten für die andern, welche Mütter sind, beinahe Sklavendienste. So sehr wird es hier, wie ehemals bei den Juden, für einen Vorzug und für ein Glück gehalten, mit einer Nachkommenschaft gesegnet zu seyn! Was aber das Merkwürdigste ist, so werden die den geehrteren Mitweibern zu leistenden Dienste nie mit Unzufriedenheit und Murren, sondern allemal gern und willig geleistet, weil jede weiß, daß dies das Mittel sey, die Gunst des gemeinschaftlichen Mannes zu erwerben und zu erhalten.

Die Art, wie Heirathen geschlossen und Ehen wieder getrennt werden, ist fast bei allen indianischen Völkerschaften die nemliche.

Der junge Mann bemühet sich zuvörderst, die Einwilligung desjenigen Mädchens zu erhalten, auf welches er seine Neigung geworfen hat. Ist er hierin glücklich, so hat er von Seiten der Eltern nicht leicht ein Hinderniß zu besorgen. Er macht ihnen bloß seinen Wunsch bekannt, und es wird hierauf sofort ein Tag angesetzt, an welchem die Verwandten und Freunde von beiden Seiten sich in der Wohnung des ältesten Anverwandten vom Bräutigam zu einem Gastmale versammeln.

Hierbei ist die Gesellschaft oft sehr zahlreich. Man schmauset, tanzt und singt, und macht sich auf jede andere Art lustig, die bei ihren öffentlichen Festen üblich ist. Nach geendigter Lustbarkeit entfernen sich alle, welche nur aus Höflichkeit eingeladen waren; Braut und Bräutigam hingegen, nebst ihren ältesten Anverwandten bleiben. Von des Bräutigams Seite werden hierzu lauter Männer, und von Seiten der Braut lauter Weiber gewählt.

Die Braut geht hierauf mit ihren Verwandten weg, kehrt aber bald mit denselben an eine der Thüren des Hauses zurück, wo sie von dem Bräutigam empfangen, und auf eine mitten im Zimmer liegende Matte geführt wird. Hier fassen beide einen ohngefähr vier Fuß langen Stock an den Enden an, und halten ihn zwischen sich. In dieser Stellung bleiben sie eine Weile stehn, indeß die alten Männer eine der Sache angemessene kurze Rede halten.

Wenn diese geendiget ist, so erklären die beiden Brautleute öffentlich, daß sie Freundschaft und Liebe gegen einander fühlen; worauf sie zusammen tanzen und singen, doch so, daß sie noch immer den Stock zwischen sich halten. Dann wird

wird dieser Stock in so viele Theile zerbrochen, als Zeugen zugegen sind. Jeder empfängt davon ein Stück, und verwahrt dasselbe mit großer Sorgfalt.

Die Braut wird hierauf wieder nach dem Hause ihres Vaters zurückgeführt, wohin der neue Ehemann ihr folgt. Oft bleibt sie daselbst so lange, bis sie Mutter wird, und alsdann erst packt sie ihre Kleidungsstücke, worin gewöhnlich ihr ganzer Brautschatz besteht, zusammen, und folgt ihrem Manne nach seiner eigenen Wohnung.

So werden Ehen bei ihnen geschlossen; jetzt will ich erzählen, wie man sie, wofern es für nöthig erachtet wird, wieder zu trennen pflegt.

Eigentlicher Zank hat hier zwischen Eheleuten selten statt. Wenn aber irgend ein Mißvergnügen zwischen ihnen einreißt und eine Ehescheidung veranlaßt: so zeigen sie ihr Vorhaben einige Tage vorher ihren Freunden an. Dann kommen an dem bestimmten Tage diejenigen Zeugen, welche bei der Hochzeit zugegen waren, in dem Hause der Eheleute zusammen. Jeder bringt das Stück des Stockes mit, welches er am Hochzeitstage erhielt, und wirft es in Gegenwart der ganzen Gesellschaft ins Feuer.

Dies ist die ganze Ceremonie, nach deren Endigung das Paar für geschieden angesehen wird. Es geht dabei ohne allen Zank und Haß zu; und nach einigen Monaten haben die Geschiedenen die Erlaubniß, sich nach Gefallen wieder an einen andern zu verheirathen.

Auf den Fall, daß Kinder da sind, werden sie unter beide gleich vertheilt. Ist aber die Zahl derselben ungleich, so fallen der Frau die meisten zu.

Bei den Nadowessiern sind die Heirathsgebräuche etwas anders.

Wenn bei diesen ein junger Mann ein Mädchen heirathen will, so wird er von den Eltern desselben eingeladen, mit ihnen in ihrem Zelte zu wohnen. Indem er dieses Anerbieten annimmt, so macht er sich dadurch anheischig, ein ganzes Jahr lang die Stelle eines von ihren geringern Bedienten zu vertreten. Er geht alsdann, während dieser Zeit, für sie auf die Jagd, und bringt das Wild, welches er erlegt, der Familie. Dies dient dem Vater der Braut zum Probierstein,

ob

ob er auch im Stande sey, seiner Tochter und ihren künftigen Kindern den nöthigen Unterhalt zu verschaffen. Aber eben deswegen findet dieser Gebrauch auch nur bei denen statt, welche zum erstenmale heirathen, nicht aber bei denen, welche schon bewiesen haben, daß sie den Hausvaterpflichten eine Genüge leisten können.

Wenn nun diese Probezeit verflossen ist, so wird die Verheirathung selbst auf folgende Art vollzogen.

Bräutigam und Braut erscheinen, von ihren ältesten männlichen Anverwandten begleitet, auf einem freien Platze in der Mitte des Lagers, wo die Oberhäupter und Krieger des Stamms zu ihrem Empfange schon versammlet sind. Sobald jene ankommen, stellen diese sich auf beiden Seiten des Brautpaars in zwei Reihen; und das vornehmste Oberhaupt hält eine Rede. Er zeigt darin der Versammlung die Ursachen an, warum man hier zusammengekommen sey, und frägt darauf beide junge Leute insbesondere, ob es noch ihr Verlangen sey, als Mann und Frau mit einander verbunden zu werden? Wenn dies von beiden mit vernehmlicher Stimme bejaht worden ist, so schießen die die Krieger ihre Pfeile über die Köpfe

pfe derselben hin, und der Anführer erklärt sie hierauf für Mann und Frau.

Jetzt dreht der Bräutigam sich herum, bückt sich nieder, nimmt seine Frau auf den Rücken, und trägt sie unter dem Zurufe aller Umstehenden nach seinem Zelte. Daselbst wird ein so prächtiges Gastmal angestellt, als der junge Mann es aufbringen kann; und Gesänge und Tänze beschließen, wie gewöhnlich, das Fest.

Ehescheidungen fallen bei den Nadoweßiern so selten vor, daß ich nicht erfahren konnte, wie sie es damit halten.

Die Untreue im Ehestande wird bei den Indianern für ein eben so großes Verbrechen gehalten, als bei gesitteten Völkern. Die Strafe aber, welche einer Frau in solchem Falle wiederfährt, ist sehr sonderbar. Der Mann beißt ihr nemlich, bevor er sich von ihr scheidet, die Nase ab, damit sie, als eine schändliche Person, jedem gleich beim ersten Anblicke kenntlich sey. Ich sah, während meines Aufenthalts bei ihnen, ein Beispiel von dieser Strafe. Die Kinder werden bei dieser Gelegenheit, wie bei andern Ehescheidungen, unter beide Eltern gleich vertheilt.

Nichts

Nichts kann die Zärtlichkeit der Indianer gegen ihre Kinder übertreffen; und es giebt kein besseres Mittel, sich ihre Gunst zu erwerben, als wenn man diesen liebkoset. Daß ich selbst so gastfrei bei ihnen aufgenommen wurde, habe ich größtentheils den Geschenken zuzuschreiben, die ich den Kindern der Vornehmern machte.

Unter was für Gebräuchen die Indianer ihren Kindern einen Nahmen geben, habe ich nie erfahren können. Ich hörte bloß, daß sie es mit vielen Feierlichkeiten thun, und diesen Umstand überhaupt für eine sehr wichtige Sache ansehn. Gewöhnlich geschieht diese Benahmung erst nach den Jahren der Kindheit.

Ausserdem erhalten sie im männlichen Alter noch einen besondern Ehrennahmen, der eine Beziehung auf ihre Fähigkeiten und auf die Verdienste hat, die sie sich im Kriege und auf der Jagd erwerben. So hieß z. B. der große Krieger der Nadowessier *Ottatongümlischka*, der große Vater der Schlange, ein Titel, der fast eben so schwerfällig und sinnlos klingt, als unser Hochwohl- oder Hochgebohrner Herr. *Otta* bedeutet nemlich in der indianischen Sprache Vater; *tongüm* groß, und *lischka* eine Schlange. Ein anderer Anführer ward *Honapadschatin*, ein schneller Läufer über die Gebirge genannt, vermuthlich weil er sich durch eine ausserordentliche Geschwindigkeit im Laufen auszeichnete. Als sie einst mich zu ihrem Anführer erwählten, so erhielt ich den Nahmen *Schibago*, welches einen Schreiber oder einen Menschen bedeutet, der geschickt ist, Hieroglyphen zu mahlen, weil sie mich oft schreiben sahn.

21.
Von der Religion der Indianer.

Die Religion eines Volks gehört ohnstreitig zu denjenigen Gegenständen, auf welche der beobachtende Reisende, der dasselbe kennen zu lernen wünscht, seine Aufmerksamkeit ganz vorzüglich richten muß; weil man aus der Beschaffenheit derselben auf die Geistesbildung und auf den Character ihrer Bekenner schließen kann. Ich gab mir daher viel Mühe, das Eigenthümliche, welches die Indianer in dieser Rücksicht haben, zu erforschen; allein ich fand es sehr schwer, meine Absicht zu erreichen, und zwar aus folgenden Gründen.

Die Indianer sind von denjenigen Europäern, denen sie ihre Religionsbegriffe und Ceremonien

er

erzählten, so oft ausgelacht worden, daß sie, aus Besorgniß, wieder in den nemlichen Fall zu gerathen, sie jetzt vor uns zu verhehlen suchen. Hierzu kommt, daß ihre Begriffe über manche Dinge so dunkel und schwankend seyn mögen, daß sie selbst wol nicht vermögend sind, sie auf eine deutliche Weise wieder von sich zu geben. Man denke sich diese Leute in dieser Betrachtung, wie unsern gemeinen Mann, von dem man auch nicht leicht bestimmt erfahren kann, worin seine Religionsbegriffe eigentlich bestehen. Endlich muß man auch dieses noch in Erwägung ziehn, daß durch die französischen Missionarien manche Ideen und mancher Satz in das Religionssystem der Indianer gekommen seyn mag, welche vorher nicht dazu gehörten; so daß es jetzt schwer zu entscheiden ist, was sie hierin Eigenthümliches haben, und was hingegen von unsern europäischen Vorstellungsarten hinzugekommen sey.

Ich schränke mich hier bloß auf eine Beschreibung von der Religion der Nadowessier ein, so weit ich dieselbe kennen zu lernen Gelegenheit hatte: denn auch diese waren damit sehr zurückhaltend. Uebrigens scheint diese indianische Völkerschaft ihre alte Nationalreligion noch am lautersten erhalten zu haben, weil ihre Wohnplätze von den

den europäischen Kolonien zu weit entfernt sind, als daß sich von unsern Vorstellungsarten etwas bei ihnen hätte einschleichen können.

Die Idee von einem höchsten Wesen, dem Schöpfer, Erhalter und Regierer der Welt, ist dem menschlichen Geiste, sobald er nur ein wenig sich zu entwickeln beginnt, gar zu natürlich und gar zu nothwendig, als daß man sie nicht, mehr oder weniger geläutert und bestimmt, bei allen Völkern der Erde, auch bei den allerrohesten und wildesten finden sollte. Auch die Indianer entbehren dieser Hauptstütze unsers Wohlverhaltens und unserer Ruhe keinesweges. Sie erkennen vielmehr und ehren ein höchstes weltregierendes Wesen, welches sie den großen Geist nennen, und für die Urquelle alles Guten halten. Von diesem behaupten sie, er wolle und könne den Menschen nie etwas Böses zufügen; sondern er überschütte sie mit alle dem Segen, welchen sie durch ihre Aufführung verdienen.

Glücklich, wenn sie bei diesem wahren, der Gottheit würdigen Begriffe stehen geblieben wären; und nun ihr ganzes Bestreben bloß dahin gerichtet hätten, sich der Liebe und der Wohlthaten dieses guten Gottes durch Gerechtigkeit und wohl-
wol-

wollende Gesinnungen gegen ihre Mitgeschöpfe würdig zu machen! Aber es standen Priester unter ihnen auf, angebliche Diener und Vertraute der Gottheit, deren Vortheil es mit sich brachte, diese einfachen und reinen Religionsbegriffe mit Schreckbildern und geheimnißvollen Lehren zu vermischen, wodurch sie, die Lehrer und Ausleger derselben, eine unumschränkte Herrschaft über die Gemüther ihrer betrogenen Mitmenschen erhielten. Und nun wimmelte es in dem Religionssystem und in den Köpfen der Indianer von Geistern jeder Art, besonders von bösen, denen eben so viel Gewalt, als dem höchsten Wesen eingeräumt wurde, und von welchen sie sich weiß machen ließen, daß sie einen starken Einfluß auf alle menschliche Handlungen und Schicksale hätten; daß sie mit dem guten Geiste in einer ewigen Feindschaft stünden und die Absichten desselben zu vereiteln suchten, und daß sie daher auf nichts anders sännen, als darauf, den von dem guten Wesen geliebten Menschen so viel Schaden zuzufügen, als sie nur immer könnten. Eine, der menschlichen Vernunft unwürdige und höchstschädliche Vorstellungsart, wodurch da, wo sie einmal angenommen ist, dem finstersten und verderblichsten Aberglauben Thür und Thor geöfnet wird!

Dies

Dies war denn auch der Fall bei den Indianern. Ihr Glaube an das höchste Wesen wurde dadurch unkräftig, ihr Aberglaube hingegen in eben dem Maaße wirksam und mannigfaltig gemacht. Nun war es nicht mehr der große und gute Geist, der alles lenkte und regierte; es waren vielmehr in ihrer Vorstellung eben so viel Unterweltregenten und Weltverderber, als es besondere Gegenstände in der Natur giebt; und die Schicksale der Menschen hingen fernerhin mehr von diesen, als von jenem, ab. Jeder See, jeder Fluß, jeder Berg, jedes Thier, ja sogar Pflanzen und Steine hatten ihr besonderes unsichtbares Oberhaupt, unter dessen Aufsicht und Lenkung sie standen. Da mußte also auch jedes dieser mächtigen unsichtbaren Wesen gefürchtet und geehrt werden; da mußte denn auch jedem derselben nach der Vorschrift des Priesters, welcher Stellvertreter derselben war, geopfert werden:

Sacrifices and shews were prepar'd;
The Priests eat roast meat, and the people
star'd. *)

So ging es bei den Indianern; und grade eben so bei den meisten andern Völkern der Erde!

Ue-

---
*) Opfer und Gepränge wurden zugerichtet;
Die Priester aßen Gebratenes, und das Volk staunte

Uebrigens scheint der Begriff, den sie mit dem Worte Geist verbinden, noch lange nicht der unsrige zu seyn. Ich glaube nemlich bemerkt zu haben, daß sie sich ihre Geister nicht als einfache, sondern als körperliche Wesen denken, und ihnen eine Menschengestalt, aber freilich eine weit schönere, als die indianische, beilegen.

"Jeder Mensch hat, nach dem Glauben der Indianer, so wie jedes andere Wesen in der Natur, seinen besondern Schutzgeist. Dieser wird indeß nicht mit ihm gebohren, sondern er bekömmt ihn erst in demjenigen Alter, da er anfängt, Bogen und Pfeile zu führen. Zu dieser Zeit muß der junge Mensch sich sehr ernsten und harten Ceremonien unterwerfen. Man fängt damit an, ihm den Kopf schwarz zu färben; dann läßt man ihn acht Tage lang hungern, und man erwartet, daß der Geist, der dem Jünglinge zugesellt werden soll, sich demselben durch irgend ein Bild im Traume zu erkennen geben werde. Ein solches Bild braucht indeß gar nichts seltenes oder ausserordentliches zu seyn, um dafür gehalten zu werden. Bald ist es der Fuß eines Thiers, bald ein Stück Holz oder irgend eine andere ganz alltägliche Sache. Ist dem jungen Menschen etwas dieser Art im Traume vorgekommen, so wird das so angesehn,

sehn, als wenn sein nunmehriger Schutzgeist sich ihm dadurch zu erkennen gegeben habe; und dies Bild bleibt ihm heilig, so lange er lebet. Man unterrichtet ihn nemlich zu gleicher Zeit von der Ehrfurcht, die er dem ihm vorgekommenen Dinge, als seinem Schutzgeiste, schuldig sey; sticht ihm die Figur desselben in die Haut, und beschließt hierauf die Feierlichkeit mit einem tüchtigen Schmause.„

„Die Weiber haben zwar auch ihren Schutzgeist; aber sie scheinen ihn lange nicht für so wichtig zu halten, als die Männer; vermuthlich, weil sie seltener in Gefahren gerathen, wobei sie eines höhern und unsichtbaren Schutzes nöthig zu haben glauben.„

„Die Gunst und den Beistand dieser Geister sucht man durch allerhand Opfer und Geschenke zu erwerben. In dieser Absicht wirft der Indianer oft solche Dinge, die ihm die liebsten sind, als Pfeifen, Taback, erlegte Thiere u. s. w. ins Wasser, ins Feuer, oder an solche Oerter hin, wo er des unsichtbaren Beistandes vorzüglich zu bedürfen glaubt. Daher findet man oft am Rande beschwerlicher Wege über jähe Felsen und bei Wasserstürzen, Halsbänder, Taback, Maizähren,

Thier=

Thierhäute und ganze Thiere, besonders Hunde. Zuweilen wird ein lebendiger Hund bei den Vorderpfoten an einen Baum aufgehangen, damit er so auf eine martervolle Weise und in der Wuth sterbe: vermuthlich weil man glaubt, daß die Geister an den Qualen eines zu Tode gemarterten Wesens ein eben so großes Vergnügen finden, als sie selbst.„

„Oft macht man auch den Geistern, wenn man etwas von ihnen haben will, besondere Gelübde. Fehlt es z. B. auf langen Reisen oder Jagden an Lebensmitteln, so versprechen sie, zu Ehren der Schutzgeister, ein Stück von dem ersten Thiere, das sie aufzutreiben und zu erlegen hoffen, dem Oberhaupte ihrer Ortschaft zu bringen, und nicht eher einen Bissen zu essen, bis dieses Gelübde abgetragen worden. Ist's denn immer möglich, so wird dieses Versprechen erfüllt; kann dies aber wegen Entfernung des Oberhaupts unmöglich geschehen: so werfen sie dasjenige, was für ihn bestimmt war, ins Feuer und lassen es verbrennen.„*)

Eben so sinnlich und kindisch, als ihre Vorstellungen von den Geistern, sind auch die Begriffe, die

*) Allgemeine Hist. der Reisen zu Wasser und zu Lande. 17ter Bd. S. 29.

die sie sich von dem Leben nach dem Tode machen. Sie zweifeln zwar keinesweges an der Gewißheit desselben, aber alle ihre Vorstellungen davon entlehnen sie von ihrem gegenwärtigen Leben. Sie glauben nemlich, daß sie sich einst auf die nemliche Art, wie jetzt, nemlich mit jagen, fischen, schmausen, tanzen, singen und tabackrauchen beschäftigen werden; nur daß dies alles ohne Mühe und Arbeit vor sich gehen werde; nur daß sie in eine reizendere Gegend kommen, und daselbst eines nie umwölkten Himmels, eines immerwährenden Frühlings und eines nie zu verwelgenden Vorraths an Wild, Fischen, Früchten und andern Nothwendigkeiten und Erquickungen genießen würden!

Für bloße Freuden der Seele haben sie noch gar keinen Sinn; diese kommen daher auch nicht in ihren Plan von Glückseligkeit. Sinnliche Freuden hingegen werden dort, wie hier, die Belohnung des Verdienstes seyn. Der geschickte Jäger und der tapfere Krieger erhalten einen größern Antheil davon, als der Träge und Feige.

"Ohne das Land der Seelen, oder den Ort, wohin sie fahren, wenn sie den Körper verlassen, zu kennen, glauben sie, es sey eine weit gegen Westen gelegene Gegend, und man brauche viele

Monate, um dahin zu kommen. Man redet von einem Flusse, über den sie hinüber müssen, und auf welchem viele Schifbruch leiden; von einem gräulichen Hunde, wider den sie sich zu vertheidigen haben; von einem Orte des Leidens, wo sie für ihre Fehler büßen; von einem andern, wo die Seelen der hier verbrannten Kriegsgefangenen gemartert werden, und wohin sie daher sich so spät begeben, als sie nur immer können. Daher der Gebrauch, daß man nach dem Tode dieser Unglücklichen, aus Furcht, ihre Seelen mögten bei den Hütten ihrer Peiniger bleiben, um sich wegen der ihnen angethanen Marter zu rächen, alle benachbarten Oerter sorgfältig durchgeht, überall mit Ruthen stark um sich haut, und ein entsetzliches Geschrei erhebt, um sie fortzuscheuchen. Wie abgeschmackt kindisch!„ *)

Die Priester der Indianer sind auch ihre Aerzte und — was ihr Ansehn noch weit mehr befestiget — zugleich ihre Zauberer, ihre Traumdeuter und ihre Propheten! Sie heilen ihre Krankheiten und Wunden nicht bloß durch die Kräfte verschiedener Kräuter, die sie gut zu kennen scheinen, sondern auch durch den Glauben an die abge-

T 2 schmack-

*) Allgem. Reisen. 17ter Bd. S. 31.

schmackten Ceremonien, die sie dabei verrichten; sie verstehen sich vortreflich darauf, die bösen Geister zu bannen und zu verhüten, daß sie kein Unheil stiften; sie wissen ganz genau, was jeder Traum bedeute, und wenn gleich der Zufall ihre Auslegung unter tausend Fällen kaum ein einzigesmal bestätiget, so schadet ihnen das doch nicht. Der Eine glückliche Fall bringt die tausend verunglückten leicht in Vergessenheit. Sie können durch Hülfe gewisser Gaukeleien, wovon ich oben ein Beispiel beschrieben habe, in die Zukunft blicken, und künftige Dinge vorhersagen; und sie wissen es durch allerlei Anordnungen darauf anzulegen, daß von ihren Prophezeihungen je zuweilen wirklich eine in Erfüllung gehen muß. Welche mächtige Mittel, das blinde Volk bei der Nase herumzuführen, und sich in den Augen desselben ein übermenschliches Ansehn zu geben!

Auf solche Dinge haben die Priester aller uncultivirten Nationen sich von jeher verstanden. Aber überall, wo das Licht der Aufklärung einbrach, da hatten diese ihre Geschicklichkeiten ein Ende, und mit ihnen auch das übermenschliche Ansehn solcher Priester. Begreifen meine jungen Leser nun, warum dergleichen Leute die fortschreitende Aufklärung eines Volks auf alle Weise zu

hin

hindern, und diejenigen, welche das Volk zu belehren wagen, als Religionsverächter und Gottesläugner, zu verschreien und zu verfolgen suchen?

Wohl uns und allen, die in Ländern leben, wo die Geistlichen nicht mehr Zauberer, Traumdeuter und Wahrsager, sondern gewissenhafte Lehrer reiner Religionsbegriffe und guter Sitten sind! Da gehören diese Männer zu den ehrwürdigsten Stützen der öffentlichen Glückseligkeit, indeß sie dort die schändlichsten Werkzeuge zur Erhaltung und Vermehrung der Dummheit, des Aberglaubens, der Intoleranz und des Sittenverderbens sind! Mögte es doch einst der allgütigen Vorsehung gefallen, alle Völker der Erde mit einer aufgeklärten, gutdenkenden und duldsamen Priesterschaft zu segnen!

Wenn ein Indianer krank ist, so bleibt sein Arzt und Priester Tag und Nacht bei ihm, und macht mit einer Klapper, worin trockene Bohnen sind, und die sie Tschitschikue nennen, ein sehr unangenehmes Geräusch, welches sich nicht gut beschreiben läßt. Einen europäischen Kranken würde das ungemein beunruhigen, und die guten Wirkungen der Arzenei hindern: aber bei den Indianern glaubt man dadurch die Tücke des bösen

Geistes, der die Krankheit erregt, zu vereiteln. Deswegen erträgt man dieses unharmonische Geräusch mit Vergnügen; und die Einbildung, daß es die jetztgenannte Wirkung haben werde, mag vielleicht zur Genesung des Kranken je zuweilen etwas beitragen. Denn die Wirkungen, welche die Einbildungskraft auf unsern Körper hat, gehen weiter, als man gemeiniglich glaubt; und ich bin sehr überzeugt, daß ein Arzt, der das volle Vertrauen der Leute hat, manchen Kranken bloß dadurch kuriren könnte, wenn er ihm mit Zuversicht seine nahe Genesung verkündigte. Dies wissen und bestätigen in unsern Tagen diejenigen, welche die Leute wissentlich oder unwissentlich durch das sogenannte Magnetisiren täuschen. Nicht die Gaukeleien, die sie dabei vornehmen, sondern der starke Glaube und die erregte Einbildungskraft ihrer Patienten, sind das Mittel, wodurch sie Convulsionen und schlafähnliche Betäubungen, zuweilen auch wol eine vorübergehende Besserung bewirken können. Die Herrn scheinen bei den indianischen Priestern in der Lehre gewesen zu seyn. —

Beim Anfange des Neumonds singen und tanzen die Indianer: ob aber dies ein gottesdienstlicher Gebrauch, oder bloß ein natürlicher Ausbruch

bruch ihrer Freude über die Wiederkunft des Lichts sey, welches die Nächte erleuchtet, habe ich nicht erfahren können.

Einige Reisende haben bei diesen Völkern alle Gebräuche der Juden, andere sogar verschiedene dunkle ReligionsBegriffe der Christen finden wollen. Was mich betrift, so muß ich gestehn, daß ich weder von den einen noch von den andern etwas bei ihnen habe bemerken können.

Ueberhaupt haben die Indianer nur sehr wenige und einfache Lehrsätze. Ihre ganze Religion besteht nicht sowol in gewissen Glaubensartikeln, als vielmehr bloß darin, daß sie alle ausserordentlichen Naturbegebenheiten, die sie, aus Mangel an physicalischen Kenntnissen, nicht zu erklären wissen, als Erdbeben, Donner und Stürme, für unmittelbare Wirkungen unsichtbarer Wesen halten und sich durch die angeblichen Zaubereien und Beschwörungen ihrer Priester davor zu sichern suchen. Die Furcht hat daher mehr Einfluß auf ihren Gottesdienst, als Dankbarkeit, und sie geben sich — grade wie bei uns der unwissende gemeine Mann — weit mehr Mühe, dem Zorne der bösen Geister auszuweichen, als sich die Gunst der guten zu erwerben.

Alle abergläubischen Menschen haben zu allen Zeiten und in allen Ländern viel mit Träumen zu schaffen gehabt; so auch die Indianer. Will man sehen, zu welchen Albernheiten und Ausschweifungen der Aberglaube auch in diesem Stücke führen kann: so lese man folgende Nachrichten, die sich von französischen Missionarien herschreiben.

”Nichts gleicht den Ausschweifungen, welche die Indianer in Ansehung der Träume begehn, die sie, wie alle einfältige und abergläubische Leute, für Eingebungen der Geister und also für bedeutend halten. Dieser Einbildung zufolge hält nicht allein derjenige, welcher geträumt hat, sich für verbunden, das Geträumte wahr zu machen; sondern es würde auch ein Verbrechen für diejenigen seyn, an welche er sich wendet, wenn sie ihm dasjenige versagten, was er träumend gewünscht hat, die Sache bestehe, worin sie wolle.” .

”Wenn dasjenige, was einer im Traume wünschte, von der Art ist, daß es ihm durch einen einzelnen Menschen nicht verschaft werden kann: so nimmt der ganze Stamm es über sich, ihn dazu zu verhelfen. Es muß herbeigeschaft werden, es koste was es wolle, und müßte man es auch mehrere hundert Meilen weit suchen. Hat man es es erlangt, so verwahrt man es mit erstaunlicher Sorgfalt, als ein Heiligthum. Ist das Begehrte ein Thier, und stirbt dasselbe über kurz oder lang, so geräth man darüber in eine Unruhe, die sich nicht beschreiben läßt. Die Sache ist noch weit ernsthafter, wenn es jemandem einfällt, zu träumen, er schlage diesen oder jenen todt; denn er tödtet ihn wirklich, wenn er kann: allein wehe ihm, wenn es einem andern einkommt, zu träumen, daß er den Getödteten räche! Denn in diesem Falle wird der Todtschläger wieder todtgeschlagen. Das einzige Mittel im Fall eines solchen Traums für diejenigen, welche nicht blutgierig sind, ist dieses, daß sie den Schutzgeist durch Geschenke versöhnen."

"Zwei Missionarien, welche mit Indianern reiseten, erzählen folgenden seltsamen Vorfall, wovon sie Augenzeugen waren. — Es war mitten in der Nacht, als plötzlich einer von diesen Indianern in großer Bewegung aufwachte, und alle andere in Unruhe und Schrecken versetzte. Er war ganz außer Athem; das Herz klopfte ihm; er wollte schreien, aber er konnte nicht, er schlug als ein rasender Mensch um sich herum."

"Der ganze Haufe war sogleich auf den Beinen. Man glaubte anfänglich, er habe einen Anfall vom bösen Wesen. Man bemächtigte sich daher seiner Hände, und wandte alles an, um ihn zu besänftigen. Umsonst! Seine Wuth nahm beständig zu; und weil es immer schwerer wurde, ihn zu halten: so versteckte man alle Waffen. Einigen fiel es ein, ihm einen Trank von gewissen gekochten Kräutern zu geben. Allein unter der Zeit, da man denselben fertig machte, fand er Mittel, zu entwischen, und sprang in einen benachbarten Fluß. Man zog ihn sogleich wieder heraus; er versicherte hierauf, es fröre ihn sehr, aber er war nicht zu bewegen, sich zu einem Feuer zu setzen, welches man in der Geschwindigkeit angemacht hatte. Er ließ sich vielmehr an dem Fuße eines Baums nieder, und verlangte, man sollte eine Bärenhaut mit Stroh ausstopfen. Sein Wille wurde sogleich erfüllt."

"Jetzt schien er etwas ruhiger zu seyn. Man reichte ihm daher den Trank, welcher unterdeß fertig geworden war; allein er wollte ihn nicht nehmen. Man muß ihn, sagte er, dem Kinde geben, indem er auf die ausgestopfte Bärenhaut zeigte. Auch hierin wurde ihm augenblicklich gewillwillfahrt; man goß den ganzen Trank in den Rachen der Thierhaut."

"Nunmehr fragte man ihn: was ihm denn eigentlich fehlte? Mir hat geträumt, war seine Antwort, es sey mir ein Vogel in den Magen gekrochen. Kaum hatte er dieses ausgesprochen: so war die ganze Gesellschaft fast eben so unsinnig, als er. Alle schrien aus voller Kehle: sie hätten auch ein Thier im Leibe. Jeder ahmte hierbei die Stimme desjenigen Thieres nach, welches er bei sich zu haben glaubte, indem der eine wie eine Gans, der andere wie eine Ente, der dritte wie ein Trappe, der vierte wie ein Frosch u. s. w. schrie. Unter diesem unsinnigen Geschrei richteten sie eine Badstube auf, um die im Leibe habenden Thiere durch Schweiß wieder herauszutreiben. Der Schluß dieses Possenspiels bestand darin, daß am Ende alle anfingen, den, der die Hauptrolle gespielt hatte, tactmäßig zu schlagen, um ihn durch Schläge zu ermüden und in den Schlaf zu bringen. Dies Mittel half. Er fiel in einen tiefen Schlaf, und wachte am andern Morgen gesund wieder auf, ohne daß er sich über irgend etwas beklagte, obgleich sein ganzer Leib von Schlägen mürbe gemacht war."

Sollte

Sollte man es glauben — wenn man nicht so viel ähnliche Früchte eines dummen Aberglaubens mitten in den aufgeklärtesten europäischen Ländern noch immer vor Augen hätte — daß Menschen, welche mit Vernunft begabt sind, zu solchen abergläubischen Ausschweifungen fähig wären? Aber so ists; man sey nur erst so weit gekommen, daß man kein Bedenken mehr trägt, ohne vernünftige Gründe etwas bloß deswegen für wahr zu halten, weil es wunderbar klingt und weil Betrüger und Betrogene ihm einen religiösen Anstrich zu geben wußten: und von Stund an läßt sich nichts so Ungereimtes, Hirnloses und Schädliches erdenken, welches man uns nicht als etwas Uebernatürliches, Heiliges und Göttliches aufbinden kann; von Stund an gibt es keine Ausschweifung, keine Thorheit und kein Laster mehr, die wir, sobald uns irgend eine abergläubische Grille dazu auffordert, nicht zu begehen im Stande wären! O meine jungen Freunde, verschließt eure Herzen dem Gifte des Aberglaubens und einer frommen Schwärmerei, und um dieses zu können, bildet eure Vernunft — die edelste Gottesgabe — durch fleißige Uebungen im Nachdenken und durch Erlernung nützlicher Wissenschaften aus! — Jetzt noch ein Wort von der Traumseuche der Indianer.

"Man

"Man hat bei diesen Leuten zur Verstärkung ihres Glaubens an den übernatürlichen Ursprung der Träume ein eigenes Traumfest angeordnet, welches einige, und zwar mit großem Rechte, in ihrer Landessprache mit einem Nahmen belegt haben, welcher eine Umkehrung des Gehirns bedeutet. Dieses Fest gleicht den Bachanalien der Alten; es dauert ordentlicher Weise vierzehn Tage, und wird gegen das Ende des Winters gefeiert. Alle Einfälle und Thorheiten sind alsdann erlaubt; und die Ausschweifungen, denen man sich dabei überläßt, überschreiten fast allen Glauben."

"Ein jeder läuft von Hütte zu Hütte unter tausenderlei lächerlichen Verkleidungen. Man zerbricht, man zerschlägt alles, und niemand hat das Herz sich zu widersetzen. Man frägt diejenigen, welche man antrift, um die Auslegung seines letzten Traums; und diejenigen, welche ihn errathen, sind verbunden, den Gegenstand des Traums zu schaffen. Nach dem Feste wird alles wieder zurückgegeben. Es endiget sich mit einem großen Schmause, und jeder denkt an nichts weiter, als wie er das, was er verdorben oder beschädiget hat, wieder gut machen solle, welches oft viel Zeit und Mühe erfordert. Ein französischer Missionar, wel-

welcher einst das Unglück hatte, in ein solches Fest mit verwickelt zu werden, macht davon folgende Beschreibung:"

"Das bevorstehende Fest wurde, sagt er, den 22ſten des Hornung ausgerufen; und die Alten, durch welche diese Ankündigung geschahe, thaten es mit einem so ernsthaften und feierlichen Wesen, als wenn es eine wichtige Staatssache beträfe. Kaum waren diese wieder in ihre Hütte zurückgekehrt, so sahe man Männer, Weiber und Kinder aus ihren Wohnungen fast nackend hervorlaufen, obgleich eben eine unerträgliche Kälte herrschte. Sie breiteten sich auf allen Seiten aus, und liefen, wie besoffene oder rasende Leute herum, ohne zu wissen, wohin sie wollten, oder was sie eigentlich verlangten. Einige bedienten sich der Freiheit des Festes, welches alle Gewaltthätigkeiten rechtfertiget, und suchten ihre Rachbegierde gegen diejenigen zu befriedigen, die ihnen etwas zuwidergethan hatten. Sie zerschlugen alles in den Hütten derselben, und prügelten diejenigen, auf welche es eigentlich gemünzt war. Einigen gossen sie einen ganzen Kübel voll Wasser über den Kopf; andere bewarfen sie mit heisser Asche oder allerlei Unreinigkeiten; noch andern warfen sie Feuerbrände und glühende Kohlen an den Kopf. Das
ein=

einzige Mittel sich vor dieser Verfolgung zu sichern,
war, daß man Träume errathen mußte, die eben
so abgeschmackt als dunkel waren."

"Der Missionar und sein Gefährte liefen gleich=
falls Gefahr, erbärmlich gemißhandelt zu werden.
Einer der Wahnwitzigen kam in die Hütte, wohin
sie sich anfangs geflüchtet hatten; aber zu ihrem
Glücke hatte die Furcht sie schon wieder aus der=
selben herausgetrieben. Der Wüthende, welcher
dadurch verhindert wurde seinen Vorsatz auszu=
führen, rief: man solle seinen Traum errathen:
und weil sich keiner fand, der das vermogte; so
erklärte er ihn selbst, indem er sagte: ich tödte ei=
nen Franzosen! Sogleich warf der Eigenthümer
der Hütte ihm ein französisches Kleid hin, welches
der andere mit vielen Stichen durchlöcherte. Dar=
auf aber gerieth derjenige, welcher das Kleid hin=
geworfen hatte, gleichfalls in Wuth, und schwur:
er wolle den Franzosen rächen, und das ganze
Dorf in Asche legen. Er fing auch in der That
an, seine eigene Hütte in Brand zu stecken, und
als jederman hinauslief, so schloß er selbst sich
darinnen ein. In dem nemlichen Augenblicke
kehrte der Missionar zurück; er hörte, was sein
Wirth vorhabe; schlug hierauf die Thür ein,
löschte das Feuer, welches noch nicht weit um sich

gegriffen hatte, glücklich, und zwang den Wirth hinauszugehn. Dieser lief hierauf durchs ganze Dorf und schrie, er wolle alles in Brand stecken! Man warf ihm hierauf einen Hund hin, in der Hofnung, daß er seine Wuth an diesem Thiere stillen würde; allein er sagte: das wäre noch nicht genug, den Schimpf zu tilgen, den man ihm dadurch angethan habe, daß man einen Fremden in seiner Hütte getödtet hätte. Man warf ihm noch einen Hund hin, den er in Stücken zerriß; worauf denn seine Wuth gestillt war."

"Dieser Indianer hatte einen Bruder, welcher auch seine Rolle spielte. Er war gekleidet wie man einen Satyr vorstellt, und vom Kopfe bis auf die Füße mit Blättern bedeckt. Zwei Weiber, die ihn begleiteten, hatten das Gesicht schwarz gefärbt, die Haare zerstreut um den Kopf fliegen, eine Wolfshaut um den Leib gewickelt und in der Hand einen Pfahl. Mit diesem Gefolge ging der Mann in alle Hütten, heulte aus allen Kräften, kletterte auf die Dächer, machte daselbst tausenderlei geschickte Wendungen, die mit einem entsetzlichen Geschrei begleitet waren; stieg dann wieder herunter und marschirte ernsthaft ab, indem seine Begleiterinnen vorangingen,

die

die nun auch ihrer Seits rasend geworden waren, und alles, was sie unterwegens antrafen, mit ihren Pfählen umwarfen."

"Diese edle Gesellschaft von Rasenden war nicht sobald wieder zu sich selbst gekommen, als eine andere Weibsperson auftrat, um eine ähnliche Rolle zu spielen. Sie drang mit Gewalt in diejenige Hütte ein, worin die beiden Missionarien sich versteckt hielten; und war dabei mit einer Flinte bewafnet, die sie irgendwo bekommen hatte, da sie ihren Traum errathen ließ. Mit diesem Gewehr in der Hand sang sie ein Kriegeslied, und stieß tausend Flüche wider sich selbst aus, wofern es ihrem Muthe nicht gelingen sollte, einen Gefangenen zurückzubringen."

"Dicht hinter dieser Furie kam ein Krieger, der in der einen Hand einen Bogen, in der andern ein Bajonet hielt; — man kann denken, wie den armen wehrlosen Geistlichen dabei zu Muthe werden mußte! Nach langem Geheule fiel er auf einmal über das Weib her, welches unterdeß wieder ruhig geworden war. Er setzte ihr das Bajonnet an die Kehle, faßte sie bei den Haaren, schnitt ihr eine Handvoll davon ab, und begab sich hierauf zurück."

"Bald darauf erschien ein Gaukler mit einem Stabe in der Hand, der mit Federn geziert war. Er rühmte sich, durch Hülfe dieses Werkzeuges die verborgensten Dinge entdecken zu können. Man trug ein Gefäß vor ihm her, welches mit einem Tranke angefüllt war, wovon er bei jeder ihm vorgelegten Frage etwas in den Mund nahm, es hierauf wieder wegspuckte, auf seine Hände und seinen Stab hauchte, und dann das Räthsel, welches man ihm vorgelegt hatte, errieth"

"Auch ihm folgten zwei Weiber, die zu erkennen gaben, daß sie etwas verlangten. Die eine breitete eine Matte aus; man errieth, daß sie Fische begehrte, und man willfahrte ihr auf der Stelle. Die andere trug ein Werkzeug zum Ackerbau in der Hand, und man erkannte daran, daß sie ein Stück Land verlangte, um es anzubauen. Sogleich führte man sie zum Dorfe hinaus, um ihr anzuweisen, was sie begehrt hatte."

"Einem Oberhaupte hatte geträumt, er sähe zwei Menschenherzen. Dieser Traum, den niemand erklären konnte, setzte jedermann in die größte Unruhe. Man verlängerte das Fest um einen Tag; aber auch an diesem blieben alle Versuche, die Bedeutung des Traums zu finden,
fruch

fruchtlos. Endlich ergriff man die Parthei, den Schutzgeist des Mannes durch Geschenke zu besänftigen; und damit hatte das tolle Fest ein Ende." *)

Man sieht, daß diese unsinnige Festlichkeit eine Art von religiösem Karneval war, welches seinen Ursprung dem Glauben an Geister und Traumdeutereien verdankte.

22.

Von den Krankheiten der Indianer.

Wer einfach, natürlich, hart und thätig lebt, der ist in der Regel gesund, und erreicht ein hohes Alter; wer hingegen ein verzärteltes, weichliches, wollüstiges und faules Leben führt, der ist ordentlicher Weise mancherlei Krankheiten unterworfen, wird vor der Zeit alt, und stirbt, wenn jener noch im vollen Genuß seiner ungeschwächten Kräfte und seines thätigen Lebens ist.

Nach dieser Regel, welche sich überall bestätiget — seltene Ausnahmen abgerechnet — werden meine jungen Leser wol schon von selbst ver-

*) Allgem. Reisen. 17ter Bd, Seit. 32. u. folg.

muthen, daß die Indianer überhaupt gesünder sind, als wir, und viele schmerzhafte und tödtliche Krankheiten, welche eine Folge der Ueppigkeit bei gesitteten Völkern sind, gar nicht kennen. So verhält es sich denn auch wirklich; und wir können daher auch von ihnen lernen, wie man es anfangen müsse, wenn man gesund und stark zu werden wünscht. Das sichere Mittel dazu ist ein der Natur gemäßes einfaches Leben, bei Anstrengung und Mäßigkeit.

Aber so wie unsere Landleute, welche bei ihrer Art zu leben auch viel gesünder seyn und ein höheres Alter erreichen müßten, als die üppigen, schwelgerischen und verfeinerten Menschen der gesitteten Stände, sich nicht selten bald durch eine Ueberladung, bald durch übertriebene Anstrengung ihrer Kräfte, bald durch Mangel an Kenntniß dessen, was unserm Körper schädlich ist, Krankheiten und einen frühen Tod zuzuziehen pflegen: so machen auch verschiedene Indianer eine Ausnahme von der Regel, und büßen für die Fehler, die sie entweder aus Unwissenheit oder aus Gierigkeit, oft auch aus unvermeidlicher Noth begehn.

Vorzüglich greift der anhaltende Hunger, dem sie auf ihren langen Streifereien oft ausge-

setzt

setzt sind, und die darauf folgende Gefräßigkeit, ihren Körper sehr an; und gefährliche Krankheiten sind zuweilen die Folge davon. Ihre gewöhnlichste Krankheit ist das Seitenstechen, gegen welches sie ihr allgemeines Hülfsmittel, das Schwitzen, brauchen. Sie richten dazu eine eigene Schwitzstube, und zwar auf folgende Art ein.

Es werden einige kleine Stangen in die Erde gesteckt, die sie oben zusammenbiegen und an einander binden, so daß dadurch eine Art von Kuppel entsteht. Hierüber legen sie so viel Felle oder Decken, daß keine Ritze übrig bleibt, wodurch Luft hinein oder heraus kommen könnte. Vorn bleibt bloß eine kleine Oefnung übrig, wodurch ein Mensch eben hineinkriechen kann, dann aber auch verschlossen wird. In die Mitte dieses engen Gerüstes legen sie glühende Steine, auf welche Wasser gegossen wird, das durch seine Dämpfe eine sehr große Hitze erregt.

Wenn sie nun eine Zeitlang darin ausgehalten haben und in starke Ausdünstung gerathen sind: so laufen sie sofort an das nächste Wasser und tauchen darin unter. Sie bleiben indeß nicht über eine halbe Minute darin; sondern ziehen gleich ihre Kleidung wieder an, und rauchen eine Pfeife in der festen Ueberzeugung, daß das Mittel helfen werde. Oft schwitzen sie auch auf diese Weise bloß um sich zu erfrischen oder sich zu einem Geschäfte vorzubereiten, das viele Ueberlegung und List erfordert. Sie wissen nemlich aus ihrer Erfahrung, daß die Seele nie freier wirkt, als wenn der Körper reichlich ausgedünstet hat, dann aber auch durch ein kaltes Bad wieder gestärkt worden ist. Eben diese Erfahrung kann, wer da will, in Europa auch machen.

Sonst trift man hie und da, jedoch nur selten, auch wol Lähmungen und Wassersuchten bei den Indianern an. Ihre Mittel dagegen sind Bähungen und Tränke, aus Kräutern gekocht, die ihre Aerzte sehr gut zuzubereiten und anzuwenden wissen. Aber diese Arzeneimittel mögen noch so kräftig seyn: so traut der Indianer ihnen allein doch nicht, sondern er nimmt immer einige abergläubische Ceremonien zu Hülfe, die ebenderselbe geistliche Mann, der sein Doctor ist, zu verrichten versteht. Auf diese verläßt er sich mehr, als auf die Arzeneien.

Noch größer ist ihre Geschicklichkeit und Erfahrung in chirurgischen Kurarten. Sie wissen sehr gut, gewisse Kräuter zur Heilung von Wunden, Quet-

Quetschungen und Knochenbrüchen anzuwenden. Durch sie können sie Splitter, Stücke Eisen oder andere Dinge, wodurch die Wunde verursacht ward, ohne Erweiterung des Schadens ausziehn; und sie bringen eine solche Kur geschwinder und glücklicher zu Stande, als man bei ihrer rohen Art zu verfahren erwarten sollte.

Um Splitter aus den Wunden zu ziehn, bedienen sie sich auch der Haut, welche die Schlangen jährlich abzuwerfen pflegen. Ohngeachtet diese ganz aufgetrocknet sind, so thun sie doch in solchen Fällen die gehofte Wirkung. Ueber das Wie? gestehe ich meine Unwissenheit.

Wenn heftige Arbeiten oder allzustarke Hitze und Kälte ihnen Gliederschmerz zuziehen: so kuriren sie sich damit, daß sie den schmerzenden Theil schröpfen. Diejenigen Völkerschaften, welche mit Europäern noch gar keine Gemeinschaft, also auch noch gar keine europäische Werkzeuge haben, bedienen sich hierzu eines scharfen Kieselsteins, dem sie mit großer Geschicklichkeit eine sehr feine Spitze zu geben wissen. Eine Lanzette kann kaum schärfer seyn, als dergleichen Instrumente, die sie aus Stein verfertigen.

So lange jemand noch essen mag, können sie sich nicht überzeugen, daß er krank sey. Nur dann erst, wann ihm die Eßlust vergeht, sehen sie seine Krankheit für gefährlich an, und bemühen sich, ihm zu helfen. Uebrigens wissen sie nichts von einer Krankendiät; und ihr Patient darf essen, wozu er Lust hat.

Ich habe schon oben gesagt, daß die Priester vor dem Kranken ein unaufhörliches Geräusch mit der Klapper Tschitschikue machen. Man glaubt, daß sie hierdurch von den Geistern die Ursache der Krankheit erfahren, um sie zweckmäßig behandeln zu können. Die bösen Geister haben, ihrer Meinung nach, an allen Krankheiten Antheil; sie wenden daher auch zu jeder Kur nicht bloß die ihnen nöthig scheinenden Arzeneien, sondern auch allerlei alberne Ceremonien an, die gegen die eingebildeten Wirkungen der bösen Geister schützen sollen; grade so wie der unwissende gemeine Mann bei uns sich nicht auf die natürlichen Arzeneimittel verläßt, sondern auch seine Zuflucht zu einem sogenannten klugen Manne oder klugen alten Weibe nimmt, die, wie sie sagen, das Uebel besprechen d. i. durch Zauberworte bändigen müssen, damit es nicht weiter um sich greife.

Wie

Wie ähnlich sich doch im Grunde die Menschen, bei allen äusserlichen Verschiedenheiten, unter allen Himmelsstrichen sind! Wie besonders Unwissenheit und Aberglaube überall fast einerlei Albernheiten erzeugen!

23.
Von der Art der Indianer, ihre Todten zu behandeln.

Eben dieselbe Kaltblütigkeit, welche der Indianer bei den meisten Vorfällen seines Lebens beweiset, verläßt ihn auch in der Stunde des Todes nicht. Er sieht seinem herannahenden Ende mit einer Ruhe und Gleichmüthigkeit entgegen, deren in Europa kaum der größte Weltweise fähig seyn dürfte.

Sobald der Arzt ihm das Todesurtheil zugesprochen hat: so redet er die Umstehenden mit einer Fassung an, welche die größte Bewunderung verdient. Ist er ein Oberhaupt und hat er Familie: so hält er eine Art von Sterberede, worin er seinen Kindern allerhand nöthige Regeln giebt. Dann nimmt er Abschied von seinen Freunden, und ordnet ein Gastmahl für diejenigen an, welche ihm eine Leichenrede halten wollen.

Hat er nun den Geist aufgegeben, so wird sein entseelter Körper eben so angekleidet, als er im Leben zu gehen pflegte. Man bemahlt ihm das Gesicht, und setzt ihn hierauf in aufrechter Stellung auf eine Matte oder auf ein ausgebreitetes Fell mitten in der Hütte nieder. Seine Waffen legt man neben ihn. Die Anverwandten setzen sich hierauf rund um ihn herum, und jeder hält ihm der Reihe nach eine Art von Leichenrede. Man erzählt und rühmt dabei, wenn er ein berühmter Krieger war, alle seine Heldenthaten, auf eine Art, die in ihrer Sprache eben so gefällig als dichterisch klingt. Ich will ein Beispiel davon hersetzen.

"Du sitzest noch unter uns, Bruder! Dein Körper hat noch seine gewöhnliche Gestalt, und ist dem unsrigen noch ähnlich, ohne sichtbare Abnahme; nur daß ihm das Vermögen zu handeln fehlt. Aber wohin ist der Athem geflohen, der noch vor wenigen Stunden Rauch zum großen Geiste emporblies? Warum schweigen jetzt diese Lippen, von denen wir noch kürzlich so gefällige und nachdrückliche Reden hörten? Warum sind diese Füße ohne Bewegung, die noch vor einigen Tagen schneller waren, als das Reh auf jenen Gebürgen? Warum hängen ohnmächtig diese Arme, welche
sonst

sonst die höchsten Bäume hinaufkletterten und den stärksten Bogen spannen konnten? Ach, jeder Theil des Gebäudes, welches wir mit Bewunderung und Erstaunen ansahen, ist jetzt wieder eben so unbeseelt, als er vor dreihundert Wintern war!"

"Dennoch wollen wir dich nicht betrauren, als wenn du auf immer für uns verloren wärest, oder als wenn dein Nahme nie wieder gehört werden sollte! Deine Seele lebt noch in dem großen Lande der Geister, bei den Seelen deiner Landsleute, die vor dir dahin gegangen sind. Wir sind zwar zurückgeblieben, um deinen Ruhm zu erhalten, aber auch wir werden dir eines Tages folgen."

"Beseelt von der Achtung, die wir bei deinen Lebzeiten für dich hatten, kommen wir jetzt, um dir den letzten Liebesdienst zu erweisen. Damit dein Körper nicht auf der Ebene liegen bleibe und den Thieren auf dem Felde oder den Vögeln in der Luft zur Beute werde, wollen wir ihn sorgfältig zu den Körpern deiner Vorgänger legen, in der Hofnung, daß dein Geist mit ihren Geistern speisen und bereit seyn werde, den unsrigen zu empfangen, wenn auch wir in dem großen Lande der Seelen ankommen werden."

In

In ähnlichen kurzen Reden erhebt jeder Anführer das Lob seines abgeschiedenen Freundes.

Wenn dies vorbei ist, und man sich grade in einer großen Entfernung von dem allgemeinen Begräbnißplatze befindet, oder wenn der Todesfall sich im Winter ereignet: so wickeln sie den Körper in Häute und legen ihn auf ein hohes Gerüst oder auf die Zweige eines großen Baums, und lassen ihn daselbst bis zum Frühlinge liegen. Alsdann tragen sie ihn, nebst den übrigen Leichen ihres Stammes, nach dem allgemeinen Begräbnißorte, wo er mit verschiedenen Feierlichkeiten, die ich nie erfahren konnte, begraben wird. Stirbt hingegen ein Indianer zur Sommerzeit und in einer weiten Entfernung von dem Begräbnißplatze, so daß die Leiche eher in Fäulniß übergeht, als sie dahin gebracht werden kann: so wird das Fleisch von den Knochen gebrannt, und diese werden aufbewahrt, um in der Folge auf die gewöhnliche Weise begraben zu werden.

Als die Nadowessier ihre Todten nach der großen Höhle brachten, um sie daselbst beizusetzen: so suchte ich die übrigen Ceremonien, die sie bei der Beerdigung vornehmen, mit anzusehen: allein ich merkte, daß sie mich nicht gern dabei sahen:

es

es sey nun, daß sie ihre Gebräuche vor mir geheim halten, oder mich dem übeln Geruche, den die Leichen von sich gaben, nicht gern aussetzen wollten. Ich hielt es daher auf allen Fall der Klugheit gemäß, ihnen zu willfahren und mich zu entfernen.

Nach vollendeter Beerdigung setzen die Anverwandten Hieroglyphen an die Stelle, wo ihr Todter ruht, damit seine Vorzüge und Verdienste auf die Nachwelt kommen mögen.

Dem Glauben gemäß, daß die Seelen der Verstorbenen sich in dem Lande der Geister noch auf eben die Art, wie hienieden, beschäftigen, daß sie ihren Unterhalt dort auch auf der Jagd erwerben, und so wie hier mit Feinden kämpfen müssen, begraben sie dieselben mit allen ihren Waffen. Ausserdem geben sie ihnen auch noch Häute und Zeuge zu Kleidungen, auch allerhand Hausrath und sogar Farbe, sich zu bemahlen, mit ins Grab.

Meine jungen Leser werden dies vermuthlich sehr lächerlich finden; und sie haben Recht. Aber ist es wol weniger lächerlich, wenn wir, die wir edlere Begriffe von dem Zustande der Verstorbenen haben, und die wir gar wol wissen, daß sie von

alle

alle dem, was sie hier auf Erden hatten, weder
etwas mitnehmen noch etwas brauchen können,
wenn wir, sage ich, dem Leichnam unserer Verstorbenen gleichfalls theure Kleidungsstücke anzie-
hen und ihnen Kostbarkeiten mitgeben, die nachher in der Erde verfaulen oder verrosten müssen?
Ist es weniger lächerlich, wenn wir glauben, daß
der leblose Körper an der einen Stelle besser,
als an der andern ruhen werde? — Thorheit gegen Thorheit gehalten, ist, dünkt mich, die eine
gar wol der andern werth; und es steht uns schlecht
an, über die lächerlichen Gebräuche der Indianer
zu spotten, indeß wir selbst uns gleicher oder ähnlicher Lächerlichkeiten noch immer schuldig machen.

Die nächsten Anverwandten des Verstorbenen
betrauern seinen Verlust mit großem Kummer
und Schmerz. Sie schreien und heulen, und
verdrehen ihre Glieder, wenn sie um die Leiche
herumsitzen; doch machen sie von Zeit zu Zeit
Pausen darin, um die Lobreden der Oberhäupter
nicht zu stören.

Bei den Nadowessiern fand ich Einen Trauer-
gebrauch, den ich bei keiner andern Völkerschaft
bemerken konnte, diesen nemlich: die Männer
zerstechen sich, zum Beweise ihres Schmerzens,

das

das Fleisch an den Armen über den Ellbogen mit Pfeilen, wovon ich bei Vornehmen und Geringen häufige Narben fand. Die Frauenspersonen zersetzen sich in gleicher Absicht die Beine mit einem scharfen Kieselsteine, bis das Blut häufig herausquillt.

Während meines Aufenthalts bei den Nadowessiern verloren die Bewohner eines benachbarten Zelts ihren vierjährigen Sohn. Die Liebe der Indianer gegen ihre Kinder ist unbeschreiblich groß; sie wurden daher über diesen Verlust so tief gerührt, daß der Vater theils durch seinen Kummer, theils durch den Verlust des Bluts, welches er darüber vergoß, sich selbst den Tod zuzog. Bis dahin war die Mutter eben so untröstbar gewesen; aber kaum sahe sie ihren Mann sterben: so hörte sie auf einmal auf zu weinen, und ward völlig heiter und gelassen.

Diese schleunige Veränderung befremdete mich; ich fragte sie also um die Ursache davon. Sie antwortete hierauf: der Gedanke, daß ihr Kind, seiner großen Jugend wegen, in dem Lande der Geister sich seinen Unterhalt nicht würde verschaffen können, hätte ihren Mann und sie am meisten beunruhiget; jetzt hingegen, da ihr Mann eben dahin gegangen wäre, der sein Kind zärtlich liebte, und die Jagd sehr gut verstünde, fiele ihre Besorgniß weg. Nunmehr wäre sie überzeugt, ihr Kind sey glücklich, und sie wünsche jetzt nichts mehr, als bei ihnen zu seyn.

Eben diese Frau ging nachher jeden Abend an den Baum, auf dessen Zweigen ihr Mann und Sohn lagen, schnitt sich eine Locke von ihrem Haare ab, streute dieselbe auf der Erde herum, und betrauerte in einem schwermüthigen Liede den frühzeitigen Tod derselben. Sie rechnete dabei gemeiniglich die Thaten her, die ihr Sohn, wenn er länger gelebt hätte, verrichtet haben würde. Dieser Gedanke schien sie jedesmal zu begeistern und ihren Schmerz auf eine Zeitlang zu besänftigen.

„Wärest du bei uns geblieben, mein lieber Sohn — so pflegte sie zu singen — wie würde der Bogen deine Hand geziert haben, wie tödtlich würden deine Pfeile den Feinden unsers Stamms geworden seyn! Du würdest oft ihr Blut getrunken, oft ihr Fleisch gegessen haben, und zahlreiche Sklaven wären die Belohnung deiner Arbeit geworden. Mit starkem Arme würdest du den verwundeten Büffel niedergerissen, oder den wüthenden Bären bekämpft haben. Du hättest das fliegende

gende Elendsthier eingeholt, und auf dem Gipfel des Gebirges dem schnellsten Rehe Trotz geboten. Was für Thaten würdest du nicht verrichtet haben, wenn du das Alter der Kraft erreicht hätteft, und von deinem Vater in allen indianischen Vollkommenheiten wärest unterrichtet worden?„

Man erstaunt über die schönen und kühnen Ausdrücke, welche den rohesten Indianern bei solchen Gelegenheiten von selbst zufließen. Die Frau, von welcher hier die Rede ist, war an ähnlichen rührenden Klagen unerschöpflich, und sie brachte oft den größten Theil der Nacht mit diesem traurigen Geschäfte zu.

Ueberhaupt beobachten die Indianer die Trauer über ihre Todten mit großer Strenge. Bei einigen Völkerschaften schneiden sie sich das Haar ab, bemahlen sich das Gesicht schwarz, sitzen in einer aufrechten Stellung mit dicht zugebundenem Kopfe, und entsagen allen Vergnügungen. Diese Strenge beobachten sie etliche Monate, und einen geringern Grad von Trauer wenigstens etliche Jahre.

Man erzählte mir, daß die Nadoweßier, wenn sie an ihre verstorbenen Anverwandten von ohnge-

C. Reisebeschr. 4ter Th.   X   fähr

fähr erinnert würden, oft noch nach neun Jahren anfingen laut zu heulen. Dieser Beweis ihrer fortdaurenden Achtung und Liebe währte oft etliche Stunden; und wenn es ihnen grade gegen Abend einfiele, ihren Schmerz über den ehemaligen Verlust derselben zu erneuern: so stimmten ihre Nachbaren gemeiniglich mit ein.

24.
Von der Sprache und den Hieroglyphen der Indianer.

Die Sprachen der nordamerikanischen Indianer können in vier Hauptsprachen abgetheilt werden. Die erste wird von den Jrokesischen Völkerschaften in den westlichen Gegenden, die zweite von den Tschipiwäern oder Algonkinen in den nordwestlichen, die dritte von den Nadowessiern in den westlichen, und die vierte von den Tscherokisen und Tschikasaern in den südlichen geredet. Die übrigen Völkerschaften haben entweder die eine oder die andere von diesen angenommen.

Indessen scheint die Sprache der Tschipiwäer unter allen am meisten verbreitet zu seyn. Diese wird

wird auch durchgängig, als die vornehmste, so sehr geschätzt, daß die Oberhäupter von mehr als dreißig verschiedenen Stämmen sie fast allein in ihren Rathsversammlungen reden, wenn sie gleich nicht ihre Landessprache ist. Vermuthlich wird sie nach und nach bei allen indianischen Völkerschaften die Oberhand gewinnen, da schon jetzt keiner es wagen darf, weite Reisen zu unternehmen, oder sich zu Unterhandlungen mit einem entfernten Volke brauchen zu lassen, ohne diese Sprache zu verstehn.

Da die Indianer nichts von Complimenten und ceremoniösen Umschreibungen wissen, sondern jede Sache bei ihrem rechten Nahmen nennen: so fehlen ihnen auch eine Menge Wörter und Redensarten, welche in den Sprachen gesitteter Nationen gefunden werden. Bei ihren einfachen und unverfeinerten Sitten haben sie bloß Ausdrücke für ihre Bedürfnisse und für einige Bequemlichkeiten des Lebens, deren man aber bei einer so natürlichen Lebensart, als die ihrige ist, nur sehr wenige kennt.

Buchstabenschrift kennen die Indianer ganz und gar nicht. Aber sie verstehen die Kunst, sich ihre Gedanken durch bedeutende Bilder, oder Hieroglyphen, mitzutheilen. Diese werden besonders dazu gebraucht, das Andenken an vorzügliche Handlungen und Begebenheiten zu erhalten; wie auch dazu, sich gegenseitig von gewissen Dingen zu benachrichtigen, worüber keine mündliche Mittheilung statt findet. Wenn sie z. B. auf ihren Streifereien irgend ein wichtiges Unternehmen ausgeführt haben oder auszuführen im Begriff sind: so schälen sie die Rinde von den Bäumen, die sie auf ihrem Wege antreffen, und bezeichnen darauf für die zurückgebliebenen Partheien auf eine sinnbildliche Weise den Weg, den sie nehmen mögten, um sie wieder einzuholen.

Als ich den Missisippi verließ, und nach dem Obernsee den Fluß Tschipiwá hinaufging: so nahm mein Führer, ein Oberhaupt der Tschipiwáer aus der Ortschaft der Ottagamier, folgende Maaßregel, um zu verhindern, daß nicht gewisse Partheien von Nadowessiern, mit denen seine Nation beständig Krieg führt, uns überfallen und Schaden zufügen mögten, ehe sie erführen, wer wir wären.

Er schälte beim Ausflusse des Tschipiwá die Rinde von einem großen Baume, machte hierauf aus Holzkohlenstaub und Bärenfett eine Farbe, und zeichnete damit auf die abgeschälte Rinde folgengende Hieroglyphen. Zuerst ein rohes aber deutliches Zeichen der Ortschaft der Ottagamier; dann auf der linken Seite desselben einen Mann in Rehfellen, wodurch die Nadowessier bezeichnet werden, aus dessen Munde ein Strich in den Mund eines Rehes ging, welches das Sinnbild der Tschipiwäer ist. Weiter hin zeichnete er einen indianischen Kahn, der den Fluß hinaufging, und in demselben einen Mann mit einem Hute. Diese Figur sollte einen Engländer, oder mich vorstellen. Mein Franzose war mit einem Tuche um den Kopf abgebildet, und zwar als einer, welcher ruderte. Hierzu fügte er noch verschiedene andere Sinnbilder, unter andern die Friedenspfeife am Vordertheile des Kanoes.

Durch diese ganze Vorstellung wollte er den Nadowessiern andeuten: "ein Anführer der Tschipiwäer, in der Ortschaft der Ottagamier, wäre von etlichen Oberhäuptern der Nadowessier gebeten worden, den Engländer, der sich vor einiger Zeit bei ihnen aufhielt, den Fluß Tschipiwá hinaufzuführen, und daß sie ihn daher sicher seine Fahrt vollenden lassen mögten.

Dergleichen Sinnbilder sind allen Indianern so verständlich, als uns die Buchstabenschrift in unserer Muttersprache.

Um meinen jungen Lesern eine kleine Probe von indianischer Mundart zu geben, will ich ein kleines Lied in der Sprache der Nadowessier hersetzen, welches sie zu singen pflegen, wenn sie ihre Jagdzüge anfangen. Die Uebersetzung will ich hinzufügen.

Meo accùna eschta pàta negoschtaga schedscha mena. Tongo Uàkon meo uoschta pàta accùna. Hopiniyahie ouie accuyie meo, uoschta pàta oto tohinoscha meo tiebie.

"Ich will aufstehn vor der Sonne, und jenen Hügel besteigen, zu sehn, wie das neue Licht die Dünste wegjagt, und die Wolken vertreibt. Grosser Geist, verleihe mir Glück! Und wenn die Sonne weg ist, leihe mir, o Mond, hinreichendes Licht, mich sicher nach meinem Zelte, mit Wild beladen, zurückzuführen."

Man wird bemerken, daß jedes Wort in diesem Liede mit einem Selbstlauter schließt; und daß überhaupt der Selbstlauter mehr, als der Mitlauter sind. Man kann hieraus schließen, daß diese Sprache sanfter, als die unsrige klingen müsse.

25.

Von einigen merkwürdigen Thierarten, die in den innern Theilen von Nordamerika gefunden werden.

Zu den vierfüßigen Thieren dieser Gegenden gehören: Tiger, Bären, Wölfe, Füchse, Hunde, Bergkatzen, wilde Katzen, Büffel, Rehe, Elendsthiere, Musethiere, Rennthiere, Wolfsbären, Stinkthiere, Stachelschweine, Igel, Hamster, Marder, Biberratzen, Eichhörnchen, Hasen, Kaninchen, Maulwürfe, Wiesel, Mäuse, Murmelthiere, Biber, Fischottern, Sumpfottern und Fledermäuse.

Ich will aber von diesen allen nur diejenigen beschreiben, welche entweder diesem Lande eigenthümlich sind, oder sich von ähnlichen Thieren in andern Ländern wesentlich unterscheiden. Zu den letztern gehört zuvörderst

Der Tiger.

Dieser hat zwar eine Aehnlichkeit mit den Tigern in Asien und Afrika, aber er kömmt ihnen weder an Größe, noch an Wildheit und Gefräßigkeit bei. . Seine Farbe ist dunkelgraugelb und völlig ohne Flecken. Ich sahe einst einen auf einer Insel im Flusse Tschipiwá. Er saß in einer kleinen Entfernung von mir auf dem Hintertheile, nach Art der Hunde, und schien sich eben so wenig vor uns zu fürchten, als etwas Arges gegen uns im Sinne zu haben. Uebrigens trift man dergleichen Thiere hier nur selten an.

Der Bär

ist hier gleichfalls kleiner und minder grimmig, als in andern Nordländern. Aber sein Geschlecht ist in den nördlichen Gegenden von Amerika ungemein zahlreich, und gewährt den Einwohnern mehr als Einen sehr beträchtlichen Nutzen. Die Felle derselben dienen ihnen zu Betten, und ihr Fleisch zur Nahrung. Das letztere ist hier sehr saftig und wohlschmeckend, weil das Futter der Bären in diesen Gegenden zum Theil in Weintrauben und andern dergleichen Früchten besteht. Von den Weintrauben sind sie so große Liebhaber, daß sie die höchsten Bäume erklettern, um ihrer habhaft zu werden.

Nur ein heftiger Hunger oder Schmerz kann diese Thiere bewegen, einen Menschen anzufallen; denn

denn ordentlicher Weise sind sie furchtsam, und ein einziger Hund kann mehrere von ihnen zum Laufen bringen.

Mit dem Fette der Bären schmieren die Indianer ihre Glieder ein; und diesem Gebrauche haben sie vermutlich zum Theil ihre ausserordentliche Geschmeidigkeit zu verdanken.

Gegen den Winter kriechen die Bären in hohle Bäume oder graben sich in die Löcher ausgewurzelter Bäume ein, indem sie den Zugang mit Zweigen verstopfen. Daselbst liegen sie unbeweglich still, so lange die strenge Witterung währt; und da man weiß, daß sie keinen Vorrath von Futter mitnehmen: so glaubt man, daß sie etliche Monate zubringen können, ohne irgend ein Nahrungsmittel zu genießen.

Die Bergkatze

unterscheidet sich von einer gewöhnlichen Katze nur dadurch, daß sie größer und wild ist. Menschen greift sie nur selten an.

Der Bison oder Höckerochs

ist in diesen Gegenden sehr zahlreich. Diese Thiere sind größer, als gewöhnliche Ochsen, haben kurze schwarze Hörner, und einen langen Bart unter dem Kinne. Ihr langes Kopfhaar hängt ihnen über die Augen, und giebt ihnen ein fürchterliches Ansehn. Der Höcker, den sie auf dem Rücken haben, fängt bei den Hüften an, und geht, indem er gegen die Schultern zu immer höher wird, bis an den Nacken. Das ganze Thier ist mit langen krausen Haaren bewachsen, die eine dunkelbraune oder Mausefarbe haben. Dieses Haar, oder vielmehr diese Wolle wird sehr geschätzt. Der Hals ist ungemein kurz und der Kopf größer, als bei einem Stiere. Die Brust ist breit, und der Körper wird gegen die Lenden zu immer dünner. Grimmig ist dieses Thier in diesen Gegenden nicht; es läuft vielmehr, sobald es einen Menschen erblickt. Ein einziger Hund kann ganze Heerden von ihnen jagen. Ihr Fleisch ist sehr wohlschmeckend, die Haut ausserordentlich nützlich; und das Haar schickt sich gut zu verschiedenen Manufacturarbeiten.

Das Elendsthier

ist viel größer, als ein Hirsch, ohngeachtet es eben so gebaut ist, und hat fast die Dicke eines Pferdes. Sein Haar, welches fast kameelfarbig ist, nur etwas mehr ins röthliche fällt, ist beinahe drei Zoll lang, und so hart, als Pferdehaar. Die Geweihe erreichen eine erstaunliche Höhe, und

und gehen so weit auseinander, daß zwei bis drei
Leute dazwischen sitzen können. Ihre Enden haben sie nur an der Aussenseite; auch sind dieselben
platt und sehr breit. Sie werfen diese Geweihe
jährlich im Winter ab, und gegen den August
haben die neuen wieder ihre völlige Größe. Sie
sind übrigens eben so scheu, als bei uns die Hirsche.

Das Musethier

ist eine bloße Abänderung vom Elendsthiere, fast
eben so groß und beinahe eben so gestaltet. Es
unterscheidet sich zuvörderst dadurch, daß seine
Geweihe auf beiden Seiten Zacken haben. Dann
ist sein Kopf etwas größer und ohngefähr zwei
Fuß lang. Seine Oberlefze ist weit größer, als
die untere, und die Nasenlöcher sind so weit, daß
ein Mensch seine Hand ziemlich weit hineinstecken
kann. Sein Haar ist hellgrau mit schwarzbraun
untermischt. Das Fleisch ist sehr angenehm, gesund und nahrhaft. Dies Thier läuft immer im
Trabe, und doch so geschwind, daß es von wenig
andern Thieren an Schnelligkeit übertroffen wird.

Das Rennthier

ist schon im ersten Theile dieser Reisen beschrieben
worden.

Der

Der Wolfsbär

gehört zum Katzengeschlecht, und ist ein schrecklicher Feind, der drei vorhergehenden Thierarten. Er lauert auf dem Zweige eines Baums, bis sich eins derselben nähert; springt ihm dann auf den Nacken, und erwürgt es, indem er ihm die Kehle aber abbeißt.

Das Stinkthier

ist das wunderbarste von allen, die man in den nordamerikanischen Wäldern antrift. Es hat Aehnlichkeit mit einem Iltis, ist aber etwas kleiner. Sein Fell ist langhaarig und glänzend, die Farbe schmutzig weiß mit verschiedenen schwarzen Stellen, so daß es hin und wieder schwarz schattirt zu seyn scheint. Sein Schwanz ist lang und dick, wie beim Fuchse. Es lebt in Wäldern und Gebüschen. Sein Vertheidigungsmittel ist eine stark riechende Feuchtigkeit, die es, sobald es sich in Gefahr sieht, von hinten auf eine große Entfernung ausspritzt, und dadurch einen so entsetzlichen Gestank verursacht, daß Menschen und Thiere sich dadurch gezwungen sehn, von ihrer Verfolgung abzulassen, um einen Ort zu suchen, wohin dieser scheußliche Gestank sich noch nicht verbreitet hat. Die Franzosen haben es deswegen

En-

Enfant du diable — Teufelskind — oder *bête puante*, Stinkthier, genannt. Wenn nur ein Tropfen dieser häßlichen Feuchtigkeit jemanden aufs Kleid sprützt, so kann es nicht weiter getragen werden, weil der dadurch verursachte Gestank nicht wieder ausgetilgt werden kann. Komm etwas davon ins Auge, so verursacht es Blindheit, wenigstens heftige Entzündung und unerträgliche Schmerzen. Im Grunde ist der Gestank dieser Feuchtigkeit nichts anders, als ein sehr starker Moschusgeruch. Einige Naturforscher haben bisher geglaubt, daß diese Feuchtigkeit der Urin des Thieres sey; allein ich schnitt viele von diesen Thieren auf, die ich schoß, und fand nahe bei der Harnblase ein kleines besonderes Wasserbehältniß, in welchem die stinkende Feuchtigkeit enthalten war. Wenn ich dies Gefäß sorgfältig herausgenommen hatte, so fand ich das Fleisch des Thieres sehr schmackhaft. Allein ein einziger Tropfen, der verschüttet wird, verdirbt nicht allein alles Fleisch, sondern erfüllt auch das ganze Haus, und macht alle Eßwaaren darin unbrauchbar.

Der Bieber

ist eins der merkwürdigsten Thiere auf Erden, und seines Felles wegen ungemein schätzbar. Es verdient daher, daß ich eine etwas umständlichere Beschreibung davon gebe.

Es ist bekanntlich ein vierfüßiges Thier, welches sowol auf dem Lande, als auch im Wasser, jedoch im letzteren nur eine kurze Zeit leben kann. Man versichert, daß es des Wassers völlig entbehren könne, wenn es nur dann und wann Gelegenheit habe, sich zu baden.

Die größten Bieber sind fast vier Fuß lang und über den Hüften vierzehn bis funfzehn Zoll breit. Ein solcher wiegt ohngefähr sechzig Pfund. Der Kopf desselben gleicht dem eines Otters, nur daß er etwas größer ist. Die Augen sind klein, die Ohren rund, von außen haaricht und inwendig glatt. Seine Zähne sind sehr lang; die untern stehen etwa drei, die obern einen Finger breit aus dem Maule hervor. Alle diese Zähne sind breit, gekrümmt und scharf. Auſſer den Schneidezähnen haben sie sechszehn Backenzähne. Mit jenen können sie große Bäume absägen, und mit diesen die härtesten Dinge zermalmen.

Ihre Beine, welche den Dachsbeinen gleichen, sind kurz, indem ihre Länge nur vier bis fünf Zoll beträgt. Die Zähen an den Vorderfüßen

füßen sind von einander abgesondert; die Nägel liegen schief und sind hohl, wie Federkiele. Die Hinterfüße sind ganz verschieden, und mit einer Schwimmhaut versehn. Durch diese Einrichtung ist er im Stande, sowol langsam zu gehn, als auch zu schwimmen.

Sein Schwanz hat die Gestalt von einem Fische, und scheint gar nicht zu seinem Körper zu passen, der, bis auf die Hinterfüße, dem Bau der Landthiere völlig ähnlich ist. Dieser Schwanz, der gegen zwölf Zoll lang und in der Mitte, wo er seine größte Breite hat, ohngefähr vier Zoll breit ist, besteht aus einem dichten Fette oder zarten Knorpel, und ist mit einer schuppichten Haut bedeckt. Die Schuppen darauf sind wieder durch ein feines Häutchen mit einander verbunden. Diese Schuppen sind ohngefähr so dick, als Pergament, und gewöhnlich sechseckig.

Die Farbe des Biebers ist nach der Gegend, worin er lebt, verschieden. In den nördlichsten Gegenden ist er gemeiniglich ganz schwarz; in gemäßigtern braun, und je weiter man gegen Süden geht, desto heller wird seine Farbe.

Sein

Sein Haar ist von zwei verschiedenen Arten. Das längste, welches er auf dem Rücken hat, und das gegen zwei Zoll lang ist, wird am wenigsten geschätzt, weil es grob und spröde ist. Das übrige besteht aus einer dicken und feinen Wolle, die fast so weich, wie Seide, anzufühlen ist. Aus dieser werden die sogenannten Castorhüte, Strümpfe und andere feine Manufacturarbeiten gemacht.

Die Arzeneikunst verdankt diesem Thiere das sogenannte Biebergeil; ein sehr schätzbares Mittel wider verschiedene Krankheiten, besonders wider die unter unsern Damen jetzt so sehr gewöhnlichen Krämpfe. Es ist dasselbe in vier kleinen Beuteln enthalten, welche dem Thiere unter dem Leibe sitzen. Zwei davon sind mit einer weichen, harzigen und klebrichten Materie angefüllt, welche äusserlich grau, inwendig gelb ist. Sie giebt einen unangenehmen durchdringenden Geruch und läßt sich leicht entzünden. Sie verhärtet sich an der Luft, wird braun, brocklicht und reibbar. Dies ist das wahre Biebergeil.

Die zwei andern Beutel enthalten eine schmierige Feuchtigkeit, wie Honig. Die Farbe derselben ist blaßgelb, und der Geruch etwas schwächer, aber noch unangenehmer, als der des eigentlichen

Bie-

Biebergeils. Auch diese verdickt sich nach und nach, und erhält eine Dichtigkeit wie Talg. Sie wird zwar auch als Arzenei gebraucht, aber nicht so hoch geschätzt, als das wahre Biebergeil.

Sehr bewundernswürdig ist die Geschicklichkeit, welche diese Thiere in der Baukunst beweisen, und die Art, wie sie in Gesellschaft zusammenleben und eine ordentliche Haushaltung führen. Wenn sie im Begriff stehen, sich einen Wohnplatz zu suchen: so versammlen sie sich oft zu zwei bis dreihunderten, und wählen hierauf mit großer Klugheit eine Stelle, wo ein Ueberfluß von Lebensmitteln und alle übrige Nothwendigkeiten zu finden sind. Sie legen ihre Häuser immer im Wasser an, und findet sich hierzu kein See oder Teich: so wissen sie diesen Mangel dadurch zu ersetzen, daß sie einen kleinen Fluß oder Bach abdämmen, und das Wasser auf diese Weise so hoch steigen lassen, als sie es nöthig haben.

In dieser Absicht sägen sie durch Hülfe ihrer Vorderzähne Bäume um, und zwar solche, die oberhalb der Stelle wachsen, wo sie sich anbauen wollen, um sie den Fluß hinabtreiben zu lassen. Sie sehen hierbei immer dahin, daß sie den Baum nach dem Wasser zu fallen lassen, damit sie ihn

C. Reisebeschr. 4ter Th.   Y   nicht

nicht so weit zu schleppen brauchen. Sie sägen hierauf den umgefallenen Stamm in solche Stücken, als sie zu ihrem Baue nöthig haben, und lassen dieselben nach dem bestimmten Orte hintreiben.

Ihre Dämme verfertigen sie durch Hülfe eines Mörtels, den sie mit den Füßen kneten und auf ihrem breiten Schwanze an die Stelle tragen, wo sie seiner bedürfen. Den Schwanz brauchen sie dann auch statt einer Mauerkelle. "Der Grund solcher Dämme ist gemeiniglich zehn bis zwölf Fuß dick, und nimmt nach oben zu bis auf zwei oder drei Fuß ab. Man bewundert die Genauigkeit, womit alle Verhältnisse daran beobachtet werden. Die Seite nach dem Strome des Wassers zu ist allezeit abschüßig; die andere vollkommen senkrecht." *)

Auf diese Weise bauen sie ihre Häuser und Dämme so fest und zugleich so regelmäßig, als der erfahrenste Arbeiter nur immer thun könnte. Das Bewundernswürdigste dabei ist dieses, daß sie die Pfeiler, auf denen ihre Gebäude ruhen, senkrecht einzurammen verstehn, ohngeachtet man nicht wohl begreifen kann, wie sie das anfangen. Die Figur ihrer Häuser ist rund oder eiförmig.

Zwei-

---

*) Allgem. Reisen. 17ter Bd. Seite 79.

Zwei Drittel davon ragen über dem Waſſer hervor, und in dieſen, welche für acht bis zehn Bewohner geräumig genug ſind, hat jeder Bieber ſeine eigene Kammer, deren Fußboden er ſorgfältig mit Blättern oder kleinen Fichtenzweigen beſtreut, um ihn rein und warm zu halten.

Nie übereilt ſie der Winter, ehe ſie mit dieſer Arbeit zu Stande gekommen ſind, welches gewöhnlich gegen das Ende des Septembers geſchieht. Zu eben dieſer Zeit haben ſie auch den nöthigen Wintervorrath an Lebensmitteln zuſammengebracht, welche in kleinen Stücken Holz von weichen Faſern, als Pappeln, Espen oder Weiden beſtehn, die ſie in Haufen ſo aufſtellen, daß ihre Säfte nicht austrocknen können.

"Jedes Haus hat meiſt eine doppelte Oeffnung, von denen die eine ins Waſſer, die andere ans Ufer führt. Die ganze Wohnung wird überaus reinlich gehalten, und die Biber entledigen ſich ſogar ihres Unraths nur auſſer dem Hauſe. Im Herbſt und Winter halten ſie ſich häuslich, bringen ihre Jungen zur Welt und erziehen ſie. Wenn aber der Frühling herannaht, ſo verlaſſen ſie mit denſelben ihre Wohnungen bis zu der Zeit des wärmern Sonnenſcheins, und bringen dieſe Tage in Gehölzen zu, wo ſie bei ſaftigen Rinden und Knospen es ſich wohl ſeyn laſſen."

"Die

"Die Dämme, welche sie aufführen, sind oft so stark, und von so weitem Umfange, daß ansehnliche Teiche dahinter entstehen. Man hat dergleichen gefunden, welche einen hinlänglichen Wasservorrath enthielten, um Sägemühlen dabei anzulegen." *)

Daß übrigens die Bieber auch Castore genannt werden, wird dem jungen Leser schon bekannt seyn.

Zu den nordamerikanischen Vögeln gehören: Adler, Habichte, Nachthabichte, Fischhabichte, Nachtschwalben, Raben, Krähen, Eulen, Papageien, Pelikane oder Kropfgänse, Kraniche, Störche, Wasserraben, Reiher, Schwäne, Gänse, Enten, Wasserhühner, Kalekuten, Birkhühner, Rebhühner, Wachteln, Tauben, Schnepfen, Lerchen, Spechte, Kukuke, Häher, Schwalben, Amsel, Rothvögel, Krammetsvögel, Scharfsäger, Nachtigallen, Königsvögel, Rothkehlchen und Colibri's oder vielmehr eine Art derselben, Fliegenvögel genannt. Auch von diesen will ich diejenigen kürzlich beschreiben, welche bei uns entweder unbekannt sind, oder von den unsrigen merklich abweichen.

Der

*) S. Blumenbachs Naturgesch. und Allgem. Reisen.

Der Fischhabicht

hat seinen Nahmen theils von der Aehnlichkeit mit andern Habichten, theils daher, weil seine Nahrung größtentheils in Fischen besteht. Er schwebt über Seen und Flüssen und zwar oft so dicht, daß er auf dem Wasser zu ruhen scheint. Sobald er sieht, daß er einen Fisch erreichen kann, stürzt er wie ein Pfeil auf ihn los und erhascht ihn. Er soll in einem kleinen Sacke, den er im Leibe trägt, ein gewisses Oel bei sich haben, welches die Fische, wenn er dicht über dem Wasser schwebt, unwiderstehlich reizt, sich ihm zu nähern. So viel ist gewiß, daß jede Art Köder, die nur mit einem Tropfen von diesem Oele angefeuchtet ist, eine sehr starke Lockspeise für die Fische abgibt.

Die Nachtschwalbe

wird auch Nachtrabe, Tagschläfer, Ziegenmelker und Hexe genannt. Sie gleicht einem kleinen Habicht, nur daß sie durch weißlichte Streifen ein schön marmorirtes Ansehn erhält. Dieser Vogel läßt sich selten vor Sonnenuntergang sehn, daher seine drei ersten Nahmen. Den vierten und fünften hat er einer abergläubischen Meinung zu verdanken, welche ungegründet ist. Man sagt

nemlich von ihm, daß er des Nachts die Ziegen
aussauge, *) und daß er einem Hause, worauf
er sich niederlasse, Unglück bringe. Die Engländer nennen ihn *Whipperwill*, die Indianer *Muck-
a-wisch*, weil die einen jenes, die andern dieses
zu hören glauben, wenn der Vogel schreit, welches er bis Mitternacht fast unaufhörlich thut.
Dieser Umstand beweist, daß einerlei Töne verschiedenen Menschen auf eine sehr verschiedene Weise ins Gehör fallen können. — Man sieht und
hört ihn nur in den Frühlings- und Sommermonaten. Sobald die Indianer durch seine traurigen Töne von seiner Ankunft benachrichtiget werden: so schließen sie daraus, wie wir aus der Ankunft der Schwalben, daß der Winter gänzlich
vorüber sey, und sehen sich hierin selten betrogen.

Die Rebhüner

sind hier entweder braun, oder roth oder schwarz;
und durchgängig größer, als die unsrigen. Sie
gleichen beinahe an Gestalt und Größe den europäischen Fasanen. Sie haben alle lange Schwän-
ze, die sie, wie ein Pfau, nur nicht lothrecht,
ausbreiten. Wider die Gewohnheit anderer Rebhüner

*) S. Blumenbachs Naturgeschichte. S. 243.

hüner setzen sie sich des Abends auf Zweige von Pappeln und Birken nieder, von deren Knospen sie fressen; und können alsdann leicht geschossen werden.

Der Rothvogel

ist ohngefähr so groß, wie ein Sperling; aber er hat einen längern Schwanz und über den ganzen Leib eine glänzende Zinoberfarbe. In einigen Gegenden erblickte ich Vögel dieser Art, die durchgehends schön gelb waren.

Der Scharfsäger

gehört zu den Kukuken. Er liebt die Einsamkeit und läßt sich selten sehen. In den Sommermonaten hört man ihn in den Wäldern, wo er ein Geräusch, wie eine Säge macht, die hin und hergezogen wird. Davon hat er seinen Nahmen.

Der Kolibri

ist unter allen Vögeln der kleinste und der schönste. Seine Größe beträgt nur ohngefähr ein Drittel unsers Zaunköniges. Seine Beine sind kaum einen Zoll lang und sehen wie Nadeln aus. Die Farben seiner Federn sind so schön, daß kein Pinsel sie nachahmen kann. Auf dem Kopfe hat er ein kleines Büschel von glänzender Agatfarbe. Die
Brust

Brust ist roth, der Bauch weiß, die Flügel und der Schwanz grün und blau, worüber kleine Flecke von Gold mit unaussprechlicher Anmuth ausgestreuet sind. Diese Farben thun im Sonnenscheine eine Wirkung, die nicht beschrieben werden kann. Er saugt mit seinem dünnen röhrenförmigen Schnabel im Schweben und Flattern den Honigsaft aus den Blumen, welcher ihm zur Nahrung dient. Diese Thierchen sind so zart, daß sie leicht den großen Buschspinnen zum Raube werden. Um sich ihrer zu bemächtigen, besprützt man sie mit Wasser; denn selbst mit dem feinsten Schrote würde man sie ganz in Stücken schießen. Indem er, wie eine Biene, um die Blumen schwärmt, macht er ein Gesumse wie eine große Fliege oder Bremse; daher der Nahme Fliegenvogel oder Summvogel. *)

Von den übrigen nordamerikanischen Thieren will ich, um meine jungen Leser nicht u er-

---

*) Eigentlich ist der Colibri wol nur in dem wärmern Amerika zu Hause. Diejenigen, welche man in Nordamerika sieht, sind vermuthlich die allerkleinste Abart desselben, die man durch den lateinischen Nahmen Trochilus minimus unterscheidet. S. Blumenbachs Naturgeschichte. Seite 198.

ermüden, nur noch ein einziges auszeichnen. Dies sey

Die Klapperschlange.

Ein fürchterliches Thier, vornemlich in dem wärmeren Amerika. Es giebt zwei Arten davon, die schwarze und die gelbe; die letztere ist die größte. Wenn sie ihren völligen Wachsthum erreicht haben, so sind sie gegen sechs Fuß lang, und haben in der Mitte des Körpers, wo sie am dicksten sind, etwa neun Zoll im Umfange. Gegen den Kopf und Schwanz zu werden sie allmählig dünner. Der Kopf ist breit und eingedrückt. Kopf und Hals sind hellbraun, der Stern im Auge ist roth, und der ganze obere Theil des Körpers braun mit rothgelb untermischt und mit vielen regelmäßigen dunkelschwarzen Strichen durchkreuzt, die allmählig in eine Goldfarbe spielen.

Ueberhaupt ist dies gefährliche Geschöpf ungemein schön, und seine mannigfaltigen Farben würden ihm ein sehr reizendes Ansehn geben, wenn man es nur ohne Schrecken ansehn könnte. Aber nie zeigen sie sich schöner, als wenn sie in Wuth gesetzt werden, weil sich dann durch einen stärkern Andrang von Feuchtigkeiten gegen die Oberfläche, die Farben ihrer Haut erhöhn. Diese Eigenschaft, durch Zorn verschönert zu werden, ist grade das Gegentheil von dem, was der Natur unsers menschlichen Körpers eigen ist. Dieser wird nemlich dadurch, wie jedermann weiß, überaus häßlich und scheußlich gemacht, wenn er auch sonst noch so schön gebaut ist; so wie umgekehrt das menschliche Antlitz durch keine Schminke so viel Liebreiz und Anmuth erhalten kann, als durch den Ausdruck einer freundlichen, sanften und wohlwollenden Gemüthsart; eine Bemerkung, die unsern Damen aus der großen Welt entgangen seyn muß, weil sie sich sonst vermuthlich noch mehr bestreben würden, statt der rothen, weißen und blauen Farbe, die sie ihrem Gesichte auftragen, sich mit den unwiderstehlichen Reizen einer schönen, sanften und reinen Seele zu schmücken, die ihnen weit besser stehen würden.

Die Klapper, wodurch der gütige Himmel dieses Thier, um es unschädlich zu machen, ausgezeichnet hat, besteht aus einem hellbraunen, harten, trocknen und knochenartigen Wesen, das verschiedene Zellen macht, die wie Gelenke an einander schließen. Diese Gelenke vermehren sich mit jedem Jahre, so daß man dadurch das Alter des Thiers erkennen kann. So oft die Schlange den Schwanz schüttelt, machen diese Gelenke ein klapperndes Geräusch, welches dem Gerassel einer mit Erbsen angefüllten hölzernen Kinderklapper
gleicht.

gleicht. Dieses Geräusch macht sie jedesmal, so oft sie Gefahr befürchtet. Sie zieht sich zu gleicher Zeit in Gestalt eines Schneckenganges zusammen, und hält in dem Mittelpuncte dieser Krümmungen den Kopf in die Höhe, mit welchem sie Menschen und Thieren, die ihr zu nahe kommen, Rache droht. In dieser Stellung erwartet sie ihre Feinde, und klappert unaufhörlich mit dem Schwanze, so wie sie solche ankommen sieht oder hört. Durch diese zeitige Warnung lernt der unvorsichtige Wanderer die ihn drohende Gefahr kennen, und weicht ihr aus.

Die Klapperschlange ist daher nur denen schrecklich, welche ihr entweder unvorsichtiger Weise zu nahe kommen oder einen Angriff auf sie thun. Sie selbst greift ungereizt nie an. Sie verfolgt niemand, aber sie flieht auch vor keinem Feinde, der sich ihr nähert, sondern bleibt in der beschriebenen Stellung liegen, wobei sie immer mit dem Schwanze klappert, als wenn sie warnen wollte, und ungern schaden mögte.

Die Zähne, womit sie vergiftet, sind von denen, deren sie sich bei andern Gelegenheiten bedient, völlig unterschieden. Sie hat deren nur zwei, und beide sind sehr klein und scharf zugespitzt. Sie liegen in einem sehnigten Wesen nahe am Vorderrande des obern Kinnbackens und

haben viel Aehnlichkeit mit den Klauen einer Katze. Sie kann sie ausdehnen, zusammenziehn
oder ganz verbergen. An der Wurzel eines jeden
derselben liegen zwei kleine Blasen, die so einge-
richtet sind, daß, sobald die Zähne einen Ein-
schnitt machen, gleich ein Tropfen von einer grün-
lichen giftigen Feuchtigkeit in die Wunde fällt, und
das ganze Blut mit ihrer tödtenden Eigenschaft
erfüllt.

Schon in dem Augenblicke des Bisses fühlt
das unglückliche Opfer ihrer Wuth eine fieberhafte
Kälte durch den ganzen Körper. An der Stelle
selbst, wo der Zahn eingedrungen ist, erhebt sich
alsobald eine Geschwulst, die sich allmählig über
den ganzen Körper verbreitet, und überall auf
der Haut die verschiedenen Farben der Schlange
hervorbringt. Der Biß ist zu verschiedenen Jahrszeiten mehr oder weniger gefährlich, in den Hundes-
tagen ist er oft in einem Augenblicke tödtlich, und
vorzüglich wenn die Verwundung zwischen der Sehne
über den Hacken statt findet. Im Frühjahre, im
Herbste oder an einem kühlen Sommertage kann
man seinen Wirkungen durch gehörige Mittel,
wenn man sie nur gleich braucht, zuvorkommen.

Diese Mittel hat die gütige Vorsehung in allen
den Ländern, wo die Klapperschlange lebt, reichlich verliehn. Der Klapperschlangen Wegerich, ein

be-

bewährtes Gegenmittel gegen das Gift dieses Thieres, wächst in jenen Gegenden überall im größten Ueberflusse. Außerdem gibt es noch verschiedene andere Mittel gegen den giftigen Biß derselben. Man muß den verletzten Theil augenblicklich schröpfen, und viel lauwarme Milch trinken. *) Eine Abkochung von den Knospen oder der Rinde der weißen Esche, innerlich gebraucht, ist gleichfalls heilsam befunden worden. Salz ist ein neuentdecktes Mittel; und wenn man dasselbe gleich auf die Wunde legt, oder sie mit Sohle auswäscht: so kann man vor aller Gefahr sicher seyn. Auch das Fett der Schlange selbst, wenn es eingerieben wird, soll sehr wirksam seyn.

Durch diese Mittel kann man nun zwar das Leben eines Menschen, der von der Klapperschlange gebissen ist, retten und seine Gesundheit gewissermaßen wiederherstellen; aber er erfährt dennoch alle Jahr eine kleine Anwandlung von eben den fürchterlichen Zufällen, die er damals empfand, als er gebissen ward.

Der Biß dieser Schlange ist nicht bloß für Menschen, sondern auch für Thiere gefährlich. Aber es ist eben so merkwürdig, als gewiß, daß die Schweine hierin eine Ausnahme von der Regel machen. Diese können sich nemlich dreist an den

Z 3   Klap-

---

*) S. Blumenbachs Naturgeschichte. S. 268.

Klapperschlangen vergreifen, ohne ihre giftigen Zähne fürchten zu dürfen. Sie fressen sie sogar, und werden fett davon.

Man hat oft beobachtet, und ich selbst kann diese Beobachtung bestätigen, daß die Klapperschlangen gern eine jede Art von Musik hören, sie bestehe in Gesang oder rühre von Instrumenten her. Ich habe oft gesehn, daß sie, sogar wenn sie in Wuth gesetzt waren, sich plötzlich in eine horchende Stellung setzten, und mit großer Aufmerksamkeit, ja mit einem Anscheine von Vergnügen unbeweglich still saßen, wenn man ihnen etwas vormusicirte.

Wenn die Klapperschlange jemanden verletzen will, so schießt sie jedesmal mit aufgesperrtem Rachen und in einer krummen Linie schnell auf ihn los, aber auch eben so schnell in ihre vorige Vertheidigungsstellung wieder zurück. Sie schießt dabei nie weiter, als die Hälfte ihrer Länge vor, und ohngeachtet sie ihren Angriff zwei bis dreimal wiederholt: so springt sie doch eben so oft schnell wieder in ihre vorige Lage zurück. Auch dieser Umstand macht, daß man ihr leicht ausweichen kann, wenn man nicht unglücklicher Weise ganz unvermuthet auf sie stößt.

Wie

Wie diese Thiere sich fortpflanzen, ist noch nicht ausgemacht. Ich habe oft Eier von verschiedenen andern Schlangenarten gefunden, allein von Klapperschlangen nie, ohngeachtet sich wol niemand mehr Mühe gegeben hat, als ich, jeden Umstand, der dieses Thier betrift, genau zu erforschen. Ich tödtete einmal ein Weibchen, das siebenzig Junge im Leibe hatte; aber diese waren schon völlig ausgebildet, und ich hatte selbst gesehn, daß sie zu dem Rachen ihrer Mutter, als einem sichern Orte, ihre Zuflucht nahmen, als ich mich ihnen näherte.

Sowol die Galle, als auch das getrocknete Fleisch dieser Thiere, in Suppen gekocht, hat heilsame Arzeneikräfte; das letztere besonders wird als ein Mittel wider die Schwindsucht gerühmt. Sollte dies gegründet seyn, so würde dadurch abermals die Wahrheit bestätiget, daß in der Natur nichts schädliches ist, was nicht auch zugleich irgend eine wohlthätige Absicht hätte.

Daß Eichhörnchen, kleine Vögel und andere Thiere von den Bäumen herab der darunter liegenden Klapperschlange von selbst in den Rachen fallen, ist zwar bisher bezweifelt worden, bestätiget sich aber immer mehr durch wiederholte Beobachtungen.

Ver,

Vermuthlich rührt dies von dem Schrecken her, wovon jene Thiere beim Anbick dieses furchtbaren Geschöpfes befallen werden. *) Und dies vorausgesetzt, können sie ein warnendes Beispiel für den Furchtsamen abgeben, und ihn lehren, daß Furcht und Aengstlichkeit kleine Gefahren in große, scheinbare in wirkliche verwandeln.

*) S. Blumenbachs Naturgeschichte. Seite 268.

www.ingramcontent.com/pod-product-compliance
Lightning Source LLC
Chambersburg PA
CBHW020324240426
43673CB00039B/908